대박 나는 가게 자리
망하는 가게 자리

대박나는 가게 자리
망하는 가게 자리

이재욱 지음

21세기북스

창업, 또 다른 희망을 품은 당신에게

창업한다는 것은 마치 시장경쟁의 원리가 적용되는 치열한 자본주의의 정글 속으로 뛰어 들어가는 모습과 같다. 적자생존의 법칙이 지배하는 시장경제 아래에서 투자 리스크를 최소화하고 성공적으로 창업하기 위해서는 많은 노력과 연구가 필요하다. IMF 이후 계속 진행되어온 구조조정의 영향으로 30~40대 실업자가 꾸준히 늘고, 기업의 해외 이전과 인력절감의 영향으로 청년실업자가 증가함에 따라 창업에 대한 수요는 나날이 높아지고 있다. 하지만 창업시장은 소매업종, 외식업종, 서비스업종 등 모든 부문에서 공급과잉 현상을 보이고 있다. 매물로 나오는 상가와 점포가 크게 늘었으며 임대료는 하락세를 보이고 있는 실정이다. 아울러 미래에 대한 기대소득의 불확실성으로 인해 소비가 위축되어 창업의 성공을 보장할 수 없다. 이 같은 여파에 힘입어 창업을 신중하게 준비하는 사람들이 날로 늘고 있는 추세다.

　창업에 성공한 사람이나 실패한 사람들에게 창업에 중요한 큰 조건을 물으면 이구동성으로 입지라고 대답한다. 그럼에도 불구하고 창업자들은 입지를 고를 때 아직도 권리금이나 임대료 수준을 기준으로 삼아 입지선택에 나선다. 참으로 안타까운 일이다. 이에 필자는 입지를 과학적으로 평가할 수 있는 방법을 제시하면 창업하시는 분들에게 많은 도움이 될 것이라는 판단이 들었다. 직접 발로 뛰면서 현장을 방문하고, 눈으로 상권을 확인하고, 과학적인 방법을 동원해 객관적인 수치로 점포를 평가할 수 있다면 성공적인 창업에 한 걸음 다가설 수 있다. 달리 말하자면 스스로 좋은 입지를 선별할 수 있는 능력이 갖추어졌을 때 성공할 수 있는 것이다.

　종종 창업을 준비하는 분들이 '업종 선택의 기로에서' 고민하는 모습을 목격한다. 이 같은 고민은 최근 들어 다양화·전문화된 수많은 업종 때문에 더욱 깊어질 수밖에 없다. 자신에게 맞는 업종을 선택해야 하는 문제는 풀기 어려운 과제다.

　시장진입에 성공한 업종들을 살펴보면 공통적으로 도입기, 성장기, 성숙기, 쇠퇴기의 단계를 밟는다. 물론 상당수 업종이 도입기에서 사라지는 비운을 맞는다. 투자 리스크를 최소화하면서도 창업에 성공할 수 있는 가장 간단한 방법은 성장 초기에 있는 업종을 선택하는 일이다. 말은 간단하지만 성장 초기에 있는 업종을 알아볼 수 있는 식견을 가지려면 소비자 트렌드 파악과 강남역, 신촌, 대학로 등 유명 상권 내에서 어떤 평가를 받고 있는지 검증하는 단계를 거쳐야 한다. 필자는 창업을 준비하시는 분들에게 소비자 트렌드와 상권관련 정보를 제공하면 시간절약을 비롯해 많은 도움이 될 것이라고 판단했다. 또 상권분석의 이해를 돕기 위해 현장에서 수집, 정리한 실제 사례를 제공함으로써 독자와 더불어 호흡할 수 있는 기회를 도모했다.

이 책에서 제시한 내용 중에는 다소 미흡한 부분이나 개선사항이 있을 것이다. 이들 문제는 홈페이지(www.ib4u.co.kr : 2005년 11월 오픈 예정)를 통해 독자 여러분과 함께 수정, 보완해 나갈 수 있을 거라고 기대한다.

마지막으로 지면을 통해 몇몇 분들에게 감사의 말씀을 전하고 싶다. 자료수집과 분석, 문장표현에 이르기까지 세심한 조언을 아끼지 않으신 '인터나루닷컴'의 양영채 사장, 관련 분야 전문가 소개 및 상권관련 이론에 대한 조언과 자료를 제공해 주신 중소기업연구원 김광희 박사, 실전 경험을 토대로 자료를 검토하고 현장 실사와 조언을 해주신 연신내 강아지방 주충남 사장, 일산 우리부동산 박창동 사장, 링코 코엑스점 이창우 점장, 압구정왕삼겹 삼성점 이장욱 사장, 에이에이피투어 한성균 사장에게 진심으로 감사의 말씀을 전한다. 또한 상권 관련 일본자료의 검색과 수집, 현장 실사에 아낌없는 지원을 해주신 모토무라 미유키(元村 深雪) 선생, 일본 체류시 물심양면으로 지원해 주신 스기죠노(衫薗 和美) 사장에게 깊은 감사를 드린다. 아울러 보잘 것 없는 원고를 보신 후 책자 발간을 결정해 주신 21세기북스 김영곤 사장과 임직원 여러분에게도 좋은 인연으로 남고자 한다. 끝으로 어려운 환경 속에서 용기와 희망을 잃지 않고 꿋꿋하게 자신의 꿈을 키워나가고 있는 이장수와 이상희, 그리고 연로하신 부모님을 모시고 계신 큰 형수께 이 책을 바친다.

4 후보점 상권조사 노하우

5 업종선택 노하우

6 서울의 상권구성 분석

호프점 | 주점 | 카페 | 한식점 | 패션의류점 | 부동산 | 노래방 | 미용실 | 분식점 | PC방 | 학원 | 숯불음식점 | 일식점 | 예술 관련 서비스업 | 슈퍼마켓 | 소고기 전문 음식점 | 돼지고기 음식점 | 휴대전화기 판매점 | 사진점 | 비디오방 | 패스트푸드점 | 주얼리점 | 문구점 | 경양식점 | 당구장 | 닭요리 전문점 | 중국음식점 | 지물포점 | 치킨점 | 편의점 | 해물음식점 | 피부관리 전문점 | 인테리어점 | 제과점 | 고시원 | 면 전문점 | 꽃 전문점 | 안경점 | 화장품점 | 유기농 관련 판매점 | 식품점 | 보세의류점 | 김밥 전문점 | 피트니스센터 | 세탁소 | 도서대여점 | 스포츠센터 | 서점 | 언더웨어 전문점 | 신발점 | 액세서리점 | 수선점 | 건강 관련 서비스점 | 일본식 주점 | 사우나 시설 | 아이스크림 전문점 | 우동 전문점 | 파스타 전문점 | 기원 | 도장 전문점 | 한복점 | 간판점 | 애완용품점 | 떡 전문점 | 레코드점 | 욕실용품점 | 혼수용품점 | 웨딩용품점 | 골프연습장 | 전당포 | 유아용품점 | 도시락점 | 골프용품점 | 주류 판매점 | 서비스업 기타점 | 소매업 기타점

7 경쟁점을 이기는 방법

8   상권분석 사례

9   계약 체결을 위한 법률 상식

1장

이것만은 알아두자

상권분석을 위한 기초지식

입지

입지란 점포가 소재하고 있는 위치 조건을 말한다. 더 구체적으로는 점포가 상업지에 있는지, 일반 주거지에서 가까운지, 전철이나 버스 정류장으로부터 얼마나 떨어져 있는지, 가시성은 좋은지 등이 입지를 평가하는 잣대가 된다. 이 평가척도에 따라 1급지, 2급지, 3급지로 나눌 수 있으며, 통상적으로 이에 따라 임대료 수준이 결정된다. 임대료는 수확체감의 법칙에 따라 상권의 중심으로부터 멀어질수록 낮아진다.

위치 조건을 구성하는 요소는 다음과 같다.

- **접근성** 고객이 도보나 대중교통, 자가용으로 점포까지 접근하기가 편리한 정도를 말한다.
- **가시성** 고객이 점포를 찾기 쉬운 정도를 말한다. 도보나 자동차로 접근할 때 몇 미터 전방에서부터 점포의 전면이나 간판이 보이는가에 따라 다르다.
- **평탄성** 고객이 점포로 들어오기까지 접하게 되는 지형지물의 높낮이를 말한다. 언덕 위에 위치해 있는지, 점포 입구에 경사나 계단이 있는지 등 심리적 장애 요인이 존재하는가에 따라 다르다.
- **점포 형태 및 시설 구조** 점포 전면의 길이, 면적, 형태, 천정 높이, 전기용량, 환기시설, 가스 및 수도의 공급 등 점포 자체가 가지는 물리적 특성을 말한다.

상권

상권이란 한 점포가 고객을 흡수할 수 있는 공간적 범위를 말한다. 소매점은 상권의 거울이라 할 수 있다. 백화점, 대형할인점, 슈퍼마켓, 편의점은 해당 상권의 성격을 나타내며, 유명 패스트푸드점과 패밀리 레스토랑은 상권의 질을 나타낸다. 유명 패스트푸드점과 패밀리 레스토랑이 상권 내에 여러 개 존재한다는 것은 상권이 양질임을 뜻한다.

상권을 구성하는 주요 요소는 다음과 같다.

- **유동인구** 상권 범위 내 통행하는 잠재고객의 수를 말한다. 특히 출점 대상 점포 앞을 지나는 행인의 수가 가장 중요하다. 물고기가 많이 몰리는 곳이 좋은 낚시터인 것과 마찬가지로 행인의 수가 많은 곳이 좋은 상권이다.
- **배후지인구** 상권 범위 내에 상주하는 사람의 수를 말한다. 배후지인구는 주거를 목적으로 하는 거주자와 상권 내 시설물에 근무하는 근무자로 구성된다. 근무하는 시설물의 종류에 따라 오피스, 학원, 유흥업소, 학교, 병원, 관공서 등으로 구분된다. 배후지인구는 점포 주변에 가까이 몰려 있을수록 좋다.
- **경쟁점** 동일 상권 범위 내에서 경쟁하는 동종업종을 말한다. 이때는 동종업종과의 거리가 중요하다.
- **교통(통행)유발 시설** 상권 범위 내 관공서, 학교, 병원, 스포츠 레저 센터 등 고객을 흡인할 수 있는 시설의 유무를 말한다. 점포 가까이에 교통(통행)유발 시설이 있을 경우 고객 흡인력이 크게 증가된다.

- **장애 요인** 상권의 연속성을 저해하는 4차선 이상의 도로, 하천, 혐오 시설의 유무를 말한다. 장애 요인이 점포 가까이에 있을 경우 고객 흡인력이 크게 감소된다.

상권분석

상권분석이란 출점 예정지의 입지와 상권의 구성 요소를 분석하는 것이다. 상권분석은 최종적으로 출점 여부를 결정하기 위해 반드시 필요한 과정이다.

상권을 분석하는 목적

상권분석의 첫번째 목적은 매출액을 예측하기 위해서다. 배후지에 거주하거나 근무하는 사람들이 얼마나 이 곳을 찾을지, 점포 부근을 지나다니는 사람들은 얼마나 이 곳을 찾을지, 경쟁점을 고려했을 때 시

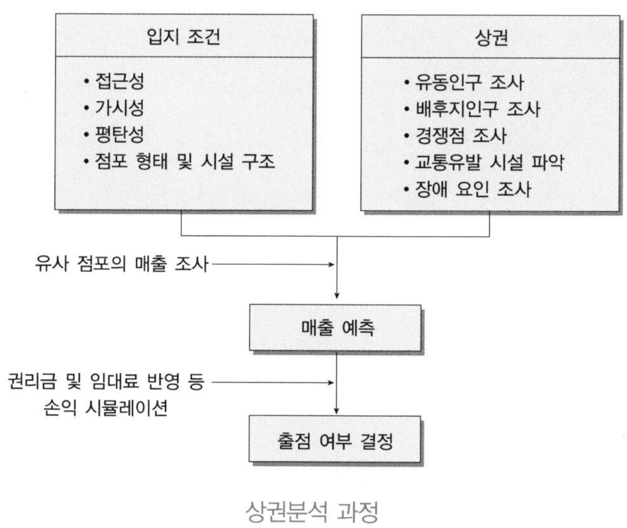

상권분석 과정

장점유율은 얼마나 될지 등을 추정해 월 매출액과 연 매출액을 추정한다.

두번째 목적은 예상 매출액을 기초로 권리금, 임대료 등 제반 비용을 고려해 예상 수익 규모를 추정한 다음 출점 여부를 결정하기 위해서다.

세번째 목적은 상품 구성과 가격대를 결정하기 위해서다. 배후지 인구의 소비유형이나 소득 수준을 파악해 관심이 높은 상품이나 서비스를 적정 가격대로 제공해야 한다.

네번째 목적은 상권이 발전할 것인지 쇠퇴할 것인지를 판단하기 위해서다. 상권을 둘러보았을 때 신축건물이 계속 들어서고 있거나 대형 집객 시설이 들어올 예정이라면 상권은 점점 발달할 것으로 추정할 수 있지만, 반대로 비어 있는 점포가 많다면 상권이 침체의 길로 접어들었다는 것을 암시한다.

한편 개점 전의 예상 매출액과 개점 후의 결과를 비교해 오차가 발생했다면 그 원인을 찾아내야 한다. 예상보다 호조일 경우에는 경쟁점의 출현을 막기 위한 진입장벽을 준비하고, 예상보다 부진할 경우에는 판촉활동을 준비해야 한다. 판촉활동 시에는 어느 지역의 고객이 많은지, 젊은 여성의 구성비는 얼마나 되는지, 가족 단위로 오는지 등을 파악해 타깃고객과 지역을 설정하는 기초 자료로 삼아야 한다.

매출액 추정 방법

외식업 및 서비스업 매출액 추정 방법

소매업의 경우 '매출액=유동인구 수×입점률×객단가×영업일 수'
다. 유동인구는 배후지인구 가운데 자기 점포를 찾아오는 유효고객
수와 점포 앞을 지나다니는 통행인구 가운데 자기 점포로 들어오는
고객 수를 합해 추정한다. 편의점의 경우 점포 앞을 지나는 통행인구
의 입점률은 평균 4~5%다. 통행인구의 입점률은 입지유형에 따라
차이가 나며 역세권이 평균 1%로 가장 낮다. 객단가(고객 1인당 구매
단가)는 주력상품의 가격대로 추정하는데, 편의점의 경우 평균적으로
2,200~2,800원이다.

외식업의 경우 '매출액=좌석 수×좌석 점유율×회전율×객단가
×영업일 수'다. 좌석 점유율은 최대 80%며, 평균 회전율은 점심식
사형이 1.5~2회, 저녁식사형은 1~1.5회이다. 저녁식사형은 점심식
사형에 비해 고객 체류시간이 길기 때문에 회전율이 낮아진다. 그러
나 통행인구가 많은 역세권에서는 2~3회까지 회전율이 높게 나타나
기도 한다. 일반적으로 술집의 경우 평균 체류시간은 2시간 정도다.

서비스업도 외식업과 마찬가지로 좌석 수와 회전율을 기준으로 매
출액을 추정하지만, 업종별로 평균 좌석 점유율과 회전율이 다르기
때문에 동종업종의 평균 자료를 조사해 매출액을 추정해야 한다.

시장점유율에 의한 매출액 추정 방법

시장점유율은 지구상권 내 브랜드력이 높은 업종의 매출액을 추정할
때 사용한다. 배후지인구 및 유동인구를 조사해 나온 매출액과 시장

점유율법을 통해 나온 매출액이 차이가 날 경우 상권분석의 오류가 있는지 점검해야 한다.

시장점유율은 상권 내 동종업태 잠재 매출액 중에서 해당 점포가 차지하는 매출액의 비율을 뜻하고 산정하는 방법은 '시장점유율=해당 점포면적÷상권내 동종업태 연면적' 으로 나타낸다.

시장점유율을 이용한 매출 추정 절차는 다음과 같다.

- 구매빈도와 점포면적 등을 고려해 업종의 상권을 추정한다.
- 인구조사 자료를 기초로 상권 내 가구 수를 파악한다.
- 상권의 시장잠재력 척도인 가구당 해당 동종업태 소비액을 추정한다.
- 상권 내 총면적 대비 신규 점포 면적의 비율을 곱한다.

상권 내 가구 수×가구당 평균 소득×해당 업종 M/S(market share, 시장점유율)=해당 업종 매출액

해당 업종 매출액×해당 점포 M/S=해당 점포 매출액

해당 점포 M/S=해당 점포 면적÷상권 내 동종업종 연면적

예를 들면 다음과 같다.

1만 가구×200만 원×15%=3,000만 원 = 해당 업종 매출액

3,000만 원×40%=1,200만 원=해당 점포 매출액

해당 점포 M/S=40%

상권의 종류

지역 및 특성에 따른 분류

상권(Trading Area)에는 우선 서울 상권, 부산 상권처럼 도시별 상권이 있다. 서울 상권 안에서는 강남 상권, 강북 상권, 강서 상권 등 지구별 상권으로 나누어진다. 지구별 상권은 더욱 세분되어 명동, 강남역, 삼성역, 신천, 대학로, 오목교, 강서구청, 연신내 상권 등으로 나눌 수 있다. 한편 이 같은 상권 구분과 다르게 특정 점포가 가지는 상권이 있다.

아직 상권의 개념을 혼동해 사용하거나 잘못 이해하는 사례가 많고, 명칭도 다양하기 때문에 다음과 같이 구분해 상권 관련 용어를 정리한다.

- **종합상권**(General Trading Area)　행정구역과 일치하는 상권으로, 도시 또는 군 전체의 유통 기관이 합쳐져 형성된 상권이며, 지역 상권이라고 정의한다. 행정구역의 명칭을 사용해 서울 상권, 광주 상권 등으로 부른다.

- **지구상권**(District Trading Area)　도시의 여러 지구 가운데 특정 지구 내에 형성된 상권으로, 부분적으로 겹치기도 한다. 지구상권의 명칭은 행정구역의 명칭을 그대로 사용해 부르거나 지구상권을 대표하는 시설물로 부르기도 한다. 예를 들면 강북 상권을 세분화해 대학로 상권, 연신내 상권 등으로 구분할 수 있으며 이들 상권을 지구상권이라고 부른다.

- **점포상권**(Individual Trading Area)　지구에 상관없이 특정 점포가

흡인하는 상권을 말한다.

고객의 분포에 따른 분류

종합상권, 지구상권, 점포상권에 상관없이 해당 상권에 거주하는 고객의 분포에 따라 핵심 상권(1차 상권), 2차 상권, 3차 상권 및 기타 상권으로 분류할 수 있다.

- 1차 상권(Primary Trading Area) 고객의 50~70%를 흡인하는 상권 범위이며, 점포에 가장 근접해 있고 고객 밀도가 가장 높은 지역이다.
- 2차 상권(Secondary Trading Area) 15~25%의 고객을 흡인하는 상권 범위이며, 1차 상권의 외곽에 위치해 고객이 넓게 분산되는 경향이 있다.
- 3차 상권(Tertiary Trading Area) 1, 2차 상권의 외곽 지역으로 전체 고객의 10~15%를 흡인하는 상권 범위이며, 고객이 아주 넓게 분산되어 있다.
- 기타 상권(Fringe Trading Area) 상권 밖의 지역으로, 영향권이라고도 부른다. 고객의 5~10%를 흡인하지만, 이들 고객은 유동적이고 산발적으로 분산돼 있다.

3차 상권과 기타 상권의 고객 비율은 상품, 경쟁, 도로 특성, 지형 등의 시장 요인과 지역의 특성(고객 유출 또는 유입)에 따라 다양한 차이를 보이며, 이러한 특성 때문에 3차 상권과 기타 상권을 구분하지 않기도 한다.

종합상권의 변화 추이

우리나라는 급속한 경제 성장으로 인해 지난 30년 동안 5~10년 단위로 상권이 변화해 왔다. 특히 자동차의 보급으로 자동차 상권이 생겨났고, 지하철의 발달로 지하철 상권이 발전했다. 1980년대 후반부터 편의점이 생기고, 1990년대 중반부터는 대형할인점이 생기는 등 신규 업종이 신속하게 시장에 진입하면서 업종 사이의 경쟁이 치열해

상권 변화 추이	
시대 구분	상권 변화 내용
1980년대 이전	• 도심 단핵 구조 • 재래시장 중심의 상권 • 백화점의 도입기
1980년대 초반	• 버스 중심의 대중교통 체계 • 다핵화의 진전 • 백화점의 확산기
1980년대 말~90년대	• 재래시장/전문시장 중심의 상권 지구 • 버스 중심의 대중교통 체계 • 부심 중심의 다핵화 급속 진전 • 신도시 개발 확산 • 백화점의 본격 성장기 • 할인점의 도입/슈퍼마켓의 확산 • 지하철 상권 형성 • 지방 상권의 급속 성장
2000년대 이후	• 지역 중심까지 상권 다핵화 급진전 • 할인점의 급속 성장/백화점 성숙 • 대형 소매점 중심 상권으로 정착 • 지하철 중심의 교통 체계/자가용 시대 개막 • 외국 유통업체 본격 진출 및 확대 • 지방 유통업체의 도산 증가 • 카테고리 킬러, 패션몰 등 신규 업종 등장

진 동시에, 소비자 선택의 시대로 바뀌는 등 모든 분야에서 큰 변화
를 겪고 있다.

한편 지구상권의 주요 특성은 다음과 같다.

신흥 상권은 형성 기간이 길다

신흥 상권이 제대로 형성되려면 상당히 긴 시간이 필요하다. 한 예로
상권이 형성되는 데 상계동은 7년, 목동은 10년이라는 상당히 긴 시
간이 소요됐다. 그 이유는 아파트단지의 상업 용지율이 너무 높게 설
정되어 상가가 공급과잉 상태를 보였기 때문이다.

일반적인 주거 지역은 상업 용지율이 2~3%이지만, 분당, 일산 등
신도시 아파트 지역은 8~9%로 기획됐다. 이로 인해 상당 기간 공급
과잉 현상을 보여 자리를 잡는 데 오랜 시간이 걸린다.

기성 상권의 쇠퇴가 느리다

대형 쇼핑몰/대형할인점이 출점하면 재래시장 등 이미 형성된 상권
이 영향을 받긴 하지만, 대부분 생계형 점포여서 곧바로 쇠퇴하지 않
고 얼마간 유지되는 현상이 나타난다. 그러나 상권 내의 점포 주인이
바뀌고 빈 점포가 20%까지 늘게 되면 본격적인 쇠퇴로 이어지는 과
정을 밟는다.

소매업이 상권의 열쇠를 쥐고 있다

사람은 생활에 필요한 물건을 주기적으로 사야 하기 때문에 소매점
을 규칙적으로 찾는다. 반면 외식업종은 기호품에 가깝다. 서비스업
종 역시 병원, 청소, 수선, 세탁과 같은 필수적인 성격의 업종을 제외

하고 대부분 간헐적으로 이용한다. 따라서 상권의 열쇠는 소매업이 쥐고 있다.

고객들은 가능한 가까운 거리에서 한번에 쇼핑하는 것을 원하기 때문에 필요한 상품들을 한자리에서 구입할 수 있는 곳을 찾는다. 백화점이나 할인점에 고객이 몰리는 첫번째 이유가 바로 이 때문이다. 따라서 지구상권은 백화점이나 할인점을 상권 내에 평면으로 펼쳐 놓은 모습이어야 한다.

상권별 특징

소매점은 취급하는 아이템 수를 고려해 적정한 매장 면적을 산출하며, 고객의 구매빈도를 감안해 상품을 갖추고 진열한다. 따라서 소매점은 상권의 크기를 가늠하는 잣대가 된다. 또한 개별 점포는 입지와 상권의 범위를 설정하고 분석한 후 출점하기 때문에 소매점의 매장 면적과 취급하는 아이템을 보면 상권의 범위를 짐작할 수 있다.

소매업종별 특징				
소매업종	상권 내 인구	상품 구매빈도	적정 개수	대응 행정구역
백화점	60만~90만 명	월 1회	서울 시내 11개	2~3개 구
할인점	15만~30만 명	월 2~3회	서울 시내 54개	1개 구
슈퍼마켓	2만~5만 명	주 1~2회	서울 시내 522개	동
편의점	5,000~1만 명	주 2~3회	서울 시내 2,000개	-
단지 내 상가	2,000~3,000명	주 2~3회	-	

이용하는 고객층도 어느 정도 구분이 된다. 백화점은 소비수준이 높은 고객층이, 할인점은 알뜰 구매를 하려는 주부층이, 슈퍼마켓은 가까운 거리에서 식품과 생활용품을 구매하려는 주부층이, 편의점은 20~30대 젊은 층이 중심이 된다.

주변에 있는 백화점, 할인점, 슈퍼마켓, 편의점을 떠올려보면 상품 구성이나 매장 면적이 확연히 구분된다는 것을 알 수 있다. 이들 소매점은 지구상권의 크기를 가늠하는 잣대 역할을 한다.

백화점 상권

백화점 상권은 백화점을 중심으로 한 대형 쇼핑몰을 뜻하며, 고급 브랜드 상권으로 구성된다. 백화점 상권은 다운타운형이라고 부르기도 하며, 자동차로 30분에서 1시간 정도 거리의 상권 범위를 형성한다.

백화점 상권은 단위 면적당 매출과 이익이 높고, 토지 이용도가 높으며 지가도 비싸기 때문에 대형 오피스건물을 중심으로 고층화되는 현상을 보인다. 점포 수를 기준으로 보면 소매업종, 외식업종, 서비스업종 중 소매업종의 비율이 40% 이상이며, 다운타운형 성격이 짙을수록 소매업종의 구성비는 올라간다.

소매업종은 브랜드력이 높은 패션 의류가 주축을 이루며, 고급 수입 브랜드, 주얼리점 등 각종 유행을 리드하는 패션 잡화 브랜드점이 형성된다. 외식업종도 대형 오피스건물을 겨냥한 고급 음식점과 패밀리 레스토랑, 유명 패스트푸드점, 대형 체인 음식점의 1, 2호점이 위치한다. 일반 외식업의 경우 점심 시간 고객에 따라 하루 매출의 70~75% 정도가 좌우되며, 오전 11시부터 오후 2시까지가 피크타임이다. 대형 멀티플렉스 극장과 스포츠 레저 센터, 대형 문화 시설 등

교통유발 시설도 복합적으로 형성되어 상권의 집객력을 높이는 역할을 한다.

체인 사업을 꿈꾸고 시장을 선도하는 제품 내지는 은행을 리드하는 상품이나 서비스를 취급하는 경우 백화점 상권이 출점 1번지가 된다. 하지만 도로교통이 매우 혼잡해 자동차가 정체되는 현상이 자주 발생한다. 따라서 지하철, 버스 등과 연계함으로써 접근의 편리성을 도모해야 한다.

대형할인점 상권

자가용으로 10~20분 거리의 상권 범위를 형성한다. 상권 범위는 2~5킬로미터 정도이며, 2킬로미터 이내에 거주하는 고객이 주 고객층을 형성한다. 대형할인점은 자동차 상권에 속하므로 주차장 확보가 필수적이며, 소매업종의 경우에는 매장 3평당 1대 정도의 주차 면적이 필요하다. 유사한 상권 범위를 가진 업종로는 패밀리 레스토랑, 전문 카테고리 킬러, 지역밀착형 스포츠 레저 시설 등이 있다.

백화점은 품질과 서비스로 경쟁하지만 대형할인점은 저가를 무기로 경쟁하므로 상권 내 주변 상점에 큰 영향을 미친다. 특히 상권 내 소매점에 미치는 영향이 크다.

월 1~2회 정도 구매하는 상품까지 포함해 한 번에 모든 것을 구매하려는 고객이 찾기 때문에 일상생활에 필요한 모든 상품을 갖추고 있다. 투자비를 최소화하기 위해 주로 도심 외곽에 자리 잡으며, 재래시장과 경쟁 관계에 있다. 지역밀착형이므로 배후지 지역 주민을 대상으로 한 중소 규모의 스포츠 레저 시설과 문화 시설이 진출한다.

할인점 상권은 저가 소구형의 전문 카테고리 킬러와 치열한 경쟁

관계를 유지하지만, 지역 내 고객 흡인력을 서로 높여주기도 해 서로 공생하는 관계이기도 하다.

할인점과 유사한 상권 범위를 가지는 전문 상가는 수년에 한 번 정도 간헐적으로 구매하는 전문 상품을 각 점포별로 취급한다. 또한 고객이 비교하기 쉽도록 특정 장소나 지역에 집중적으로 형성된다. 강남 영동사거리 가구상가와 용산 전자상가 등이 대표적인 전문 상가다.

도시형 슈퍼마켓 상권

도시형 슈퍼마켓 상권은 자동차로 5분 거리의 상권으로, 상권 범위는 반경 1~2킬로미터 이내이며 배후지인구 2만~5만 명을 대상으로 한다. 행정구역상으로 보면 동 단위에 해당되는 상권으로, 서울 시내의 경우 500여 개가 적정한 점포 수이며, 기초생활 시설을 갖추는 단위다.

기초생활 단위를 구성하는 동사무소, 파출소, 초등학교, 중학교, 고등학교, 클리닉, 문화 시설 등이 조성되고, 근린생활 시설인 식품, 의류, 생활 잡화 관련 소매업종과, 대중음식점형 외식업종, 세탁소, 미장원, 유지보수 업체 등 생활편의형 서비스업종이 형성된다. 해당 지역의 소비수준에 따라 상권 내 형성되는 전체 업종의 성격이 고급형, 보급형, 저가형으로 구분된다.

대중교통이 주위에 있으나 집중형이 아닌 통과형이며, 지역밀착형 고립 상권을 형성하므로 상권 전체의 매출 규모는 변동폭이 적다. 상권 내 거주인구의 변화가 있을 경우 영향을 크게 받으며, 상권 내 경쟁점이 하나씩 등장할 때마다 매출이 30% 정도 하락하는 현상을 보인다.

소매업종은 주 1회 정도 구매하는 상품을 중심으로 하는 중형 점포가 진출하기에 적절한 상권이며, 외식업종은 유명 패스트푸드점과 패밀리 레스토랑을 제외한 대중음식점이 출점하기에 적절하다. 또 서비스업종으로는 생활편의 서비스인 세탁소, 각종 유지보수 서비스점, 미장원, 초중등생 대상의 학원, 보급형의 소규모 스포츠 레저 시설이 출점 가능하다.

주차장을 확보할 경우 경쟁력이 높아져 매출 상승에 기여할 수 있다. 상권 내 거주하는 고정 고객을 중심으로 매출이 발생하며, 입소문이 매출에 큰 영향을 미친다.

편의점 상권

거리상 가깝다는 것을 주무기로 한 도보 5분 거리의 상권으로, 상권 범위는 반경 300~500미터 이내이고 서울 시내에서는 2,000여 개 정도가 출점 가능하다. 입지유형별로 주거지형, 오피스가형, 학원가형, 역세권형, 유흥가형, 대형 건물 내 입지형 등으로 구분된다.

주택가 입지의 경우 상주인구 5,000명 정도면 출점 가능하며, 오피스가를 주 대상으로 역세권, 학원가, 유흥가 입지의 경우 3,000명 정도의 배후지인구를 확보하면 출점 가능하다.

소매업종의 경우 주 2~3회 구매하는 생활용품을 주력상품으로 한다. 외식업종은 배달을 주무기로 한 외식업종이 상권을 주도하며, 서비스업종도 배달과 생활편의 서비스점들이 강세를 보인다.

소생활권에 해당되므로 젊은 층을 대상으로 한 여가 및 문화 관련 시설은 진출이 어려우며, 과일, 생선, 정육점, 반찬가게 등 식료품 위주의 중소형 소매 점포가 주로 들어선다. 지역밀착형 빵집, 문구점,

구분	내용
평균 매장 면적	22평
편의점 1점포 당 인구	5,700명 수준
하루 평균 매출액	176만 원
하루 평균 고객 수	670명
하루 평균 객단가	2,617원

출처 : 《편의점 운영동향 2003》, 한국편의점협회

안경점, 약국, 미용실, 세탁소, 목욕탕 등이 출점하며, 주점, 호프점 등이 1~2개 형성되고, 분식점, 김밥집이 2~3개 들어선다.

단지 내 상가

아파트단지 내 상가는 도보 상권으로, 상권 범위는 해당 아파트단지다. 고객 변동이 거의 없어 마케팅이나 판촉행사의 영향을 거의 기대할 수 없기 때문에 장사가 잘 안 될 경우 업종을 바꾸는 수밖에 없다. 입소문의 영향이 매우 크기 때문에 고객 서비스에 유념해야 하며, 고객의 불만을 소홀히 처리할 경우 치명적인 영업 손실을 입을 수 있다.

소매업종은 매일 사용하는 음식료품을 중심으로 소형 슈퍼마켓, 과일가게, 쌀가게, 반찬가게 등이 주를 이룬다. 소생활권 상권인 근린 상가와 경쟁 관계에 있으나 근린 상가에 비해 경쟁력이 떨어지며, 자동차로 20~30분 거리에 할인점이 들어서면 고객 이탈 현상이 나타난다.

외식업종으로는 분식점이나 배달 중심의 소형 음식점이 들어설 수 있고, 서비스업종으로는 가까운 거리를 무기로 한 세탁소, 비디오 대여점, 수선점, 각종 대여점이 주로 들어선다. 미취학 자녀와 초등학생을 대상으로 한 학원이나 유치원도 들어선다.

생계형 점포 중심으로 구성되며 대다수가 1인 운영 점포다. 따라서 불황기에 소비지출이 줄어들면 전반적으로 슬럼화 현상이 일어나고 입주하려는 창업자들도 적어 빈 점포가 늘어난다. 진입은 쉬우나 철수가 어려워 초보 창업자들은 피해야 할 투자 지역이다.

소매업종의 경우 근린 상가와 비교해서 경쟁력을 갖추고 특화할 수 있는 상품이 있으면 출점 가능하고, 서비스업종의 경우 창업주가 남들보다 뛰어난 기술을 보유하고 있으면 출점 가능하다. 특히 전자 제품 수리, 옷 수선 등의 기술을 보유했을 경우 거리상 가깝다는 것을 무기로 근린 상가와의 경쟁에서 이길 수 있다.

분당, 일산 지역과 같은 신도시 지역은 과잉 공급 현상이 나타나고 있어 단지 내 상가에 대한 투자를 특히 신중히 검토해야 한다.

2장

좋은 목이 창업의 성공을 좌우한다

창업에 성공하려면 발품을 많이 팔아라

창업이 봇물처럼 늘어난 요즘, 장사하는 사람들에게 창업에서 가장 중요한 조건이 무엇인지 물으면 대부분 '좋은 목'이라고 대답한다. 관련 자료나 창업 지원 전문가들 역시 이구동성으로 입지가 매출을 결정하는 가장 중요한 조건이라고 말한다. 편의점의 사례를 보면, 매출을 결정하는 요인은 입지 70%, 상품 구성력 20%, 점주의 능력 10% 정도로 나타난다. 이처럼 입지가 중요하기 때문에 프랜차이즈 회사들은 좋은 자리를 잡기 위해 치열한 경쟁을 벌인다.

점포가 자리한 상권이나 점포 부근을 오가는 유동인구가 적다면 거창한 판촉행사도 무용지물이다. 업종을 바꾸더라도 결과는 비슷하게 나타날 것이다. 이 같은 결과는 유동인구가 적기 때문에 빚어진다. 달리 말하면 입지가 안 좋은 것이다.

특히 점포 규모가 작을수록 고객 흡입력도 상대적으로 떨어지며, 점포 앞을 가로막는 가로수나 전신주가 있는지, 보도블록의 상태는 어떤지 등 고려해야 할 변수도 많다. 이처럼 점포가 작을수록 고려해야 할 변수가 많기 때문에 입지를 평가하는 시스템이 더욱 정교해야 한다.

창업을 준비하는 사람이라면 개업하기 전까지 투입되는 노력의 70% 이상을 입지분석과 상권분석에 쏟아 부어야 한다. 이런 노력이 아깝다고 생각해서는 안 된다. 입지분석과 상권분석에 소홀할수록 실패할 확률이 높은 만큼 힘들더라도 많은 시간과 정열을 투자해야 한다.

인생의 새로운 출발점에 서 있는 예비 창업자의 심정을 전장에 나서는 지휘관과 비교한다면 두 가지 유형으로 나눌 수 있다. 하나는 두려움에 가득 차 모두가 적으로 보이는 공포의식에 사로잡힌 경우이고, 또 다른 하나는 당당하고 자신감이 넘쳐 눈앞의 모든 것을 이룬 듯한 태도를 보이는 경우다. 그러나 두 가지 유형 모두 바람직한 모습은 아니다.

만일 전투가 벌어지는 필드에 서 있는 지휘관이라면 어떤 마음자세로 전장에 임할까? 훌륭한 지휘관은 정확한 상황 판단과 신속한 의사결정으로 전투에서 승리를 이끌어낸다. 창업도 마찬가지다. 주위 사람들의 의견이나 자신의 안목만 믿고 창업을 해보지만 실제로 성공하는 사람은 소수에 불과하다. 자료에 따르면, 한 해 10만 개 정도의 음식점이 폐업하거나 주인이 바뀐다고 한다. 자료대로라면 창업은 결코 만만하게 볼 일이 아니다. 실패 원인은 여러 가지가 있겠지만, 가장 큰 원인은 조급한 마음이 앞서 현장 확인에 소홀했거나, 관련 분야의 전문가가 제시하는 객관적인 평가 자료를 창업에 반영하지 않았기 때문이다. 창업을 하려는 대부분의 사람은 입지나 상권에 대해 정확히 판단하려고 노력하기보다는, 권리금이나 임대료 등 부동산 관련 정보의 수집이나 업종 선정에 더 많은 시간을 들인다. 물론 부동산 정보와 업종 선정은 투자 리스크를 줄이는 중요한 사항에 속하지만, 창업의 첫 단추는 뭐니뭐니해도 입지와 상권에 대한 정확한 정보의 수집과 분석이다.

상권분석은 경험의 과학이다. 상권분석과 관련한 많은 이론이 있지만, 실제 상황에 적용하기에는 어려운 점이 많다. 광역상권을 중심으로 한 이론은 백화점이나 대형할인점을 개점하기 전에 일부 적용되지만, 정확도가 떨어지는 편이다.

프랜차이즈나 체인망을 구축한 회사들은 이론에 의존하기보다 과거의 경험과 새로운 변수 등을 반영해 상권분석의 정밀도를 높여나간다. 예컨대 '점포 앞을 지나가는 사람 중 몇 퍼센트가 점포로 들어오는가?', '배후지에 거주하는 사람 가운데 몇 퍼센트가 점포를 찾는가?' 라는 수치를 조사해 점포유형별로 분석함으로써 정밀도를 높여나가는 것이다.

상권을 분석할 때 가장 필요한 것은 세심한 관찰력과 정보 분석력이다. 이해를 돕기 위해 바둑을 예로 들겠다. 바둑에선 맥을 제대로 파악하는 것이 중요하다. 하수의 눈에는 하수만큼의 수가 보이고 고수의 눈에는 고수만큼의 수가 보인다. 바둑과 마찬가지로 입지와 상권을 보는 눈도 맥을 짚을 줄 알아야 한다. 다행스러운 것은 바둑과 달리 창업은 점포 주위를 열심히 관찰하고 중요한 요인들을 파악 · 분석하면 실패를 크게 줄일 수 있다는 사실이다.

초보자일수록 입지나 상권분석에 많은 시간을 투자하라. 그리고 상권분석 프로세스를 하나씩 밟아나가라. 이런 준비가 선행됐다면 오판할 확률은 크게 낮출 수 있음을 기억하라.

평소 눈여겨 본 후보지가 있다면 입지와 상권 조건에 대한 자료를 수집, 분석해야 한다. 국내에 진출한 해외 패밀리 레스토랑의 체인점이나 국내 유수의 프랜차이즈 가맹점들은 출점하기에 앞서 입지와 주변 상권분석에 많은 공을 들인다. 이 작업은 회사의 점포 개발 전문 부서에서 진행하는데, 짧게는 2주에서 길게는 1개월 이상의 기간 동안 상권을 분석한 다음 출점 여부를 결정한다. 이런 경우에도 출점 성공률은 70~80% 선에 그친다. 앞에서도 잠시 언급했지만 점포 규모가 작을수록 사소한 변화에도 많은 영향을 받는다. 어떤 편의점의 경우 위치가 바뀐 후 매출이 20~30% 향상됐다. 점포의 출입문 위치를 바꾸는 것만으로도 매출이 향상되기도 한다. 이 같은 사실이 시사하는 바가 무엇일까? 결국 후보지 주변의 상권을 철저히 분석해야 한다는 것이다.

한 가지 더 유념해야 할 것은 경쟁 점포에 대한 정보의 중요성이다. 상권 내에서는 동종 점포와 경쟁이 벌어지게 마련이다. 따라서 후보점과 경쟁점의 거리가 얼마나 떨어져 있는지, 후보점 앞을 지나는 사람이 얼마나 되는지, 상권 주변에 거주하거나 근무하는 사람들의 특성이 어떤지 등을 발로 뛰며 눈으로 확인하고 전문가의 조언을 들어야 한다. 결국 창업에 필요한 정보 수집은 당신의 발품에 달려 있다. 점포마다 주어진 입지와 상권 조건이 다르기 때문에 개미 같은 부지런함이 필요하다. 발로 뛴 거리에 비례해 창업 성공률이 높아진다는 사실을 잊지 마라.

좋은 목의 조건은 인구밀도, 유동인구, 경쟁점

목이 좋다, 나쁘다라는 것은 절대적이라기보다 상대적인 개념이다. 즉, 입지가 좋은 점포라도 여러 가지 요인에 따라 나쁜 점포로 전락할 수 있고, 반대로 입지가 나쁜 점포여도 좋은 점포가 될 수 있다는 말이다. 목이라는 표현이 추상적이어서 사람마다 생각하는 기준이 다를 수 있으므로 이를 매출액으로 바꾸어 설명하겠다. 좋은 입지, 달리 말해 '좋은 목'이란 말 그대로 매출액이 높은 점포가 입지한 장소를 말한다. 결국 동일하거나 유사한 상품을 팔더라도 매출액이 높은 점포가 목이 좋은 점포다. 매출액은 고객 수와 객단가로 나누어 생각할 수 있다. 매출액을 높이기 위해서는 고객 수가 많거나 객단가가 높아야 한다. 고객 수가 많으려면 점포 주변에 많은 사람이 거주하든지, 아니면 점포 앞을 지나는 사람이 많아야 한다. 그러나 경쟁점이 가까이 자리한다면 고객이 나뉘어져 결과적으로 마이너스 요인이 된다.

객단가는 판매하는 상품의 종류나 고객의 소비수준에 달려 있다. 따라서 객단가를 높이려면 상품의 구성을 달리하거나, 소비수준을 높이는 마케팅 활동을 해야 한다. 그러나 좋은 목에 자리 잡았다고 해서 객단가가 무조건 올라간다고 생각한다면 오산이다.

결론적으로 좋은 목은 다음과 같이 정의할 수 있다. 점포 배후지의 인구밀도가 높고, 점포 주변에 유동인구가 많고, 경쟁점과 거리가 먼 곳일수록 좋은 목이다. 이 세 가지는 좋은 목을 결정하는 중요한 요소다. 동일한 상권 내에서라면 통행인이 많은 장소가 좋은 목이다.

상권이 서로 다른 지역을 비교할 때는 배후지의 인구밀도가 높고 유동인구가 많은 곳이 좋은 목이다. 전문점은 유사 업종이 모여 있을 때 유리하다. 반면 슈퍼마켓이나 편의점 등은 경쟁점이 흩어져 있을 때 유리한 업종이다. 따라서 이들 업종은 고려변수에서 제외하겠다.

배후지의 인구밀도가 높은 지역은 대형 오피스건물이나 대규모 고층 아파트단지가 들어선 곳이다. 이러한 지역에서는 상권이 크게 발달하는데, 서울에서는 명동, 종로, 영등포, 잠실, 신촌 지역 등을 꼽을 수 있다.

동일한 상권 내에서라면 배후지의 인구밀도가 비슷하다고 가정하고 유동인구가 많은 장소를 선택하면 된다. 유동인구를 비교할 때는 통행인의 보행속도까지도 고려해야 한다. 유동인구가 적더라도 통행인의 보행속도가 느린 곳이 좋은 목이다. 보행속도는 길을 걷는 보행자를 자세히 관찰하면 알 수 있다. 사람들은 목적지가 분명할 때 걸음이 빠르다. 이 경우 점포로 들어올 확률은 낮아진다. 그러나 쇼핑을 목적으로 통행할 때는 점포를 서로 비교하거나 상품을 보기 위해 자연히 발걸음이 느려진다. 통행로가 넓을수록 걸음 속도가 느려지는 점도 참고할 만하다.

백화점이나 대형할인점 앞의 통행로 넓이를 조사해 보면 일반 통행로와 확연히 차이가 나는 것을 알 수 있다. 입구쪽의 통행로가 가장 넓으며, 카트 3개 정도가 지나다닐 수 있는 주통로가 있다. 주통로를 중심으로 필요한 상품을 찾기 쉽도록 카트 1.5~2개 정도가 지나다닐 수 있는 보조통로가 열십자 형태로 자리한다. 이런 경우 주통로가 끊어지는 코너 부근이 장사하기에 가장 적합한 목이 된다.

동일 상권 내에서는 가장 넓은 통로의 코너와 가까운 곳이 좋은 목이다. 또한 점포 중앙의 주통로에서 동서남북 방향으로 주통로의 끝이 보이면 가장 좋은 목이다.

주기적으로 상권의 변화를 점검하라

상권은 사회적 분위기와 경제 상황에 따라 빠른 속도로 변한다. 아무도 눈여겨보지 않았던 곳이 하루아침에 주요 상권으로 변하는가 하면, 늘 인파로 북적거리던 상권이 썰렁한 모습으로 바뀌기도 한다. 사정이 이렇다면 딱히 명당자리가 정해져 있는 것은 아니다. 서울 시

내 상권을 살펴보면 기업의 부침과 마찬가지로 빠르게 변하는 것을
알 수 있다.

　도시화가 진전되고 인구밀도가 높아짐에 따라 상권은 도심, 부도
심으로 발전해 나간다. 또 대형 쇼핑센터, 카테고리 킬러, 대형할인
점 등이 상권 변화를 주도한다. 소득수준도 상권에 영향을 미쳐 업종
과 업종 구조를 변화시킨다. 공급과잉으로 인해 대부분의 업종에선 치
열한 경쟁이 벌어지고 있다. 특히 소비자의 요구에 맞춰 업종을 선택
해야 살아남을 수 있으며, 다양한 소비자의 기호만큼이나 새로운 업종
이 계속 나타나고 있다. 따라서 적어도 2~3년마다 한 번씩은 광역상권
의 변화와 자신이 속한 업종의 변화를 점검해야 한다. 변화하는 상권
과 업종의 전환에 적응해 나가기 위해서는 관련 정보를 부지런히 수집
해 자신의 점포에 미치는 영향을 구체적으로 분석해야 한다.

　준비하는 사람과 준비하지 않은 사람의 차이는 시간이 지남에 따
라 하늘과 땅 차이로 극명하게 벌어져 양극화 현상을 보인다. 경쟁이
치열해질수록 실력을 갖춰야 도태되지 않고 살아남을 수 있다. 안일
한 태도로 사업을 해나간다면 자신도 모르는 사이에 도태된 자신을
발견하게 될 것이다.

업종이 좋아도 입지가 나쁘면 창업을 포기하라

대부분의 창업 준비자는 '입지가 중요한가? 업종이 중요한가?' 라는
고민에 빠진다. 그리고 이 고민은 '닭이 먼저냐? 달걀이 먼저냐?' 처
럼 쉬운 문제가 아니며, 잘못된 판단은 자칫 위험한 상황을 초래할

수도 있다.

이 문제와 관련해 예상할 수 있는 선택의 경우는 모두 네 가지다. ① 입지도 좋고 업종도 좋은 경우, ② 입지는 나쁘지만 업종이 좋은 경우, ③ 입지는 좋으나 업종이 나쁜 경우, ④ 입지도 나쁘고 업종도 나쁜 경우다.

이 경우 입지는 나쁘지만 업종이 좋은 경우와, 입지는 좋은데 업종이 나쁜 경우를 비교해 보면 답은 분명해진다.

입지는 나쁘지만 업종이 좋은 경우라면 다른 업종으로 바꾸더라도 좋은 결과를 기대하기 힘들다. 점포 주변의 배후지에 고객이 많지 않고 점포 앞을 오가는 사람도 적어 어떤 업종을 선택하더라도 고객이 적을 수밖에 없다. 입지는 좋은데 업종이 나쁜 경우 다른 업종으로 전환하면 장사가 잘 될 수도 있다. 결국 입지가 업종보다 더 중요하다는 얘기다.

예를 들어 동대문 의류상가에 옷가게를 차린다고 생각해보자. 이 때 당신은 어느 상가에 입점할 것인지를 놓고 고민할 것이다. '인기 있는 상가 2~3층의 좁은 곳으로 들어갈 것인가? 아니면 인기 없는 상가지만 좋은 목에 넓은 면적으로 자리 잡을 것인가?' 이러한 고민은 그곳에서 장사를 하고 있거나 장사 경험이 있는 사람에게 물어보면 금방 답이 나온다. 뭐니뭐니해도 인기 있는 상가로 들어가야 한다는 것이다.

그 이유는 무엇일까? 일반적으로 란체스터 법칙으로 알려진 마케팅 법칙으로 설명할 수 있다. 서로 대치하고 있는 전투병력의 숫자가 각각 10명과 20명이라면 실제 공격력은 각 숫자의 제곱인 1 대 4로 환산된다는 것이다. 예를 들면 마켓쉐어가 가장 높은 상가의 1번점 매출은 마켓쉐어 2위인 상가의 1번점 매출보다 4배 가량 높다. 그리고 마켓쉐어가 가장 높은 상가의 점포당 평균 매출액은 마켓쉐어 2위인 상가의 1번점 매출과 비슷하다. 마켓쉐어 3, 4위 상가로 내려갈수록 매출액 격차는 더욱 커진다. 동대문 의류상가의 상가별 권리금 차이를 조사해 보면 이 사실을 피부로 느낄 수 있다.

가까운 거리의 고객을 노려라

10년 전만 해도 옷을 하나 사기 위해서는 차를 타고 시내 중심가에 있는 백화점으로 나가야 했다. 그러나 언제부터인가 자신이 거주하는 지역의 가까운 곳에 자리한 백화점이나 대형할인점을 주로 이용하게 됐다. 공간적 거리나 시간 면에서 많이 단축된 것이다.

피자가게나 햄버거가게들도 10년 전과 비교해 우리 주변에 많이 들어와 있음을 알 수 있을 것이다. 요즘은 TV나 온라인을 이용해 홈쇼핑을 많이 이용하는 추세다. 전화 한 통화면 원하는 물건을 택배로 받아볼 수도 있고, 치킨점이나 피자점도 전화만 걸면 집까지 배달해 준다. 이는 상권의 범위가 점점 좁아지고 있다는 것을 의미한다. 이전에는 20~30분 거리를 아랑곳하지 않던 소비자들이 이제는 10분 거리도 멀다고 생각한다. 라면이나 빵을 사기 위해 10분을 걸어야 한다면 차라리 포기한 채 끼니를 거를지도 모른다.

지금은 주변에 편의점, 슈퍼마켓, 대형할인점, 백화점이 아주 흔해졌다. 햄버거가게, 피자가게, 빵가게, 음식점, 골프연습장, 택배회사들도 모두 주변에 있어 어떤 물건을 사려면 어느 가게를 선택해야 할지 고민할 수준에 이르렀다.

2~3년 전부터 홈쇼핑에서는 쌀, 생선, 고기 같은 먹거리부터 옷, 화장품, 운동기구에 이르기까지, 예전에는 백화점에서나 구입할 수 있었던 물건을 팔고 있다. 게다가 전화로 주문만 하면 집까지 배달해 준다. 여기에 인터넷 쇼핑까지 가세해 치열한 판촉전을 벌이고 있다.

1980년대 들어 공급자 중심의 시장에서 수요자 중심의 시장으로 넘어갔고, 1990년대는 모든 부문에서 수요자를 중심으로 하는 시장이 형성됐다. 이 때문에 공급자들은 고객을 확보하기 위한 치열한 경쟁을 벌이고 있다. 대표적인 소매업체인 대형할인점과 편의점의 경우 경쟁자보다 하나라도 많은 점포를 확보하기 위해 기하급수적으로 점포를 늘려나가고 있다. 대형할인점 업계는 2004년 전국적으로 270개를 돌파해 규모 면에서 백화점을 두 배 이상 크게 앞질렀고, 편의점은 2005년까지 전국적으로 1만 개를 돌파할 것으로 예상된다.

외식업의 점포 수도 크게 늘었다. 통계청 자료에 따르면, 2003년 말 기준으로 음식점 수는 60만 개에 달했다. 우리나라 국민 87명당 음식점 1개가 있는 셈이다. 점포 수는 이처럼 늘어났지만, 1인당 국민소득은 1990년대 초 1만 달러를 넘어선 이후 10년째 제자리걸음이다. 소득은 거의 변화가 없는 반면, 소매업종, 외식업종, 서비스업종의 점포 수는 10년 전보다 크게 늘었다.

이에 따라 상권 범위도 점차 좁아져 편의점만 해도 10년 전에는 상권 범위가 300~500미터였지만 지금은 200미터도 되지 않는다. 매출액이 높으면 상권 범위가 넓다고 생각하기 쉽다. 하지만 고객이 어디에서 왔는지를 분석해 보면 이 생각이 틀렸다는 사실을 쉽게 알 수 있다.

대부분 점포와 가까운 거리에 있는 고객이 그 점포를 찾는다. 고객은 물건 구입을 위해 특별히 더 걷거나 돌아다니지 않는다. 더구나 줄을 서서 기다리지도 않는다. 각자의 입장에서 생각해 보면 이 사실을 알 수 있다. 과자나 음료수를 사러갈 때 200~300미터는 걸어갈 수 있다. 그러나 300미터가 넘는 거리에 점포가 있다면 특별한 경우가 아닌 한 점포를 찾지 않게 된다. 직장인의 경우도 마찬가지다. 점심식사를 위해 가까이 자리한 식당가를 제쳐두고 먼 곳으로 가는 일은 드물다. 부서 회식이 있거나 맛집을 찾는 경우에만 먼 곳까지 이동한다. 따라서 직장인의 70~80%는 가까운 거리에 있는 음식점에서 메뉴를 바꾸어가며 점심을 해결한다.

주 고객을 사무실에 근무하는 사람으로 잡은 편의점의 매출액이 예상보다 높게 나왔다면 고려하지 않은 변수가 생겼을 가능성이 높다. 예를 들어 상권 내에 다단계 판매회사가 생겨 그곳에서 일하는 직원들이 아침과 점심을 컵라면 등 인스턴트 제품으로 해결한다면 매출이 20~30% 오를 수 있다.

구매의사가 없는 유동인구를 과대평가해도 안 된다. 역세권에 위치한 점포는 아파트나 오피스텔 지역의 점포보다 유동인구가 월등히 많지만 점포로 들어오는 고객은 1~2%에 지나지 않는다.

3장

후보점 선택시 이것만은 따져보라

상권의 발전 가능성

점포를 계약하기 전에는 점포를 끼고 있는 상권의 발전 가능성을 반드시 확인해야 한다. 즉 후보점이 속한 상권이 발전할지 쇠퇴할지 여부를 점검하는 것이다. 후보점이 속한 상권이 도입기, 성장기, 성숙기, 쇠퇴기 중 어느 단계에 있는지를 판단하라. 배후지에 주택단지와 시설물이 어느 정도 들어와 있는지, 입주율이나 거주자 전출입률은 어느 정도인지, 오피스 공실률은 얼마인지 등을 기준으로 상권의 성장 가능성을 1년 단위로 나누어 가늠해야 한다.

상권이 확장될 때는 주택단지와 시설물이 계속 신축되고 입주율도 높아져 배후거주자 수가 증가한다. 그러나 상권이 쇠퇴할 때는 전입자보다 전출자가 많아 오피스 공실률이 높다. 상권의 변화를 가져오는 요인으로는 교통 시설 변경, 도로의 개설 여부, 건물의 신증축, 사무실의 신설이나 이전 등이 있다. 도시계획 등을 확인해 후보점에 긍정적이거나 부정적 요인으로 작용할 만한 변수가 있는지 점검해야 한다.

상권 변화에 긍정적으로 작용하는 요인
- 대규모 아파트단지 입주나 오피스건물 신설
- 전철역, 버스 노선, 마을버스 정류장 신설이나 노선 확대
- 관공서나 대형 병원 신설
- 상업 지역으로의 용도 변경

- 재개발 · 재건축 공사 시작
- 지하철 공사 시작
- 유동인구를 줄이는 버스정류장 신설
- 대형할인점 신설
- 관공서 이전
- 반경 500미터 내에 중심 상업 지역 신설

이처럼 상권 변화에 작용하는 여러 가지 요인을 철저하게 분석하고 동시에 상권의 변화 가능성을 고려해 2~3년 후의 매출 변화까지 짚어보아야 한다. 1년 단위로 발전 가능성을 예측한 뒤 여기에 임대차계약 기간을 고려해 창업 여부를 결정하라.

규모의 경제성

적은 금액을 투자하면 실패하더라도 손실이 적을 것으로 판단해 시설과 설비투자에 인색한 사람이 있다. 물론 틀린 생각은 아니다. 그러나 창업에 앞서 미리 실패를 염려하는 태도는 바람직하지 않다. 긍정적인 사고와 할 수 있다는 자신감을 마음에 새겨라. 부질없는 걱정만 하기보다는 경쟁자의 출현과 시장 변화 등에 대비하는 자세를 가져야 한다.

특히 외식업, 숙박업, 독서실, 학원 등 좌석 수가 수익의 원천이 되는 서비스업의 경우에는 규모의 경제가 중요하다. 한 예로, 20석을 갖춘 음식점과 50석을 갖춘 음식점을 비교해 보자. 50석의 음식점은 시설 및 설비 등 고정비용의 비중이 높은 반면, 20석의 음식점은 인건비, 관리비, 재료비 등 영업비용의 비중이 높다. 호황일수록 대형 음식점의 수익은 기하급수적으로 늘지만, 소형 음식점은 한정된 좌석 때문에 일정 이상의 수익을 기대하기 힘들다. 고객은 같은 가격이면 크고 시설이 좋은 점포를 찾으며 사람이 모이는 곳을 선호하는 경향이 있기 때문이다. 불황이라고 상황이 달라지는 것은 아니다. 소형 점포는 영업비용의 비중이 높고 마케팅력이 취약하기 때문에 불황기에 더 많은 손실을 입는다.

즉 사업이 잘 될 경우 대형점은 투자를 빠르게 회수하고 많은 수익을 얻지만, 소형점은 수익에 한계가 있다. 한편 사업이 안 될 경우 대형점은 고정비용에서, 소형점은 영업비용에서 더 많은 손실을 입는다. 따라서 사업을 중단할 때에는 소형점의 손실이 더 크다.

적정 권리금

권리금은 법적으로 보장받지 못하지만 상거래 관행에 따라 형성된 일종의 프리미엄이다. 적정 수준의 권리금을 책정하기란 쉬운 일이 아니다. 점포를 파는 사람의 입장에서는 시설, 영업, 기대 수익 등을 고려해 권리금을 많이 받으려 하고, 사는 사람은 되도록 적은 권리금을 지불하려 한다.

권리금을 지불하고 점포를 얻을 경우에는 점포 매각 시점까지 고려해야 하는데, 이때 가장 중요한 원칙은 계약기간 내에 지불한 권리금을 회수할 수 있어야 한다는 것이다.

권리금에는 영업 권리금, 시설 권리금, 바닥 권리금 등 세 가지 종류가 있다.

영업 권리금은 전 점포 주인이 영업 활동을 해 형성된 고객 또는 순수익을 1년으로 계산한 금액이다. 임대료와 인건비 등 모든 지불금을 제한 순수익이 월 300만 원이라면 영업 권리금은 3,600만 원이 된다.

시설 권리금은 실내 인테리어 및 장비 기물에 대한 권리금으로, 시설에 대한 감가상각은 통상 4년을 기준으로 계산한다. 4년 정도 되면 시설을 전면 교체하거나 새로운 시설로 대체해야 하기 때문에 1년 단위로 25%를 감한 뒤 실사를 통해 그 상태에 따라 권리금을 결정한다.

바닥 권리금은 상권의 잠재가치를 평가하는 권리금이다. 이 권리금은 신축 건물인 상가에 붙는 권리금으로, 주변 시세를 통해 결정되기도 하지만 사실상 근거가 없는 권리금이므로 영업 권리금으로 대체해야 한다.

점포를 비교 평가할 때는 권리금과 보증금, 월 임대료를 모두 고려해 평당 단가를 비교해야 한다. 같은 1억 원짜리 점포라도 권리금 3,000만 원이 포함된 점포와 권리금 5,000만 원이 포함된 점포는 투자 조건이 크게 다르다. 상권 내 2~3개 점포의 조건을 비교할 때는 평당 단가로 환산해 비교하면 적정 수준을 알 수 있다. 결론적으로 말해 적정 수준의 권리금이란 1년 동안 발생하는 영업이익 수준이라고 생각하면 된다.

적정 임대료

손익 구조는 업종에 관계없이 비슷한 패턴을 보인다. 소매업의 경우 상품을 하나 팔 때 생기는 이익은 제조업자가 3분의 1, 유통업자가 3분의 1, 판매업자가 3분의 1씩 나눠 갖는 구조를 갖는 게 일반적이다. 또한 상품 구입 원가를 제한 매출 총이익률은 매출액의 35~40% 수준이 적당하다.

의류업은 마진율이 더 높지만 재고까지 감안하면 이와 비슷한 수준이다. 매출 총이익에서는 인건비를 포함한 일반관리비가 20% 정도 차지한다. 이를 감안할 때 월 임대료가 매출액의 10%를 넘으면 이익이 생기지 않을 수 있다. 외식업에 적용해도 마찬가지다. 외식업은 재료비가 3분의 1 수준이다. 그 다음으로 인건비가 15~20%, 관리비가 5% 내외를 차지하며, 그 밖에 시설투자와 감가상각 등을 포함한 기타 경비가 있다. 따라서 외식업도 월 임대료가 매출액의 10%를 넘어서는 곤란하다. 특히 외식업은 소매업과 달리 좌석 수의 제한이 있어 평당 매출액이 낮으면 임대료도 못 건지는 사태가 발생한다.

서비스업도 외식업종과 마찬가지로 좌석 수와 회전율에 의해 매출액이 결정된다. 외식업종에 비해 재료비의 비중은 낮지만, 인테리어 비용과 설비투자비용이 더 들어가고 인건비 비중이 높기 때문에 외식업종과 비슷한 손익 구조를 보인다.

창업 초기에는 정확한 매출 예측이 힘들다. 따라서 월 임대료를 기준으로 하루 매상이 얼마 정도는 나와야 한다는 역산이 필요하다. 특히 외식업처럼 좌석 수와 회전율에 따라 매출이 좌우되는 업종은 하루 몇 명의 고객을 받아야 하는지 목표 고객 수를 정하고 운영해야 한다.

초기 운영비용

대로변에 자리잡고 있거나 유동인구가 많은 길목에 있는 점포는 가게 문을 열자마자 손님이 몰려드는 경우가 많다. 그러나 이면도로나 장소가 외져 통행하는 사람이 드문 위치에 있는 점포라면 개점 후 1~2개월이 지나도 손님이 없는 경우가 많다. 외식업과 서비스업종은 대로변보다 이면도로에 입지한 경우가 많으며, 특히 서비스업종은 건물 상층부에 입지한 경우가 많아 대부분 자리잡는 데 일정 정도 시간이 더 소요된다.

창업을 준비하면서 가게가 자리 잡기까지의 필요한 기간을 염두에 두지 않는 경우가 종종 있는데, 이렇게 되면 초기 운영비용을 충분히 준비하지 못해 어려움을 겪게 된다. 인테리어가 깔끔하거나 음식 맛만 좋으면 매출이 쉽게 올라 경영에 문제가 없을 것이라고 생각했다가 초기 운영비용이 부족해 3개월을 못 버티고 헐값에 음식점을 넘긴 사례도 있다.

오피스 밀집 지역이나 역세권에 자리 잡은 점심식사 위주의 음식점은 1개월 정도면 승부가 난다. 주택가에 입지한 음식점은 3개월 정도 걸린다고 생각하면 된다. 점심식사 위주의 음식점에서 벗어나 주류와 함께 저녁식사 메뉴까지 취급하면 자리 잡기까지 더 오랜 시간이 걸린다. 오피스 지역이나 역세권에서는 3개월, 주택가에서는 4~5개월 정도의 시간이 필요하다. 주로 술 손님을 대상으로 하는 고깃집이나 횟집은 일반 음식점보다 자리잡는 데 더 많은 시간이 걸린다. 그 이유는 이들 업종의 경우 고객들이 단골가게를 쉽게 바꾸지 않기 때문이다. 고급 음식점은 더욱 긴 시간을 염두에 두어야 한다. 자리

잡는 데 적어도 6개월 이상 걸린다고 생각해야 한다. 특히 새로운 메뉴를 개발해 승부할 때는 그 기간이 좀더 길어진다.

4장

후보점 상권조사 노하우

후보점 상권조사 과정

상권을 분석하기 위해서는 우선 자주 사용하는 전문 용어를 숙지해야 한다. 전문가와 함께 다니며 상권을 조사, 분석하려면 용어 숙지는 필수다. 자칫 생경한 용어 때문에 내용을 파악하지 못한다면 낭패를 볼 수 있다. 후보점에 대해 정확한 정보를 얻거나 문제점을 검증하기 위해서는 다음과 같은 전문용어를 반드시 알아두어야 한다.

- **배후인구**　상권 내 거주하거나 장시간 상주하는 사람을 의미한다. 배후주거지에 거주하는 사람은 배후거주자로, 배후시설물에 근무하는 사람은 배후근무자로 구분한다.
- **유동인구**　상권 내에서 도보(또는 자전거)로 활동하는 사람을 의미한다.
- **동선**　유동인구와 차량의 움직임을 나타내는 선을 의미한다.
  - 주동선 : 움직임이 가장 빈번한 동선
  - 보조동선 : 주동선 다음으로 빈번한 동선
  - 흐르는 동선 : 유동인구의 보행속도가 빠르고 상권 외의 목적지를 향하는 동선
  - 머무르는 동선 : 유동인구의 보행속도가 느리고 배회하는 동선
- **통행량**　점포 전면을 통과하는 유동인구를 의미한다.
- **가시성**　유동인구 입장에서 볼 때 점포 외관이 보이는 정도를 의미한다. '점포 접근 방향으로부터 몇 미터 전방' 으로 표시한다.
- **접근성**　유동인구와 차량이 점포로 진입하기 쉬운 정도를 의미한다. '전철역 3번 출구로부터 몇 미터', '버스 정류장으로부터

몇 미터'로 표시한다.

후보점 상권조사는 업종이나 점포 규모에 관계없이 동일한 방법을 적용한다. 먼저 상권의 범위를 설정하고, 후보점을 중심으로 설정된 상권 범위 안에 거주 또는 근무하는 사람의 수를 조사한다. 그런 다음 후보점 앞 또는 주요 동선을 오가는 통행객 수를 조사한다. 그리고 경쟁점과의 경합 관계와 유사 입지 점포의 영업 상황을 고려해 후보점의 예상 매출액을 추정하는 것이 상권조사의 기본 과정이다.

업종별 주요 변수

개별 점포의 상권분석 모델은 각각의 변수를 객관적으로 파악 후 수치화해 매출을 예측하는 과정을 거쳐야 한다. 그러나 업종별로 고려해야 할 변수의 중요도에는 차이가 있다.

소매업의 경우 점포의 규모가 클수록 유동인구보다는 배후지인구가 중요하다. 편의점은 배후지인구보다 유동인구가 중요하고, 도시형 슈퍼마켓이나 할인점은 유동인구보다 배후지인구가 더 중요하다. 할인점이나 백화점의 경우는 상권 내의 교통유발 시설, 경쟁 상황 등도 고려해야 하기 때문에 상권분석이 더욱 복잡해진다.

외식업은 목적형 구매에 속하므로 유동인구보다 배후지인구가 더 중요하다. 대다수의 상권은 과당 경쟁을 하고 있는 상태이기 때문에 상권 내 경쟁점과의 경합 관계가 가장 중요한 변수가 된다. 따라서 상권분석시 경쟁점 조사에 중점을 두어야 한다.

배후지인구나 유동인구를 분석할 때는 전체 인구보다 타깃고객이 얼마 정도인지를 파악하는 것이 더 중요하다.

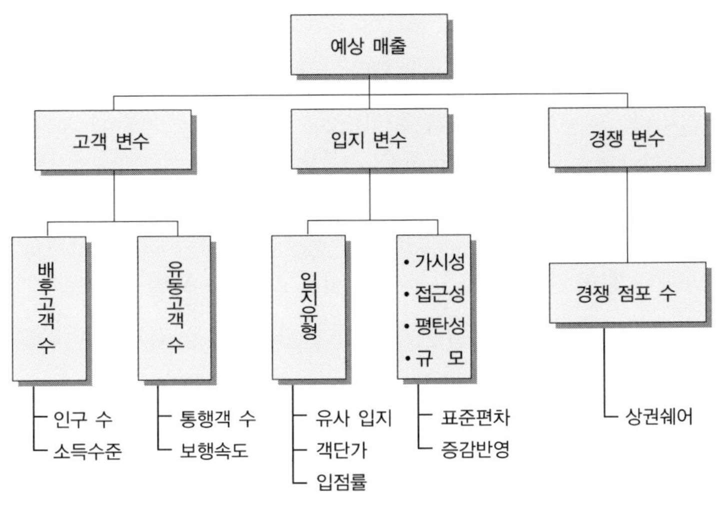

상권분석 구성도

서비스업은 연령별로 기호가 다르고, 무엇보다 소득수준이 높아짐에 따라 변화가 빠르게 진행되기 때문에 해당 업종이 서비스 시장에서 도입기, 성장기, 성숙기, 쇠퇴기 가운데 어디에 해당되는지 파악하는 것이 가장 중요하다.

서비스업 가운데 1990년대 말 붐을 일으켰던 스티커 사진은 현재 상권에서 거의 찾아보기 힘들다. 노래방도 초기에는 가족형이 유행했으나 현재는 주점 겸 노래방 형태로 성격이 바뀌었다. 당구장은 PC방에 밀려 상권에서 밀려나는 추세에 있다가 다시 대형화, 고급화해 부활하는 중이다.

상권분석 일정 수립

상권을 분석하기 위해 가장 먼저 해야 할 일은 일정을 세우는 것이다. '상권을 분석하는 데 일정까지 필요한가?' 라는 의문을 가질 수도 있지만 아무리 경험이 풍부한 사람이라도 상권분석에 최소한 1주일은 걸린다. 유동고객의 흐름을 파악하기 위해서는 업종에 관계없이 이 정도의 시간이 반드시 필요하다.

소매업이든 외식업이든 업종을 불문하고 매출 특성은 1주일 단위로 반복되게 마련이다. 조사를 왜곡시킬 수 있는 특별 이벤트가 있거나 비 또는 눈이 내리는 날은 피해야 한다. 일정을 짧게 잡더라도 주초 3일(월, 화, 수) 가운데 하루와 주말 3일(금, 토, 일)은 반드시 조사를 해야 한다. 주 5일 근무제의 영향으로 금요일에 고객이 가장 많기 때문에 금요일을 빠뜨리면 안 된다. 한편 유동인구 중심의 상권은 배후거주자 조사를 생략해도 된다. 예를 들어 강남역, 삼성역, 대학로, 신촌 등지의 상권은 배후거주자 조사를 할 필요가 없다. 대신 주동선을 파악하고 유동인구의 흐름을 조사해야 한다. 다시 말해 전체 유동인구 중 몇 퍼센트 정도가 후보점 부근을 지나는지 조사하면 된다.

소매업종과 서비스업종은 경쟁점이 가장 큰 변수로 작용하기 때문에 경쟁점 조사 기간을 넉넉하게 잡아야 한다. 소매업은 소비자들이 상품만 보고 구매하는 경우가 많기 때문에 경쟁점 조사가 간단할 수 있지만, 외식업과 서비스업은 가장 중요한 구매 동기가 서비스인 경우가 많기 때문에 정밀한 조사가 필요하다.

조사 기간은 10~14일 정도로 잡고, 늦은 밤까지 조사를 진행해야 한다. 이때는 복장을 든든하게 하고 메모할 수 있는 필기구와 디지털 카메라를 반드시 준비해야 한다. 유동인구를 분석할 때에는 조사 양식과 통행인 수를 기록하는 카운트 기계도 준비한다. 경쟁점과 점포 입지를 조사할 때에는 체크리스트가 필요하다.

구분	조사 내용	소요 일수	비고
배후인구 조사	배후주거지 거주자 조사	1일	유동인구와
	배후시설물 거주자 조사	1일	중심상권 생략
유동인구 조사	평일/주말 시간대별 점포 앞 통행량과 상권, 주동선, 보조동선, 유동인구 분석	4일	
후보점 입지 조사	점포면적, 형태, 시설, 구조	1일	
	가시성/접근성/평탄성 조사	1일	
	계약 관련 공부 조사	1일	
경쟁점 조사	유사 경쟁점 조사	1일	
	동종 경쟁점 조사	1일	
	외식 및 서비스업종 경쟁점 1개당 1일	1일	

위에서 제시한 '상권조사 스케줄'을 참고하고 업종의 성격과 점포가 속한 지구상권의 특성을 고려해 일정을 늘리거나 줄이도록 한다. 충분한 시간을 들여 주변 점포를 방문하는 것도 필수적인 항목이다.

상권을 분석하기 위해서는 후보점이 포함된 상권의 특성, 경쟁점의 하루 평균 고객 수와 매출액, 건물 소유주의 정보 등을 탐문 조사해야 한다. 스케줄이 구체적일수록 실행력이 높아진다는 점을 명심하라.

상권 범위 설정 방법

상권분석 일정을 잡은 다음 해야 할 일은 상권 범위를 정하는 것이다. 상권 범위는 기본적으로 점포 면적과 구매빈도에 따라 결정된다.

점포 면적과 상권의 범위는 비례하기 때문에 점포 면적이 넓을수록 상권의 범위가 넓다. 소매점은 편의점→슈퍼마켓→할인점→백화점 순으로 상권의 범위가 넓어지며, 외식업은 패스트푸드점→패밀리 레스토랑→고급 음식점 순으로 상권의 범위가 넓어진다.

한편 구매빈도와 상권의 범위는 반비례하기 때문에 구매빈도가 낮을수록 상권의 범위는 넓다. 취급하는 상품의 종류를 기준으로 보면 생활필수품→생활편의품→레저 · 여가용품 순으로 상권의 범위가 넓어진다. 가격대를 기준으로 보면 고급품으로 갈수록 상권의 범위가 넓어진다.

일반적인 소비자의 구매빈도를 예로 들면 다음과 같다.

- 하루에 담배 한 갑을 산다
- 1주일에 한 번 식료품을 산다
- 2주마다 가족과 함께 외식을 한다
- 1년에 한 번 구두를 산다

이 경우 담배→식료품→외식→구두의 순으로 상권의 범위가 넓어진다. 상권이 넓어진다는 것은 지구상권 내에서도 상권의 범위가 큰 지구상권에 자리 잡아야 한다는 것을 의미한다.

주거지, 근무지에서 지하철역, 버스정류장을 기준으로 했을 때, 걸어서 10분 넘게 걸리는 거리에 점포가 있다면 주차장을 준비해야 한다. 점포까지의 거리가 멀수록 점포 면적과 주차장이 커야 한다. 물론 고급스러움을 지향하는 소매업, 외식업, 서비스업은 주차장을 필수적으로 갖추어야 한다.

소매업종의 상권 범위

상권의 범위는 구매빈도와 점포 면적(취급 아이템 수)에 따라 결정되기 때문에 구매빈도를 기준으로 보면 식료품→의류 및 신발→주방용품→건강 · 미용용품→스포츠 · 레저용품 순으로 상권의 범위가 넓어진다.

점포 면적이나 취급하는 아이템을 기준으로 보면 구멍가게→편의점→슈퍼마켓→대형할인점→백화점 순으로 상권의 범위가 넓어진다. 66쪽에 제시한 표(소매업종의 상권 범위)는 여러 자료를 바탕으로 필자의 의견을 정리한 것이다. 실제 적용할 때에는 해당 업종의 전체 점포 수가 늘고 있으면 상권의 범위를 좁게 잡아야 하고, 전체 점포 수가 줄고 있으면 상권의 범위를 넓게 잡아야 한다. 실제 창업을 할 때는 좀더 보수적으로 잡는다.

서비스업종의 상권 범위

서비스업종은 이용빈도를 측정하기 어렵지만 생활에 필수적인 서비스일수록 상권 범위가 좁아지고, 고급스러운 서비스일수록 상권 범위가 넓어진다.

근린형을 제외한 일반 서비스업종은 유행에 민감하기 때문에 시장도입기, 성장기, 성숙기, 쇠퇴기 가운데 어디에 속하는지 여부가 상권의 범위를 결정짓는 변수가 된다. 시장에서 어느 시기에 해당되는지는 해당 업종의 업체 수를 통해 알 수 있다.

시장도입기에는 강남, 압구정, 대학로, 신촌 같은 지역에 점포가 1~2개 출점한다. 성장기에는 점포 수가 기하급수적으로 늘면서 전체 지구상권으로 급속히 확산된다.

소매업종의 상권 범위			
업종	상권 거리	상권 인구	거리
과일가게	300m	3,000명	도보 5분 이내
생선가게	300m	3,000명	도보 5분 이내
편의점	300m	5,000명	도보 10분 이내
약국	0.5~1Km	1만 명	도보 10분 이내
슈퍼마켓	1~2Km	1만~2만 명	자동차 5분
안경점	1~2Km	1만~2만 명	자동차 5분
신발점	1~2Km	1만~2만 명	자동차 5분
완구점	1~2Km	1만~2만 명	자동차 5분
문구점	1~2Km	1만~2만 명	자동차 5분
참고서형 서점	1~2Km	1만~2만 명	자동차 5분
구두점	2~3Km	5만 명	자동차 10분
신사복점	2~3Km	5만 명	자동차 10분
오피스형 서점	2~3Km	5만 명	자동차 10분
대형할인점	2~5Km	15만~20만 명	자동차 10~20분
카테고리킬러	2~5Km	15만~20만 명	자동차 10~20분
일반 전문점	2~5Km	15만~30만 명	자동차 10~20분
백화점	10Km 이상	50만 명	자동차 30~60분
고급 전문점	10Km 이상	50만 명	자동차 30~60분
유명 브랜드	10Km 이상	50만 명	자동차 30~60분
대형 쇼핑몰	10Km 이상	50만 명	자동차 30~60분

성숙기에는 점포가 늘어나는 속도가 성장기에 비해 급격히 둔화된다. 즉 성장기에는 매년 20~30개의 점포가 생기지만 성숙기에 접어들면 4~5개 느는 데 그친다. 쇠퇴기에는 폐점하는 점포가 생기면서 전체 점포 수가 줄어든다. 물론 점포를 열었다가 성장기에 접어들지

업종	상권 거리	상권 인구	거리
세탁소	300~500m	5,000명	도보 10분 이내
미장원	300~500m	5,000명	도보 10분 이내
각종 대여점	300~500m	5,000~1만 명	도보 10분 이내
PC방	1~2Km	1만~2만 명	도보 20~30분
노래방	1~2Km	1만~2만 명	도보 20~30분
피부관리점	2~5Km	15만~30만 명	자동차 10~20분
건강랜드	2~5Km	15만~30만 명	자동차 10~20분
골프연습장	2~5Km	15만~30만 명	자동차 10~20분
스포츠센터	10Km 이상	50만 명	자동차 30~60분
문화 시설	10Km 이상	50만 명	자동차 30~60분
멀티플렉스 극장	10Km 이상	50만 명	자동차 30~60분

도 못한 채 사라지는 경우도 많다. 시장을 빠져 나오는 타이밍은 성숙기에 접어들 때가 가장 좋다.

외식업종의 상권 범위

외식업종은 간식형→점심식사형→저녁식사형→저녁식사 겸 주류 제공형 순으로 고객단가가 높고 상권 범위도 넓어진다. 또한 대중음식점에서 고급 음식점으로 갈수록, 점포 면적이 커질수록 상권의 범위가 넓어진다.

그러나 외식업종의 상권 범위를 결정짓는 가장 큰 변수는 경쟁점의 수와 거리다. 대부분의 상권에서는 비슷한 메뉴를 취급하는 동종 외식업종이 여러 개 존재한다. 이렇게 되면 상권 범위는 한정되어 있

	외식업종의 상권 범위		
업종	상권 거리	상권 인구	거리
분식점	300m	1,000~2,000명	도보 5분 이내
일반 음식점	300~500m	5,000~1만 명	도보 10분 이내
패스트푸드점	0.5~1Km	1만 명	도보 10분 이내
제과점	0.5~1Km	1만 명	도보 10분 이내
패밀리 레스토랑	1~2Km	1만~2만 명	자동차 10분
중형 전문 식당	2~5Km	5만~10만 명	자동차 10~20분
고급 레스토랑	10Km 이상	10만~20만 명	자동차 30~60분
대형 식당	10Km 이상	10만~20만 명	자동차 30~60분
교외형 식당	10Km 이상	30만 명	자동차 30~60분

는데 경쟁점 수가 늘어 자신의 몫이 줄게 된다.

외식업종은 '빈익빈 부익부' 현상이 심한 업종이기 때문에 같은 지역이라도 음식점 간의 매출차가 크게 나타난다. 따라서 상권분석 시 기존 경쟁점이 장사가 잘 된다고 자신의 점포도 낙관적으로 생각 해서는 안 된다. 수확체감의 법칙이 적용되기 때문에 보수적으로 생 각해야 한다.

업종을 결정하지 않았을 때의 상권 범위

업종이 결정된 상태라면 업종별로 설정된 상권 범위 자료를 근거로 상권 범위를 설정할 수 있다. 그러나 업종을 아직 결정하지 않았다면 점포의 면적을 기준으로 상권 범위를 설정한다. 30평 이하의 점포 는 반경 300미터를 상권 범위로 설정하며, 30평에서 10평씩 늘 때마 다 100미터씩 범위가 커진다고 보면 된다. 이 기준으로 보면 50평

규모 점포의 상권 범위는 500미터이며, 100평 규모 점포의 상권 범위는 1킬로미터다. 물론 상권을 결정하는 여러 가지 변수가 있지만, 이는 상권 범위를 판단할 수 있는 자료가 전혀 없을 때 약식으로 사용할 수 있는 방법이다.

소매업종이나 외식업종은 업계의 평균적인 점포 면적을 적용할 수 있다. 그러나 서비스업종은 소매업종이나 외식업종에 비해 이용빈도가 낮기 때문에 상권의 범위가 2~3배 넓다. 따라서 지역밀착형인 경우와 그렇지 않은 경우, 두 가지로 나누어 생각해야 한다. 우선 지역밀착형 근린 서비스업종인 도서 및 비디오 대여점, 세탁소의 경우에는 소매업종이나 외식업종과 마찬가지로 점포 평수를 기준으로 상권 범위를 설정하면 된다.

한편 지역밀착형 서비스가 아닌 경우에는 지구상권을 지향하는 경향이 강하다. 따라서 강남역, 대학로, 신촌, 삼성역과 같이 유동인구를 대상으로 하는 상권에서는 상권 범위 설정을 생략할 수 있는데 상권 범위를 설정하는 목적이 배후인구 분석에 있기 때문이다. 그러나 이러한 상권에서도 점포 면적을 기준으로 상권 범위를 설정해 주요 동선상의 유동인구 흐름을 반드시 분석해야 한다.

업종별 평균 점포 면적

취급하는 품목 수가 많아질수록 점포 면적도 상대적으로 넓어져야 한다. 그러나 점포 면적이 커지면 임대료와 권리금도 늘어나기 때문에 자칫 과잉 투자가 될 수 있다. 이정문이 쓴 《데이터로 보는 부산의 상권정보》에는 부산 상권의 업종별 평균 점포 면적과 하루 평균 고객 수 자료가 있다. 이를 토대로 적정한 점포 면적을 추정할 수 있다.

업종	면적	주 고객층	하루 평균 고객 수
철재건재업	6~10평	40대	20~40명
미용실	10~20평	20~30대	20~30명
세탁소	6~10평	30~40대	21~30명
사진관	6~10평	20~40대	6~20명
커피숍	31~50평	20~30대	51~100명
제과점	6~10평	20~40대	11~100명
일반 의류점	5평 이하	20~30대	20명 내외
슈퍼마켓	11~20평	20~40대	51~100명
화장품점	6~10평	20~30대	21~50명
신발업	6~20평	10~40대	11~100명
꽃집	5평 이하	10~20대	20명 이하
귀금속점	6~10평	40~50대	10명 이하
편의점	11~20평	20~30대	100명 이상
노래방	30평 내외	20대	100명 이상
당구장	31~50평	20대	20~30명
오락실	21~30평	10~30대	100명 이상
일반 음식점	11~20평	20~40대	40명 내외
분식점	10평 내외	20대	50~60명
갈비집	20~30평	30~40대	40명 내외
중식집	10~20평	30대	50~60명
횟집	20~30평	40대	30명 내외
PC방	40평 이상	10~20대	110~130명
호프점	20~40평	20~30대	40~60명
일반주점	10~20평	20~30대	40~55명
전자제품점	10평 이하	30~40대	10명 내외
치킨점	10평 이하	20~30대	45~75명
양식집	40평 이상	20대	50명 내외
해장국집	11~20평	30~40대	20명

* 출처 : 《데이터로 보는 부산의 상권정보》, 이정문 외, 국제신문, 2001

구획도표의 준비와 활용

상권 범위 설정을 마쳤으면 본격적인 상권조사를 위해 구획도표를 준비한다. 구획도표는 후보점 주변을 아홉 개의 구획으로 나눠 분석의 정확도를 높인다. 구획도표는 1차, 2차, 3차 상권의 밀집도를 가늠해 볼 수 있는 유용한 도구이며, 후보점을 중심으로 전체 상권 범위를 가로와 세로로 균등하게 3등분해 사용하면 된다. 예를 들면 30평 정도의 소형점이라면 상권 범위를 300미터로 설정해 100미터 간격으로 가로와 세로로 나눠 9등분을 한다.

후보점으로부터 가장 가까운 지역이 구획 1로, 1차 상권이 되며 가장 중요한 위치를 차지한다. 구획 1의 거주자나 근무자의 밀집도가 높을수록 좋은 상권이다.

후보점으로부터 두번째 가까운 지역에 속하는 구획을 동남서북 방향으로 구획 2, 구획 3, 구획 4, 구획 5로 정하며, 이들이 2차 상권이다. 그리고 후보점에서 가장 먼 지역에 속하는 구획을 구획 6, 구획 7, 구획 8, 구획 9로 나누면 된다. 복수의 후보점에 대해 상권을 조사할 때는 구획 1부터 구획 9까지 구분하는 기준이 동일해야 각 후보점의 상권을 정확하게 비교할 수 있다는 사실을 염두에 두어야 한다. 구획도표는 투명한 셀로판지나 OHP 용지를 사용해 상권지도 위에서 자유자재로 회전할 수 있도록 만들어야 효과적이다.

구획도표 활용

- OHP 용지(또는 투명 셀로판 용지) 위에 각 격자가 100미터 거리를 나타내도록 9개 지역을 표시한다.

- 9개 지역에 대해 출점 점포에서 가까울수록 낮은 숫자로 표시한다.
- 반경 300미터의 동심원을 그린다.
- 조사의 일관성을 유지하기 위해 격자의 숫자와 방향을 일치시킨다.
- 구획 1의 중심과 출점대상 점포를 일치시켜 적절히 회전하며 사용한다.

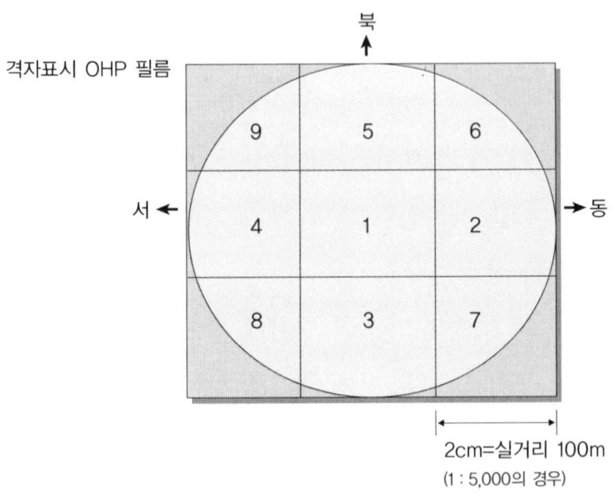

구획도표 만들기

상권 범위 설정 사례

상권 내 장애물이 있는 경우

30평 규모의 점포라고 가정하고 실제 상권을 표시하려면 먼저 후보점이 포함된 1 : 5,000 축적지도를 구한다. 지도상 1센티미터가 50미터이므로 후보점을 기준으로 반경 6센티미터의 동심원을 그려 반경

300미터의 상권 범위를 설정한다.

반경 6센티미터의 동심원 안에 포함된 지역이 조사 대상 범위지만 명백하게 동선을 차단하는 지형지물이 있을 경우 조사 대상에서 제외한다. 현실적으로 다리가 없는 하천이나 중앙분리대가 설치되어 있는 8차선 도로가 후보점의 앞을 가로막고 있다면 상권 범위에 들어 있더라도 펜으로 표시해 조사 대상에서 제외한다.

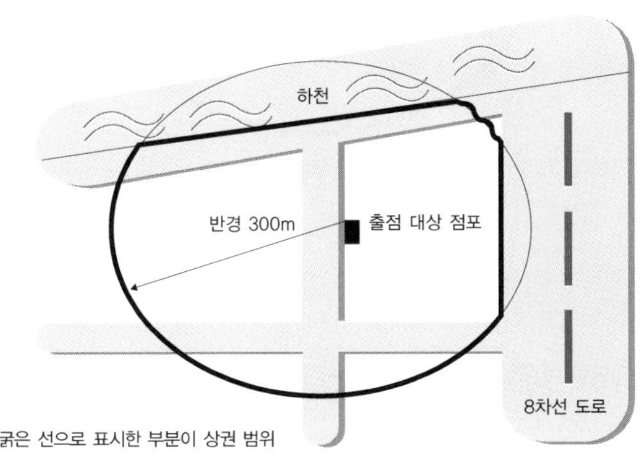

상권 내 장애물이 있는 경우

상권 내 경쟁점이 있는 경우

후보점으로부터 300미터 이내에 경쟁점이 있더라도 경쟁점과 상권이 겹치는 부분은 별도로 평가하기 때문에 상권을 조정하지 않는다. 후보점과 경쟁점을 합쳐 매출이 20~30% 늘어나는 효과와, 경쟁점으로 인한 상권쉐어 현상으로 매출이 감소하는 효과를 별도로 평가한다.

　다만 4차선 이상의 도로가 경쟁점과 후보점 사이를 가로막고 있다면 상권 범위에서 제외한다.

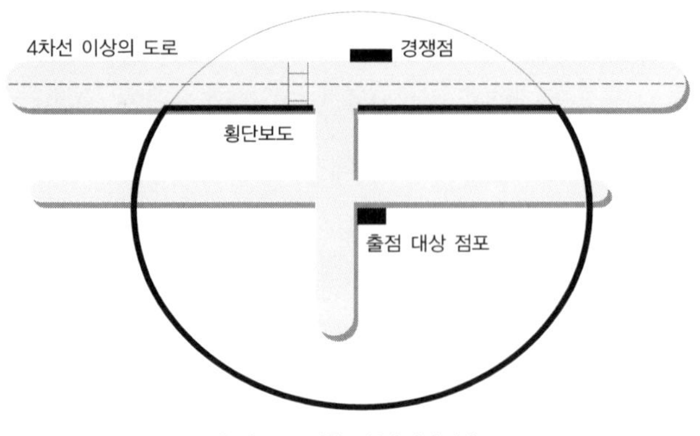

상권 내 경쟁점이 있는 경우

대로변에 후보점이 있는 경우

외식업종과 서비스업종의 후보점이 대로변에 있다면 도로의 상황과

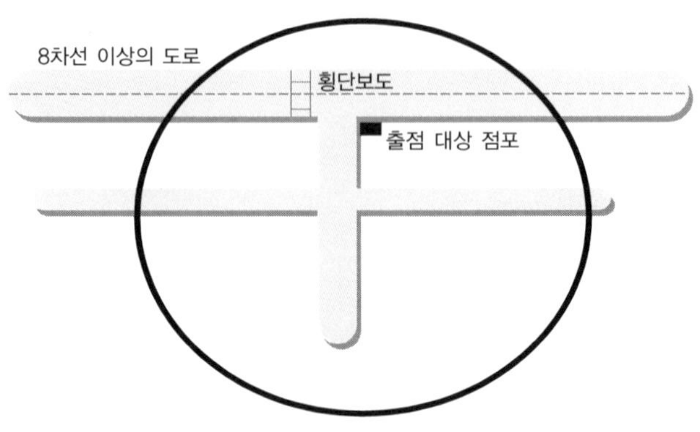

대로변에 후보점이 있는 경우

관계없이 반경 300미터가 상권 범위다. 소매업종의 경우 점포 부근에 횡단보도가 있으면 도로 건너편도 상권 범위에 포함된다. 그러나 횡단보도가 있더라도 도로 건너편에 경쟁점이 입지해 있다면 상권 범위에서 제외된다.

이면도로에 후보점이 있는 경우

4차선 이상 도로를 경계로 후보점은 이면도로에, 경쟁점은 도로 건너편 대로변에 있다면 상권 범위는 4차선 도로를 경계로 설정된다.

소매점의 경우 이면도로로 통하는 주동선상에 횡단보도가 있다면 경쟁점에 비해 열세라는 점을 추가로 고려해야 한다.

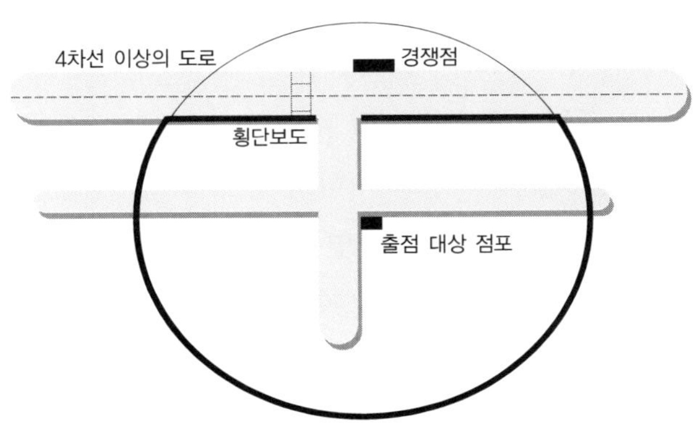

이면도로에 후보점이 있는 경우

상권 관련 기본 조사 및 자료 수집

상권 범위 설정이 끝나면 상권과 관련된 기본 조사와 자료 수집을 해야 한다. 통계 자료는 국립중앙도서관에서 수집할 수 있다. 국립중앙도서관 3층에 자리한 정부간행물실에는 시·군·구에서 발행하는 통계연보가 있다. 이 통계연보는 동 단위별 인구통계, 시·군·구 단위별 가계 소비지출, 서비스 시설, 음식점 수, 매출액 등의 자료를 담고 있다. 또한 시·군·구 단위별 소상공인지원센터에서 발행한 상권분석 자료를 참조할 수도 있다.

프랜차이즈 업종에 관심 있는 사람이라면 한국프랜차이즈협회에서 발행한 책자를 이용하면 된다. 책자에는 해당 기업의 기본 정보, 매출액, 점포 수 등의 자료가 실려 있다.

창업하고자 하는 업종의 자료를 수집해 보면 대략적인 트렌드를 파악할 수 있다. 최근 추세를 파악하기 쉽지 않다는 단점이 있지만 이는 관련 전문지나 잡지를 참고하면 도움이 된다.

아울러 상가를 안내하는 책자를 이용할 수도 있다. 상가안내 책자는 단지별, 업종별로 관련 정보를 담고 있어 후보점이 속한 지구의 상가안내 책자와 생활정보지 또는 쿠폰 책자를 비교하면 유익한 정보를 얻을 수 있다. 경쟁점의 위치와 경쟁 수준 정도까지 대략적으로 짐작할 수 있다.

이런 방법을 이용하고서도 자신이 원하는 업종을 찾을 수 없다면 큰 상권으로 나가 조사해야 한다. 큰 상권에는 대부분의 업종이 출점해 있으므로 관심 있는 업종의 자료를 구할 수 있을 것이다.

배후주거지의 거주자 조사

조사 방법

상권 범위 설정과 자료 수집이 끝났더라도 실사에 들어가기에 앞서 배후주거지에 사는 거주자를 우선 조사해야 한다. 거주자를 조사하려면 우선 1 : 5,000 축적비율의 상권지도와 조사표 양식을 준비한다. 그런 다음 구획별 순서를 정해 배후거주자를 조사한다. 이때 구획별 배후인구밀도가 얼마인지를 주의 깊게 살펴야 한다.

구체적인 방식은 다음과 같다.

- 상권을 구획 1에서 9까지 구분하고 배후주거지 내 모든 세대 수를 조사한다. 거주자 수는 통계연보에 나타난 가구당 인구를 적용해 추정한다.
- 주거지의 소득 및 소비수준을 가늠할 수 있는 지표가 되는 것이 자가용이다. 주차돼 있는 자가용을 차종별로 구분해 구성비를 파악하면 소비수준을 판단하는 유용한 자료가 된다.
- 주거지 내의 주택을 형태별로 구분하여 세대 수를 파악한다.
  - 아파트 : 상권 내 동별 평수 및 세대 수를 파악하고 주 출입구를 확인한다.
  - 오피스텔 : 각 층별 평수 및 세대 수를 파악하고 용도(주거용 또는 오피스용)를 구별해 파악한다.
  - 단독주택 : 실제 분리되어 있는 세대를 파악한다.
  - 다세대주택 : 우편함, 전력계, 가스계량기, 초인종 수, LPG 가스통 수 등을 통해 파악한다.

- 상권 내 거주자를 세대별 · 연령별로 나눈 후 구매력 크기를 판단한다. 주거지별 특성은 다음과 같다.
  - 아파트, 오피스텔, 기숙사에 거주하는 사람은 가격보다 편의성을 선호하는 젊은 층이 많다.
  - 소형 임대아파트, 다가구주택, 소형 단독주택에 거주하는 사람은 편의성보다 가격에 민감하다.
  - 오래된 단독주택에 거주하는 사람은 장년과 노년층이 많다. 이들은 구매 패턴을 쉽게 바꾸지 않는다.
  - 대형 단독주택에 거주하는 사람은 주 1~2회 정도 자가용을 이용해 대형 쇼핑센터에서 구매하는 경향이 강하다.

조사표 양식

상권 내 각 구획 단위로 주택 형태별 세대 수, 주택 평형별 세대 수, 자동차 유형별 대수를 조사한 후 그 결과를 배후주거지 조사표 양식에 맞추어 정리한다. 조사할 때에는 구획 2, 구획 3, 구획 4, 구획 5를 구분해 실시하지만, 정리할 때에는 구분하지 않고 합산한다. 구획 1은 1차 상권에 해당하고 구획 2, 3, 4, 5는 2차 상권에 해당되는 개념이기 때문이다. 마찬가지로 구획 6, 7, 8, 9는 3차 상권에 해당되는 개념으로 이해하면 된다.

정리를 할 때는 전체 세대 수와 구성비를 병행해 표기하는 것이 좋다. 복수의 후보점을 비교할 때는 전체 세대 수가 얼마인가도 중요하지만, 구성비는 상대비교의 기준이 되어 후보점의 우위를 판단할 수 있기 때문이다.

구획별로 맞벌이 부부나 독신거주자가 많다는 식의 특기사항이 있

배후주거지 거주자 조사표

구분		구획 1	구획 2, 3, 4, 5	구획 6, 7, 8, 9
주택 형태별	아파트			
	연립/빌라			
	단독주택			
	오피스텔			
	소계			
주택 평형별	15평 이하			
	15~20평			
	20~30평			
	30평 이상			
	소계			
자동차 유형별	국산 소형			
	국산 중형			
	국산 대형			
	외제차			
	소계			

으면 조사표 양식에 표기해 두었다가 최종 분석에 반영한다.

배후시설물 조사

배후주거지 거주자를 조사한 후에는 배후시설물을 조사해야 한다. 시설물은 규모, 후보점과의 거리, 동선과의 관계에 따라 매출에 영향을 미친다. 시설물이 상권의 대부분을 차지하고 있는 입지에서는 시설물 근무자와 방문객의 동선이 짧기 때문에 상권 범위를 주거지보다 축소해야 한다. 배후시설물 조사는 탐문조사 방식을 취한다.

상권 내 집객력을 가진 시설물 조사는 시설 종류에 따라 조사의 내용과 방식을 다르게 진행한다.

- 역, 정류장, 터미널 : 이용객 수와 운행 시간을 파악
- 대학, 전문대학, 초 · 중 · 고교, 입시학원, 일반학원 : 학생 수를 파악
- 관공서 : 구청, 소방서, 경찰서 등의 근무자 수를 파악
- 오피스건물 : 회사 규모, 아케이드 유무 및 특성, 사원식당 유무 등을 파악
- 사우나 또는 찜질방 : 이용객 수를 파악
- 병원 : 소 · 중 · 대형 병원으로 분류해 병실 및 침상 수를 파악
- 숙박 시설 : 객실 및 종업원 수를 파악
- 금융 기관 : 이용객 수를 파악
- 종교 시설 : 신도 수를 파악

역, 정류장, 터미널

기차역 · 지하철역을 이용하는 사람의 수는 전산으로 관리된다. 따라서 해당 역의 역무원에게 문의하면 이용객 수를 정확하게 파악할 수 있다. 버스는 아직 이용객 수를 전산을 통해 알 수는 없지만 전산화 작업이 진행 중이어서 머지않아 자료를 구할 수 있을 전망이다. 고속버스 · 시외버스 터미널은 배차시간표를 기준으로 이용하는 사람의 수를 파악할 수 있다. 배차시간표에 나와 있는 총 배차 대수에 좌석 수를 곱해 추정하면 된다.

대학, 전문대학, 초 · 중 · 고교, 입시학원, 일반학원

대부분의 학교는 자체적으로 홈페이지를 운영하고 있어 온라인을 통해 학급 수나 학생 수를 알 수 있다. 학원은 개설된 강좌 수와 좌석 수를 기준으로 추정하면 된다.

관공서

구청, 소방서, 경찰서 등의 관공서 관련 자료는 행정자치구에서 발행하는 자료를 참고하면 된다. 경찰서의 경우 이 자료를 통해 지구대의 근무인원까지 파악할 수 있다.

오피스건물

안내데스크가 있는 빌딩은 일반적으로 사내 전화번호부를 통해 시설물 내 인원을 파악할 수 있다. 구내식당이 있는 경우는 식수 인원을 문의해 추정한다. 이때는 최대 식수 인원을 기준으로 하는 것이 좋다.

빌딩관리협회 및 부동산 관련 회사의 홈페이지에서 자료를 얻는 것도 하나의 방법이다. 이들 홈페이지에는 서울 시내 대다수 빌딩의 연 면적 자료가 공개되어 있다. 이를 토대로 빌딩 내 근무 인원을 추정할 수 있다. 예컨대 연 면적 4만 평 크기의 빌딩은 보통 8,000~1만 명 정도가 근무한다.

빌딩 규모는 빌딩 내부의 타일 개수를 통해 알 수 있다. 또한 성인의 평균 보폭이 50센티미터이므로 빌딩의 전면과 측면을 발로 잰 후 층수를 계산함으로써 빌딩 규모를 추정할 수도 있다. 이때 1층이나 공유하는 층처럼 업무 인력이 없는 곳은 제외한다. 그리고 건물 총 면적의 10~15%를 차지하는 로비와 엘리베이터, 복도 등도 제외한다.

또한 비어 있는 사무실을 파악한 후 비어 있는 면적을 뺀 순수 면적을 2~3평으로 나눈 수가 전체 근무자 수에 해당하기도 한다. 서울 시내 오피스의 평균 공실률이 5% 수준이고, 일반적으로 순수 임대 면적은 60~75%인 점을 감안해 빌딩의 활동 인구를 대략 추정할 수도 있다.

배후시설물 조사표

구획 번호	건물 명 층수	입주 현황	상주인구 (명)	방문객 수	경쟁점
1					

　한편 금융 기관도 오피스건물과 동일한 방법으로 근무자와 이용객 수를 파악한다.

사우나, 병원, 숙박 시설

사우나는 신발장 수, 병원은 침실 수, 숙박 시설은 객실 수를 기준으로 하루 평균 회전율 및 가동률을 추정할 수 있다.

종교 시설

해당 종교 시설의 좌석 규모를 확인한 뒤 점유율을 파악함으로써 신도 수를 추정할 수 있다.

입지유형 조사

배후거주자와 배후시설물에 대한 조사가 끝나면 두 조사 결과를 토대로 거주자와 근무자를 입지유형별로 정리한다. 주거지 혹은 사무실의 성격만 가진 상권은 없으며 모두 복합적인 형태를 띤다.

　입지유형을 조사하기 위해서는 다음 세 단계를 거친다. 첫번째, 구획을 구획 1과 전 구획으로 나눈 다음 각각의 거주자 수를 조사한다. 두번째, 시설물의 종류에 따라 사무실, 학원, 유흥가, 숙박업소, 관공서, 병원 등으로 구분해 구획별로 근무자 수를 조사한다. 세번째, 구획 1과 전 구획의 거주자 및 근무자의 구성비를 조사한 다음 입지유형 조사표에 기입한다. 단 구획 1은 1차 상권 지역이기 때문에 매출의 60~80%가 발생하므로 상세히 조사해야 한다.

입지의 7가지 유형

점포의 입지를 결정하는 요인은 배후인구와 시설물이다. 배후인구의 성격과 통행인구를 유발하는 시설물의 특성에 따라 점포 입지를 다음과 같이 일곱가지로 나눌 수 있다.

① 주거지 입지

② 오피스 입지

③ 유흥가 입지

④ 학원가 입지

⑤ 역세권 입지

⑥ 대형 건물 내 입지

⑦ 오피스텔 입지

일반적으로 개별 점포는 여러 가지 입지유형이 복합적으로 얽혀서 구성된다. 따라서 상권을 분석할 때에는 주거지 구성비가 얼마나 되는지, 오피스 구성비는 얼마나 되는지 등을 파악해야 한다. 구성비가

입지유형 분석 조사표				
구분		인구 수	구획 1	전 구획
거주자				
근무자	사무실			
	학원			
	유흥가			
	숙박업소			
	대형 건물			
	집객 시설			
	기타 업소			

50%를 넘는 시설물에 따라 점포의 입지유형이 결정된다.

① 주거지 입지

주거지 입지는 아파트, 빌라, 다세대주택, 단독주택, 원룸 등 거주자의 비율이 높은 상권이다. 주거지 입지는 낮 시간에 비해 출퇴근시간에 통행량이 많다. 낮 시간대의 주요 통행객은 주부, 노년층, 어린이다. 출퇴근 동선은 지하철역과 버스정류장의 위치에 좌우된다. 주거지 입지는 고립 상권이기 때문에 경쟁점의 출점시 기존의 고정 고객이 분산되므로 매출이 20~30% 정도 하락된다. 따라서 출점시에도 기존 경쟁점의 수나 입지 우위 여부를 주의해서 판단해야 한다.

고정 고객의 비율과 여성의 통행 비율이 높으며, 임차료가 낮아 저

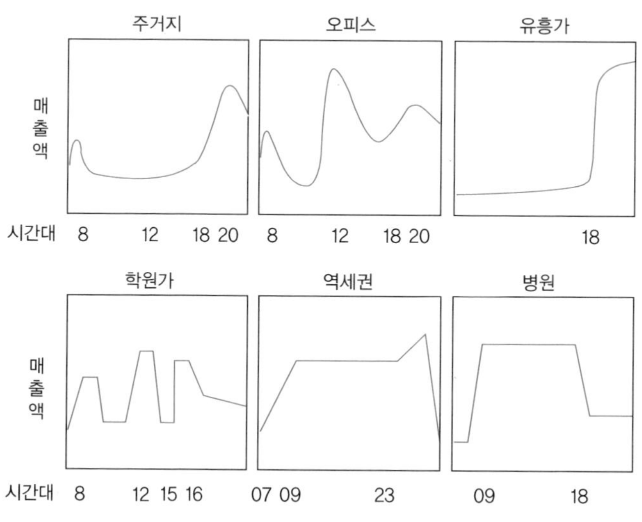

입지유형별 매출액 발생 시간대

투자로 적정 수익을 낼 수 있다는 것이 특징이다. 공원이나 휴게공원이 있는 경우가 많아 통행량 조사시 주의를 요한다.

주거지 입지는 주거 형태에 따라 소비 패턴이 달라지며, 크게 다음 3가지 유형으로 나눌 수 있다.

단독 · 연립주택 입지

단독주택의 경우 세대주들의 연령층이 높아 가격 저항이 크고 보수적이어서 패션이나 신세대형 업종은 진출하기 어렵다.

연립주택의 경우는 소득수준이 낮아 가격에 민감하게 대응하기 때문에 저가소구형의 생활밀착형 업종이 유리하다. 주간 활동인구의 대부분이 여자와 어린이, 노년층이며, 구매력이 약해 주간 매출의 구성비가 낮다. 퇴근시간 이후에 가족동반 외식이나 쇼핑을 위한 유동인구가 발생하므로 이 시간대의 매출을 어떻게 잡느냐가 관건이다.

소매업의 경우 퇴근길 승용차가 잠시 정차한 뒤 내점할 수 있는지 여부에 따라 매출이 크게 달라진다. 따라서 거주자의 퇴근 주동선상에 위치한 근린 상권에 입점해야 한다.

아파트 입지

아파트 입지는 단독 · 연립주택에 비해 인구밀도가 높다. 고소득층이 사는 아파트인지, 중산층이 사는 아파트인지에 따라 소비지출에 차이가 나며, 이에 따라 주변 상권의 업종 구성도 달라진다. 주변 상권의 구성과 주력상품의 가격대를 파악해 보수적인 소비 성향인지, 가격민감도가 높은지 여부를 판단해야 한다.

일반적으로 20~30평대의 아파트는 20~30대 세대주가 많아 소비

성향이 높고, 야간 활동이 활발하며, 가격보다 가치 중시의 소비 행동을 보이므로 입지 조건이 유리하다.

아파트 입지는 출입구가 여러 개 존재하는 경우가 많으므로 주 출입구에서 얼마나 떨어져 있는지도 반드시 조사해야 한다.

원룸 입지

원룸 입지는 원룸 내 거주자의 유형에 따라 매출에 상당한 차이가 날 수 있다. 대학생들이 많이 거주하고 있는 경우 방학 기간 동안 매출이 급격히 감소한다. 여름방학과 겨울방학을 포함해 길게는 5개월 정도 영향을 받는다.

혼자 사는 직장인이 많이 거주하고 있는 경우에는 생필품과 패스트푸드의 매출이 높게 나타난다. 유흥업소 근무자가 많은 경우에는 야간활동이 많고 가격에 민감하지 않아 입지 조건이 가장 유리하다.

원룸은 계약 기간이 대부분 1년이고 조건이 좋은 신흥 원룸이 생기면 곧바로 이주하는 경우가 많아 상권의 변화가 매우 빠르다. 상권의 변화 속도를 파악하려면 부동산이나 관리사무실을 통해 입주율을 주기적으로 체크해야 한다.

② 오피스 입지

20~30대 직장인이 많고 평일과 주말의 매출 편차가 크다. 주 5일제의 영향으로 토, 일 이틀간의 매출 공백이 발생할 수 있다. 배후거주자도 사무실 근무자가 대부분이며, 근무자의 수와 남녀 근무자 비율이 상권 구성에 영향을 미친다.

대형 오피스건물의 경우 구내 식당이나 각종 편의 시설이 입점해 있는지, 배달 등 외부인의 출입을 통제하는지 여부가 주위 외식업에 큰 영향을 미친다. 한편 상권 내에 회식하기 좋은 대형 식당이 많으면 좋은 상권이다.

남성 근무자의 비율이 높을 경우 상권 내 유흥업소가 발달해 야간 상권도 활성화된다. 여성 근무자의 비율이 높을 경우 상권 내 피자점이나 스파게티 식당이 출점하며, 20대 여성을 대상으로 하는 영캐주얼점도 출점하기 좋다.

외식업으로 진출할 경우 점심식사를 주력으로 할 것인지 저녁식사를 주력으로 할 것인지에 따라 업종 및 점포의 구성이 달라진다. 저녁시간대는 고객의 체류시간이 길므로 주류를 겸할 수 있어야 한다.

통행량은 출퇴근시간대와 퇴근시간 이후가 가장 많다. 또한 점심시간대에도 통행량이 급증한다. 한편 출퇴근 동선과 퇴근 후의 동선이 달라지는 경우가 많은데, 이는 출퇴근 동선은 지하철역과 버스정류장의 위치에 좌우되며, 야간 동선은 회식 등을 위해 대형 음식점이나 유흥업소 밀집 지역으로 바뀌기 때문이다.

대부분의 업종에서 경쟁점이 다수 존재하며 경쟁의 정도도 치열하다. 매출을 예측할 때에는 주 5일 근무제의 영향을 정확하게 파악하는 것이 중요하다.

③ 유흥가 입지

유흥업종은 특정 지역에 집중되며, 외식업소와 공동 상권을 형성해 시너지 효과를 누린다. 유흥업종은 객단가가 높으며 충동적으로 출입하는 경우가 많으므로 단독 상권을 형성하기보다는 비교해서 선택할 수 있도록 동종업종끼리 집중해서 입지하는 것이 좋다.

소매점의 경우 숙박촌까지 형성되어 있으면 최고의 야간 상권을 형성한다. 야간 상권은 룸살롱, 단란주점 등 고급 유흥업종이 많을수록, 그리고 심야로 갈수록 구매력이 높은 야간 유동인구가 많을수록 좋다.

오전시간대의 통행객은 매우 적으며, 저녁시간대로 갈수록 통행객이 증가하여 야간시간대에 통행객 비율이 가장 높다. 택시 승강장에 모범택시들이 대기하고 있으면 좋은 야간 상권이다.

숙박 시설 부근은 주·야간 모두 소매업 수요가 매우 많은 곳이어서 권리금이나 임차료가 비싸다. 또한 오랫동안 장사를 해온 사람들이 많아 10평 내외의 소규모 소매점이 발달해 있다.

유흥가의 주동선은 외식업종이 집중해 있는 곳으로, 통행속도가 매우 느리다. 따라서 소매업의 경우 대로보다 유흥업종이 밀집되어 있는 이면도로의 중심에 출점하는 것이 유리하다.

④ 학원가 입지

학원가는 대부분 주거지와 유흥가의 복합 입지다. 학원가 입지는 등록 학생 수와 계절 요인에 따라 편차가 크다. 대학의 경우 방학 기간 동안 매출이 크게 하락하며, 입시학원의 경우 학력고사 기간의 영향을 크게 받는다.

대학가의 경우 학생들의 모임이 대학 상권 내에서 이뤄지는지, 시내 중심가로 이동해 이뤄지는지 여부가 중요하다. 초·중·고등학교 상권의 경우 학생들의 활동 시간이 제한적이며, 객단가도 매우 낮아 매출을 크게 기대하기 힘들다.

통행량으로 보면 등·하교시간대 및 휴식시간대의 통행객 비율이 매우 높다. 등교시간대는 통행량이 많더라도 매출기여도가 낮은 반면 하교시간 통행량은 매출기여도가 높다.

대학가 주변은 상권이 활성화되어 다양한 업종으로 구성된다. 학원가의 주동선은 버스정류장이나 지하철역으로, 식당, 분식, 오락실, PC방이 밀집한다.

⑤ 역세권 입지

기차역, 터미널, 지하철역 등으로 인해 통행량이 많은 지역이다. 역세권은 상권의 규모가 크고 통행량도 다른 입지유형에 비해 많다. 한편 포장마차 등을 비롯한 노점이 발달한다.

배후지유형에 따라 역세권의 상권 특성이 달라지는데, 배후지유형은 주거지 복합형, 오피스 복합형. 유흥가 복합형으로 구분된다. 주거지 복합형은 퇴근길 동선에 위치하며, 대형할인점, 백화점이 상권 내에 존재하면 대단히 좋은 상권이다. 오피스 복합형은 20~30대 사무실 근무자들이 다수를 차지하며, 중소기업형 오피스 밀집 지역과 대기업 오피스 밀집 지역에 따라 상권의 외식업 성격이 달라진다. 유흥가 복합형은 유흥가 상권 내 근무자들이 주를 이루는 지구 상권이다.

단위 시간당 유동인구는 출근시간대→퇴근시간대→점심시간대 순으로 많다. 막차 시간이 가까워지면 유동인구가 소폭 증가하다가 막차가 끊어지면 통행량이 급격히 감소한다. 시간대가 바뀌더라도 주동선은 바뀌지 않으며, 가장 통행량이 많은 동선이 주·야간의 주동선이 된다.

통행인의 보행속도가 빨라 통행인의 입점률이 매우 낮으며 소매

점의 경우 객단가도 낮다. 따라서 점포의 가시성을 확보하는 것이
중요하다.

⑥ 대형 건물 내 입지

오피스건물의 경우 연 면적 1만 평에 상주 인원이 3,000명 이상일
경우 단독 지구상권을 형성한다. 오피스건물의 배후인구는 사무실
근무자 및 방문객으로 구성된다.

병원 매출은 병원의 실가동 침상 수로 추정한다(병원의 침상 가동
률＝가동 중인 침상 수÷병원의 총 침상 수). 병원의 배후인구는 병원 관
련 근무자와 환자 및 보호자다.

아파트형 공장의 경우 1만 2,000평에서 1만 5,000평 이상일 경우
건물 내 단독 지구상권을 형성한다. 아파트형 공장의 경우 입주업체
대부분이 IT 벤처 중심이므로 오피스가형 상권과 유사하다.

오피스건물의 경우 주통로와 보조통로 등 상가가 계획적으로 건축
되어 있어 통행량을 파악하는 데 특별한 분석이 필요하지는 않다.

병원의 경우 병원의 접수 창구, 입원 창구, 약국이 위치한 곳으로
입지유형을 구분하며 입원실 입구가 소매업의 위치로 가장 적합하
다. 병원의 주동선을 분석할 때에는 입원 환자의 주동선, 근무자의
주동선, 방문객의 주동선을 구분해 분석해야 한다. 아파트형 공장의
경우도 오피스건물과 유사하다.

건물 내 상권의 가장 큰 특징은 독점적 지위가 보장된다는 점이다,
그러나 건물 외곽에 위치한 상가와의 거리를 측정해 경쟁 관계에 있
는지 여부를 판단해야 한다. 또 다른 특징은 전화주문에 따른 배달
수요가 크다는 점이다. 이를 체계적으로 관리하면 독점적 서비스를

구축할 수 있다.

건물 내 통행속도는 느린 편이며, 휴게공간이 있으면 매출 상승에 효과적이다. 점포가 건물 내부에 위치하므로 점포를 알리기 위한 유도간판을 설치하고, 각 층별 안내표시판에 점포의 위치를 표시해야 한다.

건물 내에서 영업을 할 때는 입소문 마케팅의 효과가 매우 크다는 사실에 유의해야 한다. 즉 서비스 질이 좋은지 또는 나쁜지의 소문이 건물 내에 빠르게 전파된다.

⑦ 오피스텔 입지

오피스텔 입지는 개방형과 폐쇄형으로 나눈다. 개방형은 점포 출입문이 오피스텔 내·외부에 개방되어 오피스텔이나 점포 주변의 거주자 및 근무자(방문객 포함)가 모두 출입 가능한 경우를 말한다.

폐쇄형은 점포 출입문이 오피스텔 내부로만 개방되어 오피스텔 내부의 거주자 및 근무자만 입점 가능한 경우다.

입주세대 수가 200세대 이하면 개방형이든 폐쇄형이든 단독 상권을 형성할 수 없다. 소매업종은 출점하기 어려우며, 독점적 지위가 가능한 판매업종과 지역밀착형 서비스업종이 유리하다.

오피스텔은 거주인구의 구성비에 따라 주거형과 오피스 복합형으로 구분할 수 있으며, 소매업의 경우 오피스 복합형보다 주거형이 유리하다. 주거형 거주자는 독신인 경우가 많기 때문에 소비지출이 높다.

오피스텔 단독 상권을 형성하는 경우에는 주거지 입지와 유사한 특징을 나타내며, 단독 상권을 형성하지 못한 경우 주변 상권의 영향을 크게 받는다. 오피스텔이 밀집해 있는 경우 오피스텔 사이의 상권

경합으로 인해 마켓쉐어가 높은 오피스텔 상가를 중심으로 상권 집중현상이 일어나기 때문에 '빈익빈 부익부' 현상이 발생한다.

대로변에 위치한 오피스텔 입지의 경우 통행차량 고객을 위한 주차장을 확보하는 것이 중요하다. 한편 오피스텔 전체 시장이 공급과잉 현상을 보임에 따라 준공 후 입주율이 완만하게 상승하는 경우가 있으므로 주의가 필요하다. 오피스텔은 주 출입구에서 엘리베이터까지가 주동선이 된다.

통과율 조사

후보점의 입지유형을 파악하고 난 후 각 구획으로부터 후보점으로 통과할 확률을 구한다. 만일 후보점이 좋은 목에 자리잡고 있다면 통과율이 높지만 목이 나쁠수록 통과율이 낮다. 여기서 가장 중요한 것은 1구획에서의 통과율이다. 이는 후보점의 상권력을 나타낸다고 볼 수 있다.

통과율을 조사하는 방법은 94쪽 그림과 같다. 이 그림은 명동 상권을 나타낸 것이다. 명동 상권에서 다음과 같은 위치에 후보점을 지정했다고 가정하자.

후보점으로부터 가까운 거리의 순서대로 교차 지점을 순차적으로 표시한다. 그리고 후보점으로 접근 가능한 주동선을 확인한다. 명동 상권의 경우 지하철 4호선 명동역에서 접근하는 고객, 지하철 2호선 을지로입구역에서 접근하는 고객, 명동성당 방향에서 접근하는 고객, 남대문시장에서 접근하는 고객, 롯데백화점 방향에서 접근하는 고객으로 나눌 수 있다. 이때 각 방향에서 유입되는 길목을 확인해야 한다. 그림에서 ★10, 11, 12, 13으로 표시한 지점이 각 방향으로부터 접근하는 고객의 길목에 해당되며 주동선상에 위치한다. 표시된 교차 지점의 번호 순서대로 통행인 가운데 무작위로 표본을 선정해 직접 뒤를 따라가면서 후보점 통과자 수를 조사한다. 배후지에서 거주하는 사람과 근무하는 사람을 구분해서 판단하는 것은 어렵기 때문에 구분 없이 측정한다.

통과율을 조사하면 후보점이 위치한 상권의 질을 측정할 수 있다. 앞의 예에서 주동선상의 교차 지점인 ★10, 11, 12, 13지점으로부터 전체 통행인 가운데 40% 이상의 통행인이 후보점을 향했다면 후보점이 상당히 좋은 입지에 자리잡고 있다고 판단해도 무리가 없다.

통과율 조사는 유동인구의 흐름을 파악할 수 있으며, 후보점 주변

통과율 조사

의 상권에 대해서도 통과율이 어느 정도 수준인지 알 수 있다. 이를 통해 어느 점포가 좋은 위치에 있는지 알 수 있다.

명동 상권의 경우 비교적 분명하게 교차 지점을 선정할 수 있으나 이면도로 안쪽에 점포가 위치해 있다면 구획 1은 되도록 많은 지점에서 측정하고, 구획 2~9는 주동선상에 위치한 교차 지점을 파악한 후 조사한다.

통과율 조사는 많은 시간이 소요되고 힘들기 때문에 두세 명의 아르바이트를 구해 동시다발적으로 실시하는 것이 효과적이다.

조사인력이 많이 필요하고 뒤를 쫓는 방법을 이용하기 때문에 조사 진행이 어려울 수도 있다. 이때는 각 구획별로 후보점의 주동선으로 향하는 사람의 비율을 조사해 통행량 자료로 대체할 수 있다. 즉 각 구획별 주동선상의 통행 방향과 후보점을 통과하는 주동선상의 통행 방향을 파악한 다음, 전체 통행객 가운데 후보점의 주동선 방향으로 향하는 사람의 비율을 구하면 된다.

한편 입지유형별로 조사시간대를 달리해 측정하는 것을 원칙으로 한다. 입지별 조사시간대는 다음과 같다.

- 주택가 입지 : 출근시간대 및 퇴근시간대
- 오피스 및 학원가 입지 : 점심시간대 및 퇴근시간대
- 유흥가 입지 : 저녁시간대 및 야간시간대

외식업종은 점심시간대와 저녁시간대에 맞추고, 서비스업종은 해당 업종의 주력 시간에 맞추어 조사를 실시해야 한다.

구분		후보점	벤치마킹점	유사점
1차 상권	구획 1			
2차 상권	구획 2			
	구획 3			
	구획 4			
	구획 5			
	평균			
3차 상권	구획 6			
	구획 7			
	구획 8			
	구획 9			
	평균			

통과율=(후보점 통과인 수÷각 구획 총 통행인 수)×100

유동고객 조사

유동고객의 구분

통과율 조사가 끝나면 후보점 앞을 통행하는 유동고객을 조사해야한다. 후보점 앞을 통행하는 유동고객은 두 가지로 분류할 수 있다. 후보점 주변에 거주하거나 시설물에 근무하는 사람인 배후지 통행인과, 주변의 시설물을 비정기적으로 이용하는 비배후지 통행인이다. 배후지 통행인과 비배후지 통행인을 구분하는 것은 어려우므로 통행인 가운데 샘플링해 배후지 거주 여부를 확인해야 한다.

유동고객을 조사할 때 가장 중요한 점은 유동고객을 구분하는 기준이다. 대개 연령을 기준으로 초등학생, 중·고등학생, 20대, 30대, 40대, 50대 등으로 구분해 조사한다. 이 방법의 장점은 외관으로 비교적 판단하기 쉬우며 소비 특성도 구분된다는 것이다. 단점은 조사후 활용하기가 쉽지 않다는 것이다. 예를 들면 편의점의 경우 이용하는 고객층의 60~70% 정도가 대학생부터 30대 초반까지의 회사원이다. 하지만 연령별로 분석하게 되면 모두가 30대에 해당되고 실제 조사시 30대와 40대를 구분하기가 상당히 어렵다.

소매업종의 경우를 보면 일반 생활용품을 취급하는 소매점에서도 편의점, 슈퍼마켓, 대형할인점에 따라 고객층이 달라진다. 의류의 경우에도 브랜드별로 타깃고객이 더욱 세분된다. 예를 들어 대학생, 20대 중반 직장여성, 20대 후반 및 30대 초반의 직장여성에 따라 선호하는 브랜드나 스타일이 다르다. 액세서리와 신변 잡화용품에서는 타깃고객이 의류보다 더욱 세분된다. 이처럼 연령별로 유동고객을 조사하더라도 활용하기는 어렵다.

외식업종도 소매업종과 비슷한 현상을 보이며, 서비스업종은 세대별 선호도가 더욱 뚜렷하다. 이러한 사항을 고려해 업종이 정해졌으면 해당 업종의 주 타깃고객이 누구인지를 분명히 정한 다음, 그 기준에 맞추어 조사를 실시해야 한다.

타깃고객층을 파악하는 방법

후보점 상권 범위 안의 전체 인구보다 중요한 것은 타깃고객의 구성비가 얼마나 높은가 하는 것이다. 전체 인구나 연령대별 인구가 많다고 하더라도 타깃고객층이 적으면 자신의 목적에 맞는 좋은 상권이 아니다.

다음은 유동고객의 연령대별 구분 방법의 단점을 보완하고 여러 사회현상을 분석해 세대별 특성을 제시한 자료다.

1318(중고생) : 선행후사(일단 저지르고 본다)

1318세대의 키워드는 사이버다. 컴퓨터 사용률이 무려 97%로 전 세대 가운데 가장 높다. 책보다 인터넷, 편지보다 이메일, TV보다 컴퓨터를 선호한다. 시간이 나면 컴퓨터 앞에 앉으며, PC게임이나 통신이 가장 큰 취미다.

기성세대가 만들어 놓은 틀을 거부하고 새롭고 즐거운 것에 탐닉하는 이들은 생각보다 행동이 앞서는 세대다. 주된 관심사는 연예인의 동향이며, 스타들의 패션이나 말투를 모방하고 추종하기를 즐긴다. 패스트푸드점과 패밀리 레스토랑을 애용한다.

1925(청년층) : 일탈개성(남들이 가는 길은 싫다)

TTL세대로 구분되는 1925세대는 문화와 유행을 주도하는 세대다. 유행을 발빠르게 받아들이며, 그들만의 문화를 만들어내고 그것에 집착한다.

개성표출에 강한 욕구를 지닌 이들은 성형수술에 관대하고 남자들이 향수나 액세서리를 사용하는 데도 거부감이 없다. 개인주의적 성향이 강하고 감성에 민감한 이들은 소비와 유행의 주역이다.

2632(사회초년병) : 출사일전(사회생활에 임함에 한판 전쟁을 불사한다)

전체 연령층 중 미래를 가장 긍정적으로 본다. 반면 정당한 노력만으로 성공하기 힘들다는 인식이 높아 현실의 벽을 동시에 느끼고 있다. 경제 활동을 막 시작한 세대답게 세금, 경제, 재테크가 주된 관심사다.

쇼핑할 때는 세일 기간을 주로 이용하고, 백화점보다 대형할인점을 찾는 실속파다. 인터넷쇼핑을 해보았다는 비율이 37%로 모든 세대 중 가장 높다. 홈뱅킹, 사이버 트레이딩의 사용빈도도 높다.

집보다 자동차가 우선이고 단독주택보다 아파트를 선호한다. 이혼에 관대하고 남아선호 같은 고루한 전통에 반기를 들며, 혼전 관계에도 가장 개방적이고 유연한 사고가 돋보인다.

3342(중년층) : 심신분리(몸과 마음이 따로 논다)

이른바 386세대다. 사회 · 정치적 의식이 높으며, 가족과 자녀 교육에 대한 관심도 대단하다. 인터넷의 중요성은 인식하지만 컴퓨터가 없어도 불편하지 않다는 응답이 전년도에 비해 줄지 않고 있다.

신문에서 주로 정보를 얻는다는 비율이 40%로 비교적 높았으며, 특히 경제 기사를 즐겨 읽는다는 비율이 절반을 넘었다. 또 건강이나 노후에 본격적으로 관심을 가지면서 보험 가입률이 1등을 달린다.

4355(장년층) : 자율보전(내 몸은 내가 지킨다)

끼니는 꼭꼭 챙겨 먹는다. 밥을 먹어야 제대로 식사한 것 같다. 4355세대는 구조조정과 이혼율 증가 등 각종 사회문제의 중심이 되면서 정체성 위기를 겪고 있다. 인생의 풍파 속에 뭐니뭐니해도 건강이 최고라는 진리를 절감한 이들은 취미로 건강에 좋은 등산을 첫 손에 꼽았다.

교통이 불편해도 쾌적한 곳에 살고 싶다는 응답이 가장 많고 아파트보다 단독주택을 선호한다. 아들이 꼭 있어야 한다는 응답은 줄었다.

(출처 : 〈2001 한국 대표세대들의 특징〉 브랜드 마케팅 연구소)

이 자료의 세대별 구분 기준은 의류를 제외한 소매업종이나 외식업종 등 대다수의 업종에서 상당 부분 적용할 수 있으며, 외관상으로 구분이 가능하므로 실제로 적용해 조사할 수 있다. 만일 주 고객층이 특정 연령대에 집중해 있다면 해당 연령층을 세분하고 다른 연령층의 구분을 통합하는 방법으로 조정해 사용하면 된다. 예를 들면 패션 의류점이나 액세서리점의 경우 중학생과 고등학생, 대학 저학년생, 대학 고학년생 등으로 세분하고, 나머지 연령층을 기타로 해 유동고객을 조사하면 된다. 유의해야 할 점은 자신의 업종에 맞게 수정을 하되 조사시 외관으로 구분 가능해야 한다는 것이다.

타깃고객층을 알기 위해서는 후보점과 유사한 곳에 입지한 점포를 두 곳 정도 방문해 고객들의 연령대별 구성비를 조사해야 한다. 이는 반드시 검증해야 할 사항이다.

외식업종의 경우 세대별로 기호가 뚜렷하게 구별된다. 연령대가 낮을수록 패스트푸드를 선호하는데, 패스트푸드점 가운데서도 브랜드별로 선호하는 곳이 다르다. 롯데리아 → KFC → 버거킹 순으로 주 고객의 연령층이 조금씩 높아진다. 그리고 패스트푸드점과 패밀리 레스토랑 가운데서는 패밀리 레스토랑이 객단가가 높아 패밀리 레스토랑 고객의 연령층이 높다. 패밀리 레스토랑은 20대 후반에서 30대 초반이 주 고객층이다. 감자탕, 설렁탕, 순대국 등 전통 한식점은 30대 후반이 주 고객층이다.

서비스업종은 외식업종보다 선호도가 세대별로 더욱 뚜렷이 구별된다. 10대는 네트워크 게임과 스피드형 스포츠를 즐기고, 20대부터 30대 초반까지는 스키와 당구, 스피드형 스포츠를 즐긴다. 30대 후반 이후는 바둑, 낚시, 골프 등 정적인 스포츠를 즐긴다. 또한 소득수준에 따라 즐길 수 있는 레저 스포츠가 달라지므로 소득수준에 대한 분석도 뒤따라야 한다.

타깃고객층에 대한 정확한 구성비를 파악하기 어려우면 인구 구성형태로 추론해야 한다. 연령대별 분포에서 50대와 20대의 구성비가 높은 곳은 서울의 강남 지역과 분당 지역이다. 일산 지역은 40대와 10대의 구성비가 높다. 따라서 강남 지역과 일산 지역의 소매업종과 외식업종의 구성은 다르다. 강남과 분당 지역은 생활여유 소비형이지만 일산은 생활 소비형이다.

유동고객을 구분하는 기준을 설정했으면 유동고객을 조사하는 장소와 시간대를 정해야 한다. 유동고객을 조사하는 장소는 도로와 점포가 접하는 곳이다. 도로와 접하는 곳이 점포의 전면과 측면 모두일 경우 양 지점에서 조사를 실시해야 한다.

유동고객을 조사하는 시간대는 소매업종인 경우, 두 시간 단위로 30분 동안 조사하면 된다. 외식업종인 경우, 패스트푸드점은 소매업종과 동일한 방법으로 두 시간 단위로 30분 동안 조사한다. 점심형 외식업종은 오전 11시부터 오후 2시까지, 오후 5시부터 8시까지 조사하며, 저녁형 외식업종은 오전 11시부터 오후 2시까지, 오후 5시부터 오후 9시까지 조사한다. 주점은 오후 5시부터 밤 12시까지 조사해야 한다.

서비스업종인 경우, 해당 업종의 성격을 감안해 주 영업시간이 낮 시간대이면 오전 10시부터 오후 8시까지 1시간 단위로 20분 동안 조사하고, 주 영업시간이 저녁시간대이면 오후 5시부터 밤 12시까지 1시간 단위로 20분 동안 조사한다. 서비스업종은 동종업종의 점포 영업시간을 고려해 영업 개시시간부터 영업 종료시간까지 1시간 단위로 조사하는 것을 원칙으로 한다.

조사시간대 설정이 끝나면 상권분석 일정에 따라 조사를 실시한다. 단 이벤트가 있거나 눈 또는 비가 오는 날은 제외한다. 야간 유동인구를 조사할 때는 미리 디지털카메라와 유동인구 카운터기, 조사표 양식을 준비해 조사에 나선다.

유동고객 조사 방법

유동고객 분류 기준과 조사시간대를 조정한 후 남녀를 구분해 유동
고객 수를 체크한다. 매 시간 20분 또는 30분 동안 조사를 할 경우 주
어진 시간을 엄수해야 조사의 정확도를 높일 수 있다.

유동인구 상권에서는 유동고객이 갑자기 늘어나는 시간대가 있어
조사가 어려운 경우가 있다. 이때는 타깃고객을 중심으로 체크하고
다른 고객은 추정해 체크한다. 만일 정확한 조사를 원하면 타깃고객
의 분류 수만큼 다른 형태의 구슬이나 사탕을 준비해 바구니에 집어
넣는 방법으로 조사하는 것도 한 가지 방법이다. 그리고 시간마다 각
기 다른 비닐봉투에 넣고 봉투 위에 조사시간대를 기입한 후 조사를
계속하면 된다.

유동고객 조사표													
시간대	1318		1925		2632		3342		4355		합계		시간대별 구성비
	남	여	남	여	남	여	남	여	남	여	남	여	
08~09시													
10~11시													
12~13시													
14~15시													
16~17시													
18~19시													
20~21시													
22~23시													
24~01시													
02~03시													
연령대별 구성비													

- 타깃고객의 경우 별도 색상으로 출력해 관리
- 점심시간대와 저녁시간대를 별도 색상으로 출력해 관리

후보점 입지변수 조사

후보점의 입지변수를 조사하는 것은 접근성과 가시성, 평탄성을 평가하기 위해서다. 50평 이하의 소형 점포는 광고를 통해 점포를 알리는 것과 같은 특별한 마케팅 활동을 하기가 어렵기 때문에 점포의 위치만으로 고객들이 쉽게 찾아올 수 있도록 해야 한다.

여기서 접근성은 고객이 얼마나 찾아가기 쉬운가를 나타낸다. 접근성을 결정하는 요인은 지하철역이나 버스정류장으로부터 얼마나 가까이 있는지, 점포 앞의 보도폭이 얼마나 넓고 평탄한지, 주위에 랜드마크, 즉 지역을 대표하거나 상징하는 유명한 레스토랑이나 건물이 있는지 등이다. 대로변을 벗어나 이면도로에 접어들면 이면도로 폭이 넓을수록 주통로 구실을 한다. 인도 폭이 넓을수록 심리적으로 편안하고 안정된 느낌을 주기 때문에 고객을 더 불러들일 수 있다. 또한 도로 폭과 더불어 차도와 인도가 구분되어 있는지도 중요하다. 차도와 인도의 구분이 없고 인도 폭이 넓을수록 입지 조건이 좋다.

가시성은 고객이 얼마나 가까운 거리에서 점포를 식별할 수 있는가를 나타낸다. 따라서 가시성을 결정하는 가장 큰 요소는 점포가 인도에 노출된 면적과 인도와의 이격 폭, 그리고 간판이다. 따라서 점포 전면의 길이와 간판의 크기 및 디자인은 점포의 얼굴에 해당된다.

평탄성은 후보점의 입지가 얼마나 평탄한가를 나타낸다. 오르막이나 내리막길에 위치한 점포보다 저지대의 평탄한 곳에 위치한 점포의 입지가 더 좋다. 오르막이나 내리막길은 상권의 발달을 저해하기도 하지만 심리적으로도 사람들에게 부담감을 준다. 또한 점포로 들어오는 입구에 경사 또는 계단이 있는지 여부도 중요하다. 점포 앞의 계단은 고객들에게 심리적인 저항감을 불러 일으켜 계단이 없는 경우보다 매출이 10~20%가량 떨어진다.

후보점의 입지변수 조사

후보점의 입지변수를 조사하는 이유는 후보점의 매출을 예측하기 위해서라기보다 개점하기 전에 후보점에 대한 부정적 요인을 최대한 극복하기 위해서다. 예를 들어 점포 앞에 계단이 있다면 계단을 경사로로 만들 수 없는지, 후보점이 다른 점포보다 인도에서 들어가 있다면 돌출간판 등을 사용해 점포의 위치를 알릴 수 없는지, 점포의 형태가 직사각형이 아니라면 공간을 어떻게 효율적으로 활용할 수 있을지 등 점포가 가진 한계를 극복하는 데 초점을 맞추어야 한다.

판매업종의 경우 대형빌딩 내에 입지하는 경우가 아니라면 반드시 1층에 입점해야 한다. 건물의 지하나 2층에 입점하는 외식업종이나, 고객의 체류시간이 길어 건물의 상층부에 입주해야 하는 서비스업종은 입점하는 건물의 집객력을 판단해야 한다.

점포의 입지변수로 조사해야 할 항목은 다음과 같다.

- 점포와 도로와의 접면 수 및 길이
- 간판의 높이 및 크기　　　• 계단 수 및 높이, 경사도
- 인도 폭, 인도와의 이격 폭
- 후보점이 입점한 건물의 집객력
- 랜드마크 시설과의 거리
- 지하철역, 횡단보도, 버스정류장과의 거리
- 점포의 가시성

<table>
<tr><td colspan="3">후보점의 교통시설 현황</td></tr>
<tr><td></td><td>구획 번호</td><td>후보점과의 거리</td></tr>
<tr><td>지하철역</td><td></td><td></td></tr>
<tr><td>버스정류장</td><td></td><td></td></tr>
<tr><td>랜드마크 시설</td><td></td><td></td></tr>
</table>

후보점의 입지변수 측정표		
	측정치	가이드라인
점포 앞 인도 폭		최소 3m, 적정 7m
점포와 도로와의 접면 수		많을수록 좋음
점포와 도로의 접면 길이		최소 5m, 적정 7m
이격 폭		0
계단 수		0
경사도		0
간판의 높이		최소 3m, 적정 4m
간판의 크기		길이 7m
입점 건물의 집객력	상위 번상가	상위 3위 내 상가 건물
입점 건물의 상점 구성	판매 업종 비율	1층에 판매업종이 60% 이상
가시성		최소 7m 전방

각 항목에 대해 점포가 갖추어야 할 기본적인 조건에 미달하지 않는지를 판단할 수 있어야 한다. 또한 각각의 항목에 관해 조사기준을 설정해 측정을 실시하고, 실측치를 점포 입지변수 조사표에 기입한다.

계단 높이 측정 기준

계단 수는 각 계단의 높이와 상관 없이 측정하며, 계단 높이는 인도
와 점포 출입구와의 높이 차이를 기준으로 측정한다. 계단은 없으
나 출입구로 이어지는 길이 경사진 경우에는 계단 수를 0으로 계산
한다.

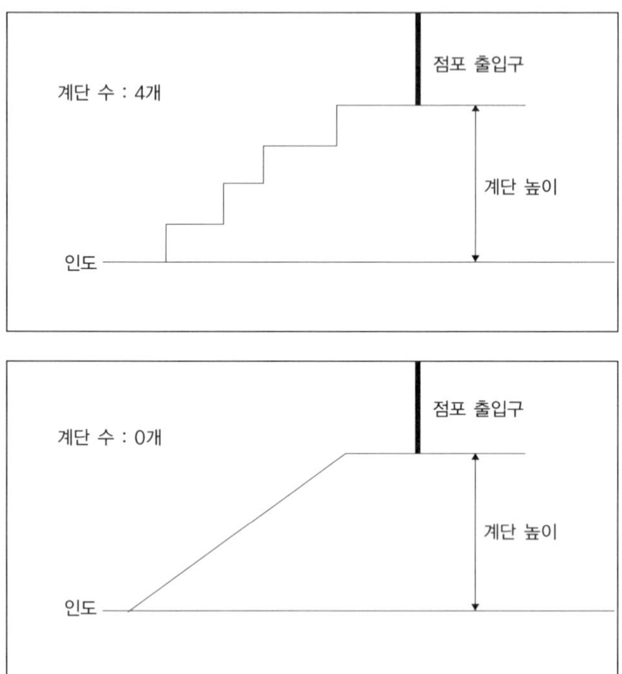

인도 폭 및 인도와의 이격 폭 측정 기준

인도와의 이격 폭이란 출점 대상 점포가 주위의 다른 건물에 비해 인
도로부터 얼마나 떨어져 있는가를 나타내는 거리다. 인도로부터 멀
리 떨어져 있을수록 건물의 이격 폭은 커진다.

인도 폭이란 차도의 끝 지점으로부터 보행자들이 통행하는 인도까지의 거리를 말한다.

도보도로 폭이란 인도 폭과 인도와의 이격 폭을 합한 거리이며, 이격 폭이 0일 경우 인도 폭과 도보도로 폭은 동일하다. 중앙선 표시가 없이 차량과 보행자가 동시에 통행하는 도로는 도보도로로 간주한다.

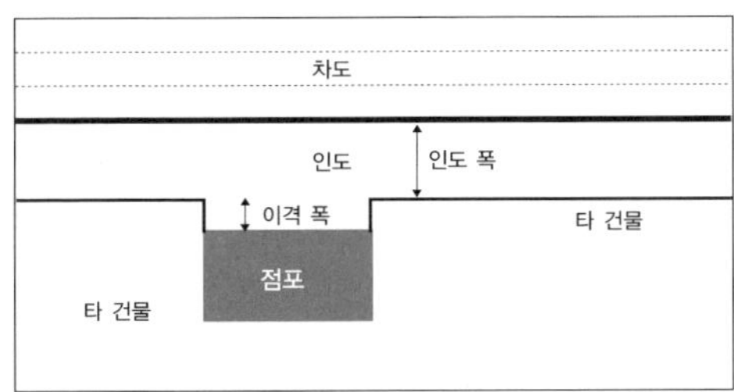

가시성 측정 기준

가시성이란 점포의 전면과 측면에서 간판이 모두 보이는 거리를 말한다. 가시성은 점포 주변에 있는 인도의 중앙에서 점포까지의 거리로 측정하며, 차도가 있을 때에는 차도 건너편을 포함한 인도 중앙에서부터 거리를 측정한다.

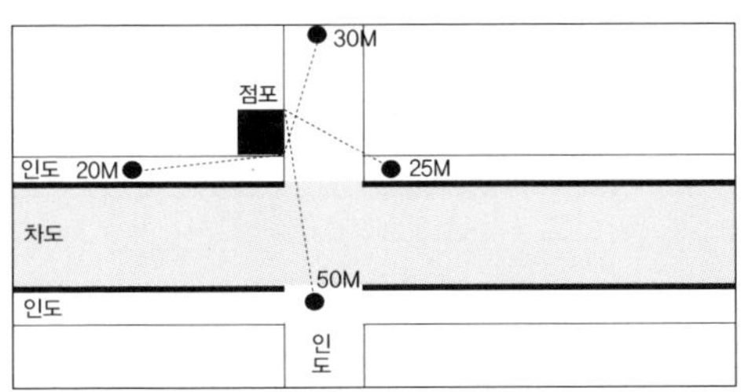

좋은 점포의 조건

점포 앞의 보도 폭은 3미터가 넘어야 한다

대형할인점이나 백화점의 주통로는 최소한 쇼핑카트가 3개 정도가 동시에 지날 수 있는 넓이다. 이처럼 대형할인점이나 쇼핑센터를 계획할 때 가장 먼저 고려하는 것은 주통로의 넓이를 확보하는 것이다. 주통로 넓이는 진열 면적보다 우선한다.

주통로의 폭을 넓게 만드는 것은 고객이 편안한 마음으로 쇼핑할 수 있도록 심리적 안정감을 주기 위해서다. 실제로 통로 폭이 넓을수록 통행하는 고객들의 발걸음은 느려지며, 통로 폭이 좁으면 같은 방향으로 걸어가는 사람과 경쟁심리가 작용해 걸음이 빨라진다. 걸음이 빨라진다는 것은 점포에 대한 시계성과 인지성이 떨어져 점포 앞을 그냥 지나치게 된다는 것을 의미한다. 따라서 점포 앞의 보도 폭은 7미터가 적당한 수준이며 아무리 좁아도 3미터가 넘어야 한다. 적정 수준인 7미터는 왕복 2차선 정도의 폭이라고 보면 된다.

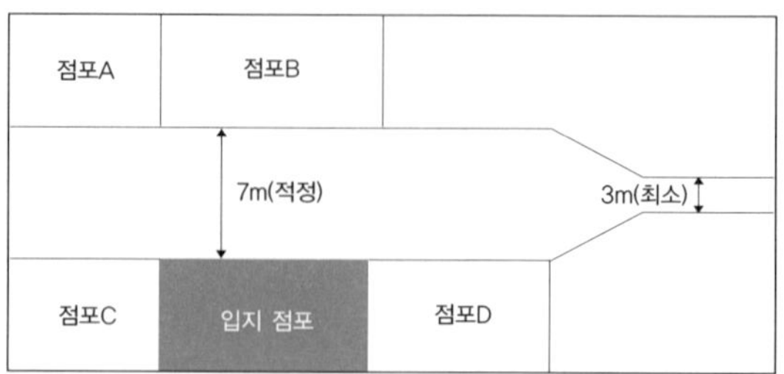

점포 전면의 길이는 7미터 이상이 좋다

특별한 마케팅을 하지 않는 한 점포를 알릴 수 있는 수단은 보도에 노출된 점포 전면과 간판뿐이다. 사거리 또는 삼거리에 입지한 점포가 좋은 이유는 그만큼 고객들의 눈에 쉽게 띄기 때문이다.

소매업에서 고객이 특정 점포를 인지해 점포로 들어갈 것인지 지나칠 것인지 결정하는 데는 5초 정도 걸린다. 따라서 평균적으로 초당 1미터 정도의 속도로 걷는 고객이 점포를 인지해 점포로 들어갈 것인지 말 것인지 판단할 때까지 점포가 노출되려면 점포 길이는 7미터 정도 돼야 한다.

보도에 돌출된 점포가 아닌 이상 점포 근처에 와서야 점포를 인지할 수 있기 때문에 5초 이내에 점포로 들어오게 하려면 점포의 길이가 7미터 이상 돼야 한다.

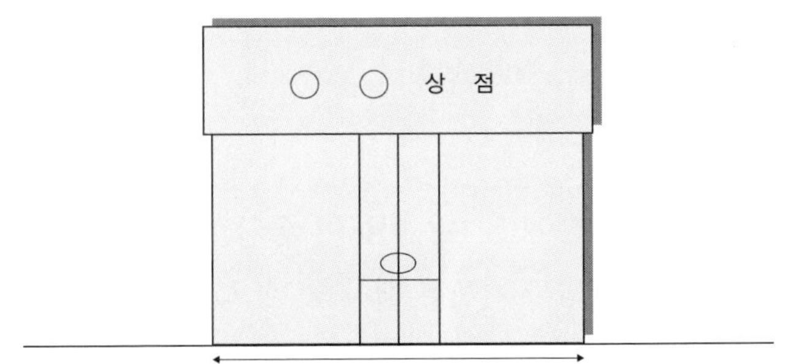

점포 전면의 길이 : 7m 이상(고객이 입점 여부를 결정하는 5초 정도가 소요되는 거리)

간판 위치는 높이 3미터 이상, 간판 길이는 7미터 이상이 좋다

간판은 점포의 얼굴에 해당하며 고객에게 자신의 존재를 알리는 가장 중요한 역할을 한다. 간판의 형태, 상호, 디자인은 매출에 20~

30% 영향을 미친다.

고객이 적어도 7미터 전방에서 점포를 편하게 알아볼 수 있도록 하려면 간판의 위치는 고객 시선의 10~15도 위에 있어야 하며, 간판의 길이는 점포 전면의 길이와 같이 적어도 7미터가 되어야 한다. 돌출 간판을 사용할 경우 가시성을 크게 향상시킬 수 있으나 법적으로 사용 제한을 받는다.

최근에는 개점 판촉행사를 할 때 점포의 위치를 알리기 위해 풍선 아치, 대형 현수막 등 여러 가지 방법을 동원하고 있다.

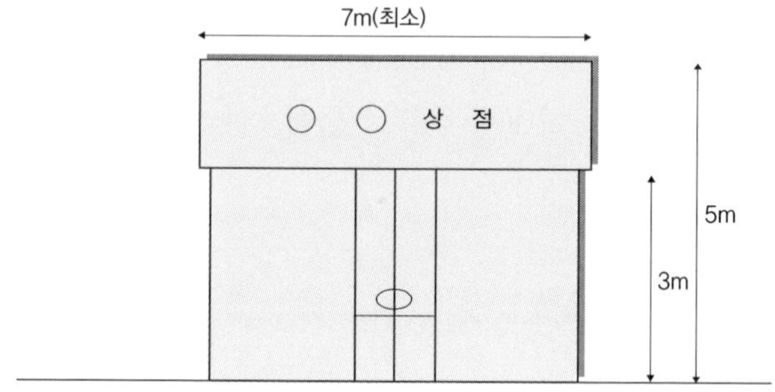

점포 형태는 직사각형에 3 : 2 비율이 좋다

점포 형태는 상품 진열과 카운터 배치 등 점포 레이아웃에 가장 큰 영향을 미친다. 점포·형태 중에서는 직사각형 형태가 레이아웃을 설계하기 편하며, 상품 진열도 쉽게 할 수 있다.

따라서 점포 전면과 측면의 비율은 황금비율이라고 불리는 3 대 2가 가장 이상적이다. 점포 측면보다 전면이 길수록 좋기 때문에 점포 전면이 7미터라면 측면은 4.7미터 정도일 때 가장 이상적이다.

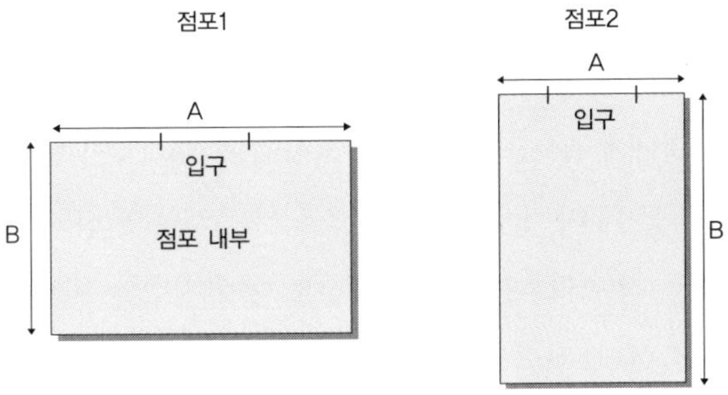

- A : B = 3 : 2가 가장 이상적
- 점포 전면의 길이가 긴 점포1이 더 이상적인 점포

점포는 저지대의 평탄한 곳에 있어야 한다

'번화가' 라는 의미의 영어 단어 '다운타운(Downtown)'은 저지대라는 뜻이다. 또한 이전부터 물이 모이는 곳에 사람이 모인다는 풍수설도 있다. 물은 높은 곳에서 낮은 곳으로 흐른다는 사실을 감안하면 저지대의 평탄한 지역이 명당이라는 사실을 알 수 있다.

또한 계단에 대한 사람들의 심리적 저항감이 커지고 있다. 계단식 에스컬레이터가 여전히 많긴 하지만 새로 생기는 대형할인점의 경우 대부분 평탄한 무빙워크를 설치하고 있다. 물론 쇼핑카터로 이동하

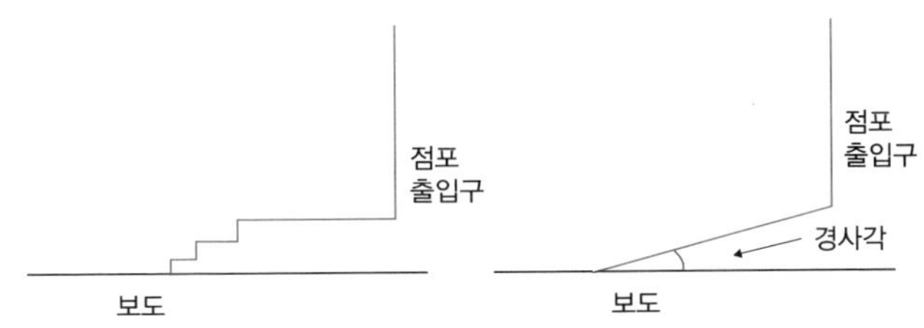

출입구로 진입하는 경사각은 작을수록 좋다

는 것을 고려했기 때문이지만, 무빙워크는 계단보다 고객들에게 심리적인 안정감을 주기 때문이기도 하다.

계단은 고객에게 두 가지 심리적 저항감을 준다. 첫째는 올라가야 한다는 부담감을 주며, 둘째는 위압감을 제공해 불편하게 만든다.

계단이 있는 점포의 매출이 10% 정도 떨어진다는 말이 있을 정도로 계단은 매출에 부정적인 영향을 준다. 따라서 계단이나 턱이 있을 경우 가능한 한 경사각을 작게 해 비탈길 형태로 만들어야 한다.

전화로 점포 위치를 쉽게 설명할 수 있어야 한다

출점 대상 점포를 찾아오려는 사람이 있다고 가정한 후 점포 위치를 설명해 보라. 그러면 출점 대상 점포가 좋은 위치에 있는지 나쁜 위치에 있는지 감을 잡을 수 있다.

설명하기 쉽고 찾기 쉬울수록 좋은 위치다. 버스나 지하철역에 내려 세 번 이상 회전해야 한다면 설명하기가 쉽지 않다. 반면에 관공서를 비롯한 교통유발 시설이 가까이 있거나, 랜드마크가 될 만한 유명한 점포가 통로 입구에 위치해 있으면 쉽게 설명할 수 있다.

출점 대상 점포를 찾는 데 예상보다 시간이 많이 걸렸다면 이를 개선해야 한다. 개점 후에 고객이 전화로 점포 위치를 물었을 때 점포를 찾는 방법을 간단명료하게 알려줄 수 있어야 한다.

소매업종 점포는 건물의 1층에 위치해야 한다

계단을 이용해 올라가야 하는 상가건물은 한 층이 높아질 때마다 점포의 가치가 50% 정도 떨어진다. 2층의 가치는 1층의 절반 수준이고 3층의 가치는 2층의 절반 수준이라고 보면 된다.

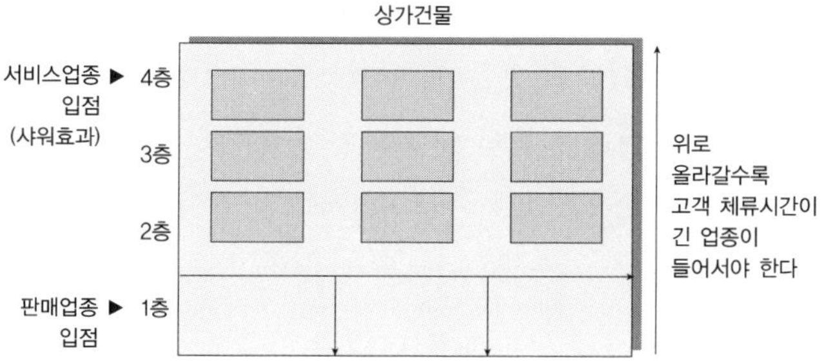

층수가 높아짐에 따라 발생하는 수확체감의 법칙을 극복하기 위해서는 각 층마다 업종을 달리해야 한다.

건물의 1층은 반드시 집객력을 가진 업종이 입점해야 한다. 1층은 구매빈도가 높은 점포 위주로 구성되어야 하므로 서비스업종보다 판매업종이 유리하다. 따라서 일상생활용품을 판매하는 슈퍼마켓이나 편의점이 입점하는 것이 가장 좋다.

서비스업종은 규모의 경제가 적용되므로 일정 규모 이상의 면적이 요구된다. 따라서 일반적으로 판매업종에 비해 매장 면적이 넓다. 또한 건물 층수가 올라갈수록 고객의 체류시간이 긴 업종이 들어서야 유리하다. 고객의 체류기간이 길면 접근하는 것이 불편하더라도 체류했을 때 받는 서비스의 질에 더 가치를 느끼기 때문이다.

따라서 상가건물 최상층은 집객력이 높은 서비스업종으로 구성해야 하는데, 이를 샤워효과라고 부른다.

상가건물은 설계할 때부터 입점할 매장에 대해 연구하고 이를 계획적으로 추진해야 한다. 백화점과 대형할인점의 경우 에스컬레이터와 무빙워크를 설치해 고객이 2층, 3층으로 접근하는 데 대한 저항감을 최소화시키고 있다.

지하층은 신중히 선택해야 한다

지하에 입점할 수 있는 업종은 매우 제한적이다. 외식업을 포함한 판매업종은 지하에 입점할 경우 외부의 간판 외에는 점포를 알릴 수 있는 방법이 없어 영업에 큰 지장을 받는다. 특히 외식업의 경우 환기 문제를 비롯해 고객의 심리적 저항감 문제를 극복할 수 있어야 한다.

백화점의 경우 이를 극복하기 위해 지하층을 대형 식품매장으로 구성해 분수효과를 노린다. 지하층 입구를 최대한 고객 눈에 잘 띄게 연출하고 입점 점포들도 지상층의 점포보다 점포 외관이나 실내 장식에 더 많은 투자를 한다.

일반적으로 지하층은 어두워도 고객이 큰 저항감을 느끼지 않는 노래방, 주점, 극장, PC방 등의 서비스업종이 들어선다. 또한 건물 내 상주인구가 많아 건물 내 고객만으로 영업이 가능하다면 지하에 출점해도 무방하다.

경쟁점 조사

경쟁점이란 70% 이상 동일한 상품으로 동일한 고객층을 겨냥하여 상권 내에서 경쟁하는 점포를 뜻한다. 소매업종과 서비스업종은 경쟁점을 금방 파악할 수 있지만, 외식업종의 경우 경쟁점의 개념이 불분명할 때도 있다. 예를 들어 삼겹살 전문점과 돼지갈비 전문점은 경쟁점인지 아닌지 애매하다. 이러한 문제는 고객의 입장에서 판단해야 한다. 고객의 입장에서는 삼겹살과 돼지갈비는 선택의 문제이므로 두 점포가 나란히 있으면 선택의 폭이 넓어진다. 즉 두 점포가 나란히 있기 때문에 삼겹살을 선호하는 고객과 돼지갈비를 선호하는 고객을 동시에 끌어들일 수 있다. 따라서 삼겹살 전문점과 돼지갈비 전문점은 경쟁점이라기보다 경합점이라고 보아야 한다. 경합점은 일부 경쟁관계에 있지만 상호보완적인 기능도 가지고 있어 고객을 확대하는 효과도 동시에 갖는 점포를 말한다. 따라서 외식업종에서 경쟁점을 판단할 때는 신중해야 한다.

그러나 소매업종의 경쟁점은 쉽게 판단할 수 있다. 편의점을 예로 들면, 두 개의 편의점이 있다 하더라도 고객 입장에서 두 편의점의 차이가 없으므로 좀더 가까운 편의점을 찾게 된다. 이때 두 편의점 사이에는 경쟁관계만 존재한다.

현재 소매업종과 외식업종은 포화 상태에 도달해 있어 상권 내 어딘가에 분명히 경쟁점이 존재한다. 따라서 경쟁점 분석에 긴 시간을 할애해 정확한 진단을 내려야 한다. 서비스업종도 1인당 국민소득수준이 1만 달러를 조금 넘은 상태에서 4~5년째 큰 변화가 없기 때문에 시장이 성장할 여지가 적다. 이런 상황에서 시장에 진입해 자리를 잡기 위해서는 경쟁점 분석에 많은 노력과 시간을 들여야 한다.

업종별로 고객의 선택기준이 다르기 때문에 경쟁점을 분석하는 포인트는 다음과 같이 달라져야 한다.

소매업종의 경쟁점 분석

소매업종은 고객이 진열된 상품을 눈으로 확인한 후 구매를 하기 때문에 경쟁점 분석이 간단하다. 상품의 품질이나 가격에 대한 정보를 객관적으로 판단하면 된다.

경쟁점에 대해서는 다음과 같은 항목을 조사해야 한다.

- 위치 및 거리
- 영업시간, 상권 내 고객과의 관계, 점원 수
- 취급 상품 수 및 주력상품
- 매장 평수 및 점포가 위치한 층
- 판매 가격, 매출 규모

상권 범위는 물론, 상권 범위를 벗어나 상권 범위의 3분의 1을 더한 거리에 있는 경쟁점까지 조사한다. 또한 상권 내의 대형 건물에 입지한 경쟁점도 조사해야 한다.

다수의 경쟁점이 존재할 경우 경쟁점의 위치를 격자지도상에 표시한 후 가까운 거리에 있는 경쟁점부터 일련번호로 구분해 경쟁점 조사표에 기입한다.

경쟁점 조사표					
구획 번호	상호	면적 (평)	하루 매출 (천 원)	영업시간	후보점까지의 거리

외식업종의 경쟁점 조사

외식업종에는 음식 맛, 서비스, 위생 등 다양한 요인이 존재하므로 소매업종과 달리 조사항목이 다양하다. 지구상권 내에 외식 상가가 형성된 곳이 많고 세대별로 선호하는 음식에 차이가 있는 만큼 동일한 고객층을 겨냥한 경합점까지 조사해야 한다. 상권 내 매출액이 높은 경쟁점부터 순서대로 조사를 실시하며, 장사가 잘 되는 이유를 정확히 파악해야 한다. 외식업종은 인건비가 매출액의 약 20%를 차지하므로 종업원 수가 많을수록 매출액이 높다고 보면 된다.

외식업종의 경쟁점을 조사하는 데 있어 눈여겨 봐야 할 점은 그 음식점을 찾는 고객층이다. 주 고객층에 대한 분석이 선행되어야 점포의 컨셉을 세우고 강점과 약점도 비교할 수 있다. 음식 맛이나 서비스에 초점을 맞추어 경쟁점을 조사하는 경우가 많은데 이는 오류를 범할 가능성이 높다.

조사해야 할 항목은 다음과 같다.

- 이용하는 주 고객의 세대층
- 후보점과의 위치 및 거리
- 영업시간, 종업원 수
- 취급 음식의 수, 주력 아이템
- 매장 평수 및 점포가 위치한 층
- 판매 가격, 매출 규모
- 주문부터 음식이 나오기까지의 소요 시간
- 반찬 종류, 음식 맛
- 피크시간대에 일하는 종업원 수
- 고객을 대하는 종업원의 말씨와 복장
- 사장의 말씨와 복장
- 실외 및 실내 인테리어

서비스업종의 경쟁점 조사

소매업종과 외식업종은 취급하고 있는 상품이 눈에 보이기 때문에 어느 정도 객관적 평가가 가능하지만 서비스업종은 서비스의 질을 눈으로 판단하기 어렵다. 따라서 서비스업종은 경쟁점을 조사할 때 기술이 필요하다.

서비스업종은 서비스를 받고 난 고객이 이전의 서비스 경험과 비교해 평가를 내리기 때문에 고객마다 평가가 달라지는 경향이 있다. 예를 들어 피부관리를 처음 받는 고객과 여러 점포에서 피부관리를 받아본 고객의 평가는 다를 수밖에 없다.

이러한 문제를 해결하기 위해서는 제공하는 서비스 수준을 종업원의 기술보다는 장비 등 객관적인 측면에서 분석해야 한다. 외국계 화장품 회사의 피부관리 시스템을 보면, 컴퓨터와 각종 첨단 장비를 활용해 서비스를 객관화시켜 나가고 있다. 즉 종업원이 초보자이건 숙련자이건 상관 없이 매뉴얼대로 적정 장비를 사용하면 일정 수준의 서비스를 제공할 수 있도록 만드는 것이다.

따라서 서비스업종의 경쟁점을 조사할 때 가장 중요한 것은 경쟁점의 서비스 객관화 정도다. 서비스를 객관화시키는 수단으로는 각종 장비, 컴퓨터 프로그램 등이 있다. 경쟁점 조사시 조사자가 초보자라면 해당 업종 전문가의 조언을 받을 필요가 있다.

조사해야 할 항목은 다음과 같다.

- 위치 및 거리
- 영업시간, 단골고객 수, 종업원 수
- 서비스의 객관화 정도

- 매장 평수 및 점포가 위치한 층
- 서비스 가격, 매출 규모
- 실내 인테리어

벤치마킹은 매출액을 추정하는 가장 좋은 방법

상권조사의 중요한 목적은 매출을 예측하는 것이다. 하지만 참고할 만한 자료가 없는 상황이라면 어떻게 해야 할까?

가장 정확하고 손쉬운 방법은 먼저 시작한 동종업종의 점포를 찾아 후보점을 조사하는 방법과 동일한 방법으로 관련 자료를 모아 조사 결과를 비교하는 것이다. 벤치마킹할 점포를 선정할 때 가장 중요한 것은 유사한 입지의 점포여야 한다는 점이다. 동종업종이라 하더라도 대형 아파트단지를 배후지로 가진 근린 상가에 입주한 점포와 오피스가에 입주한 점포는 고객층, 주력 영업시간대, 요일별 매출이 크게 다르다.

후보점이 주거지형 입지인지, 오피스형 입지인지, 역세권형 입지인지 여부를 판단한 뒤 유사한 입지에 자리잡은 동종업종의 점포를 벤치마킹 대상 점포로 선정해야 매출 예측의 오차를 줄일 수 있다.

벤치마킹 대상 점포를 찾았으면 후보점에 대한 상권조사 방법과 동일한 방법으로 벤치마킹 대상 점포에 대한 상권조사를 실시한다. 예를 들면 후보점의 각 구획별로 후보점으로 향하는 통과율 조사를 하지 않고 유동인구 흐름만 분석했거나 후보점의 주동선상의 유동인구만 조사했다면 벤치마킹 점포를 조사할 때도 동일한 방법으로 조사해야 한다. 조사 방법이 달라지면 후보점과 벤치마킹 대상 점포의 조사 결과를 비교할 때 어느 한 쪽의 기준에 맞추어 조정해야 하므로 오차가 발생한다.

벤치마킹 점포에 대한 상권조사

굳이 벤치마킹 대상 점포에 대한 상권조사까지 해야 하는지 의문을 가질 수도 있다. 하지만 벤치마킹 대상 점포에 대한 상권을 조사하지 않으면 상권 구성상의 차이를 알 수 없다.

예를 들어 후보점은 상권 내 배후지에 근무하는 사람과 주거하는 사람의 수가 4,000명이고, 벤치마킹 대상 점포는 5,000명이라면 후

후보점과 벤치마킹 대상점과의 상권 비교			
		후보점	벤치마킹 대상점
상권 규모	주거	633세대	636세대
	빌딩	5~6층 20개동	4~7층 17개동
배후지 구성	주거	40%	44%
	오피스/상가	40%	36%
주거 형태(15평 미만)		46%	47%
유동인구		578명	667명
1구획 통과율		42%	41%
반경 200m 내 경쟁점 수		2개점	1개점
점포 면적		22평	26평
매출예측		• 벤치마킹 대상점 대비 구획 1의 유동인구 및 오피스 구성비가 높아 동일한 수준 예상	• 하루 평균 고객 수 : 530명 • 하루 평균 객단가 : 2,200원 • 하루 평균 매출액 : 116만 6,000원

보점의 매출은 벤치마킹 대상 점포의 매출보다 25% 정도 낮을 것으로 추정할 수 있다. 하지만 벤치마킹 대상 점포의 통과율은 30%이고 후보점의 통과율이 40%라면 비슷한 매출 규모를 보일 수 있어 상당한 오차가 발생한다.

또한 벤치마킹 대상 점포에 대한 상권조사를 통해 주 고객층을 파악할 수 있으며, 주 고객층의 특성에 따라 인테리어나 진열방식, 서비스 등을 차별화할 수 있다. 벤치마킹 대상 점포를 이용하는 고객 중 몇 명을 인터뷰하거나 뒤따라가 고객이 어디서부터 오는지 조사함으로써 상권 범위를 파악할 수도 있다.

영업과 관련해서는 하루 판매율이 높은 시간대와 판매율이 낮은 시간대, 평일과 주말의 매출 특성 등을 확인할 수 있다. 더 구체적으로 들어가 아르바이트의 고용 시간, 청소 및 작업 시간, 납품시간대 등 후보점 경영 전반에 대한 조사 결과를 반영해서 비교할 수 있다.

고객 수를 정확하게 추정하는 법

매출액은 고객 수에 객단가를 곱한 값이다. 입지에 따라 매출액의 차이가 나는 근본적인 원인은 고객 수가 다르기 때문이므로 고객 수를 정확하게 추정하는 것이 관건이다.

지금까지 상권조사를 통해 얻은 기초 자료를 바탕으로 매출을 예측하는 방법에 대해 살펴보기로 한다.

먼저 수집된 각종 자료를 아래와 같이 한 장의 표에 정리한다. 후보점의 전체인구는 2,000명이며, 전 구획의 주동선상에서 후보점으로 향하는 통과율 28.9%이며, 이를 감안한 유효인구는 578명이다. 전체 유동인구에는 배후지 인구의 유효인구가 포함된다.

이때 주의할 것은 매 시간 15분이나 30분 단위로 유동인구를 조사했다면 이를 전체 영업시간으로 환산해서 유동인구를 추정해야 한다는 사실이다. 예를 들어, 2시간 간격으로 15분간 조사했을 때 유동인구가 800명이었다면 이를 전체 영업시간으로 환산할 경우 800×8(15분을 120분으로 환산)=6,400명 정도가 된다.

구 분			후보점	벤치마킹 대상점1	벤치마킹 대상점2
배후지 인구	소득수준(월)		300만 원	250만 원	280만 원
	전체인구	구획 1	700명	700명	750명
		전 구획	2,000명	2,200명	2,400명
	통과율	구획 2	42.0%	41.0%	41.0%
		전 구획	28.9%	30.3%	31.0%
	유동인구	구획1	294명	287명	307.5명
		전 구획	578명	666.6명	744명
유동인구	전체 인원		578명	667명	744명
	남자 구성비		50%	55%	55%
	타깃고객 구성비		42%	60%	61%

매출액을 예측할 때 계절지수를 반영해야 한다

기온이 올라감에 따라 유동인구가 늘어나기 때문에 계절성 상품을 제외한 대다수 업종에서는 겨울보다 여름에 매출이 늘어난다. 소매업종의 경우, 연간 월평균 매출액지수를 100으로 보았을 때 겨울은 90, 여름은 110, 봄과 가을은 100 정도다. 겨울에 유동인구를 추정해 매출을 예측했다면 연간으로 환산할 때 해당 월의 매출액지수를 기준으로 연간 매출을 추정해야 한다.

						소매업의 월평균 매출액 지수					
1월	2월	3월	4월	5월	6월	7월	8월	9월	10월	11월	12월
91	95	95	98	102	103	106	109	108	100	95	98

외식업종은 기온에 따라 선호하는 음식의 종류가 달라져 소매업보다 지수 편차가 크게 나타난다. 연간 월평균 매출액지수를 100으로 보았을 때 겨울 80, 여름 120, 봄과 가을은 100으로 보면 된다. 특히 계절성 외식업종의 경우 성수기와 비수기의 매출 편차는 60% 이상이다. 여름형 외식업종으로는 냉면, 콩국수 등이 있으며, 겨울형 외식업종으로는 오뎅, 탕류 등이 있다. 외식업종의 매출을 추정할 때에는 해당 업종의 계절적 요인을 반드시 파악해서 반영해야 한다.

서비스업종은 야외형을 제외하면 소매업과 유사한 계절적 경향을 보인다. 연간 월평균 매출액지수를 100으로 보았을 때 겨울 90, 여름 110, 봄과 가을 100 정도다.

입지유형별로는 대학가에 위치한 점포의 경우 방학 기간 동안 매출이 25~30% 감소하기 때문에 이를 고려해 연간 매출을 추정해야 한다. 학원가에 위치한 점포의 경우에는 대입수능시험이 끝난 후 매출이 60% 이상 감소하기도 한다는 사실을 명심하자.

5장

업종선택 노하우

업종별 시장 현황

〈리테일 매거진〉 2005년 1월호에 의하면 2004년 12월 말 현재 전국적으로 백화점 수는 95개, 대형할인점 수는 273개로, 백화점과 대형할인점을 합하면 모두 368개다. 2005년 말에는 400개를 넘어설 것으로 전망된다.

2004년의 백화점과 대형할인점 수를 합하면 인구 13만 명당 1개꼴이다. 백화점 한 곳의 최소 고객은 15만 명이므로 지금은 적정 수준을 넘어선 것이다. 백화점은 1998년 124개를 정점으로 개점과 폐점이 진행되어 2004년 말 현재 1998년에 비해 25% 정도가 줄었다.

대형할인점업계는 이마트를 선두로 2005년에도 공격적으로 신규 출점을 하고 있다. 미국 월마트 사례에서 알 수 있듯 지구상권 내에 대형할인점이 들어서면 큰 변화가 일어난다. 특히 재래시장과 중소 슈퍼마켓을 비롯한 소매업계는 매출 감소 등 직접적인 영향을 받는다.

편의점업계도 비슷한 상황이다. 훼미리마트를 비롯한 상위 5개 프랜차이즈 사업자는 2004년 12월 말 전국적으로 7,600개를 넘어섰다. 인구 6,300명당 1개꼴이지만 소형 프랜차이즈 사업자와 개인 편의점까지 합하면 인구 5,000명당 1개를 넘어선 것으로 볼 수 있다. 더욱이 편의점의 경우 도시에 집중적으로 진출해 있으므로 도시 지역은 편의점 한 곳의 최소 고객이 5,000명도 되지 않는다고 봐야 한다.

이러한 여파로 프랜차이즈 업계 1위를 달리고 있는 훼미리마트의 경우 2004년 하루 평균 매출은 176만 원으로 전년 대비 3.6% 감소했고, 신규 점포의 하루 평균 매출은 172만 원으로 전년 대비 5.2% 감소했다.

외식업 현황을 보면 다음과 같다. 통계청 자료에 따르면 우리나라의 음식점업소는 2003년 말 59만 5,000개이고, 총 매출액은 연간 약 40조 원으로 한 업소당 연간 매출은 평균 6,800만 원 수준이다. 이 가운데 4인 이하가 운영하는 음식업소는 55만 4,000개 정도이고, 연간 매출액은 29조 9,000억 원 정도다. 따라서 4인 이하로 운영되는 한 업소당 평균 매출액은 연간 5,400만 원 정도다. 소형 음식업소의 절반 정도는 생계유지에 급급한 수준이라 할 수 있다.

우리나라 총 인구를 4,800만 명이라 했을 때 국민 87명당 1개의 음식업소가 있는 꼴이다. 한 가구당 가족 수를 3명이라 했을 때 이를 다시 가구 수로 환산하면 약 29가구에 1개 음식업소가 있는 것이다.

얼마 전 전국의 음식업소 경영주들이 여의도에 모여 밥솥을 태우는 집회를 가졌다. 이는 음식업소가 이미 포화 상태를 넘어 연간 10만 개의 음식점이 주인이 바뀌거나 문을 닫는 현실을 그대로 반영하고 있다.

불황이 닥치면 시장에서는 생계형이 가장 먼저 영향을 받는다. 임대료 등 고정비를 부담하기 어려울 정도로 경쟁력이 약한 업소부터 시장을 떠나며, 상권별로 보면 상권이 튼튼하지 못하거나 목이 좋지 않은 상가부터 빈 점포가 기하급수적으로 늘게 된다. 상가 내에 빈 점포가 늘면 집객력이 그만큼 떨어지고 입점하려는 점포도 줄어드는 악순환이 되풀이된다. 따라서 불황일수록 좋은 목이 중요하다.

서비스업은 소득수준 변화에 큰 영향을 받으며 세대간의 기호차가 뚜렷이 구별된다. 2000년 이후 1인당 국민소득은 1만 달러 수준에서 제자리걸음을 하고 있으며, 신규 서비스업종이 시장에 진입했으나 자체적인 노하우가 부족하여 느린 성장세를 보이거나 정체되는 현상을 보이고 있다. 불황기에 접어들면 가계지출 가운데 가장 먼저 서비스 관련 지출을 줄인다. 그만큼 서비스업종은 경기의 영향을 크게 받는다.

서비스업종은 목적에 따라 크게 생활밀착형 근린 서비스, 레저 여가 관련 서비스, 교육문화 관련 서비스, 건강 관련 서비스로 구분할 수 있다. 생활밀착형 근린 서비스업의 경우 DVD, 간식, 비디오테이프, 아동도서 등 주문배달형 아이템을 중심으로 시장진입을 시도하고 있다. 또한 욕실 리폼 서비스업이나 화장실 위생처리 서비스업과 같은 클린 비즈니스도 무점포 소자본 창업자를 대상으로 성장하고 있다.

교육문화 관련 서비스업에서는 대형화, 프랜차이즈화 바람을 타고 유아, 초등학생, 중·고등학생, 성인을 대상으로 한 자기계발형 서비스가 확대되고 있다. 이에 따라 소규모 독립형 사업자들은 어려움을 겪어 문을 닫는 학원이 늘어나는 등 시장 재편이 활발히 진행되고 있다.

레저 여가 관련 서비스업은 당초 주 5일 근무제의 영향으로 인해 여행 관련 사업이나 맞벌이 부부를 위한 베이비시터 사업이 성장할 것으로 예상됐다. 그러나 장기 불황으로 인해 미래에 대한 불확실성이 높아져 이러한 사업 역시 침체 상태를 벗어나지 못하고 있다. 하지만 불황임에도 건강에 대한 관심은 더욱 높아져 건강 관련 서비스업은 피부관리, 다이어트 등 선진국형 사업이 인기를 끌고 있으며, 소비의 주역도 30대로 바뀌고 있다.

업종의 종류와 선택 포인트

사회가 다양화되면서 기존에 없던 업종이 새로 생기고, 있던 업종은 사라지고 있다. 10여 년 전만 해도 창업을 준비하는 사람은 좋은 목에 자리만 잡으면 업종선택에는 큰 고민을 하지 않아도 됐다. 그러나 지금은 상권 관련 정보를 제공하는 잡지를 기준으로 볼 때 주요 상권에 자리잡고 있는 업종만 해도 외식업 37개, 소매업 44개, 서비스업 31개 등 모두 112개 업종으로, 업종이 나날이 세분화되고 있으며, 앞으로 그 수는 더 늘어날 전망이다. 131쪽의 표는 업종의 종류를 나타낸 것이다. 이들 업종 가운데 자신과 어울리는 업종이 있는지 살펴보는 것이 업종선택의 첫걸음이다.

대다수의 업종에서 공급과잉 현상이 나타나고 있지만 지속적인 구조조정의 영향으로 창업을 원하는 사람은 계속 늘어나고 있다. 이로 인해 경쟁은 더욱 치열해져 어느 때보다 시장성 있는 업종을 판단하기 어려운 상황이다. 게다가 소매업, 외식업, 서비스업 모두 라이프 사이클이 짧아지고 있어 업종선택의 어려움을 가중시키고 있다.

특별히 준비해 온 업종이 없다면 다음의 업종표를 참조해 자신이 남들보다 잘할 수 있는 업종을 골라 그 업종에 관해 본격적으로 연구하는 것도 업종선택의 한 방법이다. 하지만 딱히 자신의 적성에 맞고 재미있게 할 수 있는 일을 찾기 어렵다거나, 특별히 남들보다 잘할 수 있는 일이 없다면 소매업이나 서비스업을 선택해야 한다. 소매업종은 경영주가 특별한 기술이 없어도 창업이 가능하다. 부지런하고 재고 조사를 잘하고 팔리는 대로 물건을 보충하는 능력만 있으면 된다. 소매업종 가운데도 패션용품과 액세서리 같은 업종의 경우 상품

업종의 종류(가나다 순)								
외식업(37개 업종)			소매유통업(44개 업종)			서비스업(31개 업종)		
갈비집	보리밥집	전통찻집	가구점	수입상품점	인삼점	거울유리집	사진관	전당포
꼬치전문점	보신탕집	제과점	가방점	슈퍼마켓	인테리어점	골프연습장	설비사	전파사
낙지전문점	부대찌개집	족발집	건강원	식품점	자동차대리점	기원	세탁소	점집
냉면집	분식집	주점	건어물상	신발점	정육점	노래방	수선집	책대여점
다방	삼계탕집	중화요리점	골프용품점	쌀집	지물포	당구장	여관	철학원
단란주점	소주방	추어탕집	금은방	아동복점	철물점	목욕탕	열쇠집	출판사
대구탕집	순두부집	치킨집	기름집	액세서리점	청과물상	미용실	오락실	카센타
도시락집	실내포장마차	칼국수집	꽃집	안경점	침구점	방앗간	의원	피부관리실
돈까스집	아이스크림점	커피전문점	남성의류점	야채상	컴퓨터판매점	부동산중개업	이동통신대리점	학원
디너레스토랑	양주전문점	패밀리레스토랑	도자기점	야쿠르트대리점	약국	비디오대여점	인쇄복사집	한의원
떡볶이집	오리고기점	피자집	떡집	약국	양복집			PC방
	일식집	한식당	문구점	양복집	오토바이대리점			
		호프점	생선가게	오토바이대리점	약국			
		횟집	생활용품점	유아용품점	유아용품점			
			속옷점		의료기기점			

에 대한 감각을 필요로 하기 때문에 실패할 위험이 높다. 따라서 유행을 타지 않는 생활용품과 아동용품을 선택해야 한다.

서비스업종 가운데서는 사람의 능력에 의존하기보다 기계나 장비에 의존하는 업종을 선택한다. 서비스 품질이 객관화되어 있어 초보자이건 숙련자이건 서비스 품질에 큰 차이가 나지 않는 업종을 선택하면 된다. 피부관리실과 PC방같이 장비와 컴퓨터 프로그램을 활용한 업종이 좋다.

업종을 선택한 후에는 그 업종에 대해 전문적으로 연구를 해야 한다. 그런 후에야 창업이 가능하다는 사실을 명심해야 한다. 한편 소매업과 서비스업은 업종의 특성상 경쟁점을 피해야 하기 때문에 목을 잡는 데도 많은 공을 들여야 한다.

소매업 트렌드 분석

2004년 7~8월 AC닐슨 코리아가 소비재 시장을 분석한 자료를 보면 우리나라 소비재 시장의 트렌드를 알 수 있다. 구매액을 기준으로 고추장, 라면, 음료수, 맥주, 화장품 등 주요 60개 소비재 품목에 대해 주로 어디에서 구매하는지 조사한 결과, 대형할인점이 32.7%, 대형 슈퍼마켓이 19.2%, 방문 판매가 17.1%, 농수협이 7.2%, 소형 슈퍼마켓이 6.6%로 각각 나타났다.

낮은 가격을 주무기로 하는 대형할인점과 대형 슈퍼마켓이 전체의 52%를 차지했으며, 백화점은 불과 2.3%를 차지하는 데 그쳤다. 이러한 추세를 반영하듯 국내 대형할인점 수는 2000년 163개, 2001년 198개, 2002년 232개, 2003년 257개, 2004년 말 273개로 꾸준한 증가세를 보이고 있다.

이왕이면 가격이 낮은 대형할인점을 이용하려는 고객의 비중이 계속해서 높아지고 있음을 반증한다. 이는 불황 때문에 찾아온 일시적인 현상이라기보다는 소비자가 가격 비교를 통해 합리적 구매를 하는 추세로 바뀌고 있는 것으로 해석해야 한다.

외식업종에서도 자장면 한 그릇에 1,000원, 삼겹살 1인분에 2,500원인 가격파괴형 점포가 성업 중이다. 이처럼 가격대비 품질을 비교해 가장 가치가 높은 곳을 찾는 것은 상품의 가격이 고가이든 저가이든 관계없이 나타나는 현상이다. 소비자는 자신이 지불하는 돈에 해당하는 가치를 느끼고자 하는 것이다. 명품시장에서는 가격이 비싸더라도 자신의 개성에 맞는 제품은 잘 팔리고, 가격이 싸더라도 자신의 개성에 맞지 않으면 안 팔리는 현상이 뚜렷이 나타나고 있다.

2000년 이후 국내 소매업시장은 큰 변화를 겪었다. IMF 이후의 회복세에 힘입어 다양한 업종이 등장했으며, 특히 각 분야에서 특정 품목만을 다루는 카테고리 킬러들이 등장해 시장을 주도했다. 2001년부터 의류 할인 전문점, 아동복 할인 전문점, 사무용품 할인점, 속옷 할인점, 신발 할인점 등 특정 카테고리를 전문으로 한 가격소구형의 카테고리 킬러들이 대거 등장했다.

화장품 전문 카테고리 킬러인 미샤와 더페이스샵은 선풍적인 인기를 끌며 급성장했다. 생활용품 전문 카테고리 킬러인 다이소는 일본에서 성공한 경험을 바탕으로 1,000원과 2,000원대 생활용품으로 국내시장에 확산되고 있다.

이러한 전문 카테고리 킬러들이 국내시장에서 성공할 수 있었던 가장 큰 이유는 품질이 떨어지지 않으면서도 가격이 저렴하기 때문이다.

두번째 이유는 인터넷 쇼핑몰이 급성장했기 때문이다. 최근 초기투자비용이 적다는 장점과 불안한 경기 상황, 단축되는 업종의 라이프사이클 때문에 인터넷 쇼핑몰 창업이 붐을 일으켰다. 기존 오프라인 시장에 비해 30~40% 정도 저렴한 가격에 화장품을 공급해 소비자들에게 폭발적인 인기를 끌면서 유사 쇼핑몰이 늘어났고, 옥션과 인터파크 등 인터넷 쇼핑몰업체에서 취급하는 상품이 과일, 생선, 육류, PC, 핸드폰 등 거의 모든 상품으로 확대되면서 소비자를 끌어 모으는 역할을 했다. 제조업체 입장에서는 동일한 상품을 5~6개 이상의 쇼핑몰에 올려 소비자에게 상품을 알리고 소구할 수 있는 방법을 찾아야 하는 등 경쟁이 치열해지고 있다.

세번째 이유는 여성 창업자의 수가 늘어나면서 소자본으로 창업해 품질이 좋은 제품을 중저가로 판매하는 곳이 늘었기 때문이다. 이러한 업체로는 아동복 전문점, 유아용품 전문점, 태교 및 출산용품 전문점 등이 있다. 또한 20~30대 여성을 타깃으로 한 패션 주얼리 전문점과 신세대를 겨냥한 중저가 브랜드의 속옷 전문점도 창업에 성공한 경우다.

소매업 트렌드 2 _ **웰빙**

불황기로 접어들고 그 기간이 길어질수록 건강과 환경에 대한 관심은 높아진다. 의식주 전반에 걸쳐 건강 상품과 환경친화적 상품이 쏟아져 나왔고, 관련 소매업종도 나타났다. 광우병, 조류독감 등의 영향으로 각종 질병으로부터 안전한 유기농 식품에 대한 관심도 높아져 유기농 식품만을 전문적으로 취급하는 소매점이 프랜차이즈 형태로 점포를 늘려가고 있다. 또한 환경친화적 화장품, 천연 소재의 비누 전문점, 유기농 소재를 활용한 화장품 등 다양한 형태의 상품을 전문적으로 취급하는 프랜차이즈 형태의 화장품 소매점들도 소개됐다. 이러한 업종은 전문적인 지식이 없어도 천연 소재나 유기농에 대한 기본 관심과 지식만 있으면 비교적 쉽게 창업할 수 있는 분야다.

또한 새집증후군을 비롯해 유해 환경으로 인한 피해 사례가 매스컴을 통해 알려지면서 유해물질 차단 제품, 각종 항균 제품, 천연 허브향 상품 등이 등장하고 있다. 미국이나 일본의 경우 대형 슈퍼마켓이나 약국에서 건강 관련 용품을 동시에 취급하는 드럭 스토어(Drug store)를 많이 볼 수 있다. 우리나라는 법적 제한으로 인해 미국과 일본 같은 형태의 점포는 나타나기 어렵지만, 약국과 나란히 또는 숍 인 숍의 개념으로 약국과 미용건강 관련 용품 점포를 동시에 출점할 수 있다.

소매업에서는 입지 다음으로 중요한 것이 상품 구성으로, 건강과 미용, 친환경 상품까지 종류별로 다양하게 갖추는 것이 중요하다. 그리고 고객이 상품의 효능이나 사용법을 잘 알지 못하는 경우에 대비해 상품 설명 안내서를 비치하거나 사용 방법을 시연하는 등의 방식으로 단골고객을 확보해 나가야 한다.

소매업 트렌드 3 _ 멀티 스포츠 숍

주 5일 근무제가 확산되면서 레저 스포츠 분야는 유망 사업 분야로 꼽혔다. 그 중에서도 인기를 얻고 있는 등산, 스키, 스노보드, 인라인 등과 관련된 스포츠 레저용품을 판매하는 멀티 스포츠 숍의 성장이 예측됐다. 스키와 인라인이 급속하게 확산된 것은 레저 스포츠 분야가 서구화되어가는 현상이라고 볼 수 있다. 미국과 일본에서는 대형 멀티 스포츠용품 전문점이 쇼핑몰 내에 진출해 있다. 이는 국내에서도 잠재 수요가 큰 유망 창업 분야로 전망된다. 다만 대부분 구매빈도가 아주 낮은 상품이기 때문에 신규고객을 확보할 수 있는 방법을 강구하지 않으면 안 된다.

급속도로 진행되는 고령화 사회의 여파로 실버용품을 취급하는 전문
점도 유망 사업 분야로 거론되어 왔다. 몸이 불편한 노인을 위한 휠
체어나 전동스쿠터를 비롯해 침대, 목욕용품, 배변용품, 청각 시각
관련 용품, 보행 보조 기구 등 노인들의 생활에 필요한 상품을 취급
한다는 점에서 유망하다. 우리보다 앞서 고령화 사회가 진행된 일본
의 경우 실버산업이 계속 성장 중이며, 실버용품 전문 매장이 백화점
내에 입점해 있다.

실버용품 소매점은 노인들이 직접 쇼핑하러 나오기 어렵다는 점을
어떻게 극복하느냐가 중요한 마케팅 포인트다. 따라서 전화주문 카
달로그를 배부하는 등 다양한 형태의 주문배달 방식을 개발해야 한
다. 또한 상권을 조사할 때 노인층의 유동인구는 잘 파악할 수 없다
는 점과 대부분 어려운 환경에서 자라 보수적인 구매 성향을 가진 노
인층을 대상으로 한다는 점을 염두에 두어야 한다.

외식업 트렌드 분석

창업자를 대상으로 한 설문조사 결과를 보면 40~50%가 외식업종과
관련된 창업을 생각하는 있는 것으로 나타났다. 이는 다른 업종에 비
해 외식업종이 특별한 기술이나 노하우, 운영상의 어려움이 없을 것
으로 판단하기 때문이다. 그러나 소매업이나 서비스업에 비해 외식
업은 품질을 규격화하기가 더 어렵고, 주방장의 실력에 의존할 경우
에는 주방장이 바뀔 때마다 맛이 달라질 수 있기 때문에 위험 요소가

더욱 많다는 사실을 염두에 두어야 한다.

무엇보다 중요한 것은 외식시장이 급속히 확대되면서 고객의 기대수준이 무척 높아졌다는 사실이다. 과거에는 식당의 개념이 생리적 욕구를 충족시키기 위한 음식 제공에만 국한됐다면, 지금은 음식이라는 상품뿐만 아니라 매장의 서비스, 분위기, 고객가치를 동시에 만족시켜야 하는 것으로 바뀌었다.

고객들의 기대수준이 높아짐에 따라 일률적인 서비스의 틀을 깨고 맛좋은 음식과 차별화된 서비스, 편안하고 세련된 분위기에서 외식을 즐길 수 있도록 개선해 나가지 않으면 안 된다.

2000년까지는 외식 아이템의 회전 수명이 3~4년 이상으로 긴 편이었으나 2001년 초반에 들어서는 회전 수명이 짧아졌다. 선풍적인 인기를 끌었던 찜닭, 와인삼겹살, 돈가스 전문점 등이 불과 2~3년 사이에 불닭, 낙지수제비 등 신규 메뉴에 자리를 내주었고, 월드컵을 전후해서는 외식 관련 창업 아이템의 회전 수명이 1~2년 정도에 머물고 있다.

우리나라의 경우 기업형 외식업체보다는 생계형 외식업체의 비율이 70%대에 이르기 때문에 서비스나 자금력, 인력, 운영 체계 등에서 경쟁력이 낮다.

우리나라 외식시장의 트렌드를 보면 86년 아시안게임과 88년 올림픽 등 대규모 국제행사를 계기로 급성장했다가, IMF를 기점으로 마이너스 성장을 했다.

1978년 롯데리아가 국내에 처음 문을 연 후 1980년대에는 외국 브랜드가 국내 시장에 진출하면서 국내 외식산업은 햄버거, 피자, 치킨 같은 패스트푸드 중심으로 시스템화·산업화되기 시작했다. 1990년대 들어서는 소득 증가 및 식품 소비 패턴의 다양화에 힘입어 체인 경영 기법을 도입한 패밀리 레스토랑이 급성장했다. 이러한 패밀리 레스토랑의 급성장 배경에는 경제적으로 어려운 환경 아래 자라난 1차 베이비붐 세대에서 풍요한 환경 아래 자라난 2차 베이비붐 세대로 소비 주역이 바뀌면서 이전과 생활 방식이 달라졌기 때문이다. 1차 베이비붐 세대는 허기진 배를 채우기 위한 수단으로 음식의 양을 중요하게 생각한 반면, 2차 베이비붐 세대는 음식의 질뿐만 아니라 분위기와 이미지까지 고려해 패밀리 레스토랑을 선호했다.

실제 국내 외식산업의 중심이 된 패스트푸드점이나 패밀리 레스토랑은 더 이상 진출할 곳이 없을 정도로 전국적으로 포화 상태다. 1위 업체인 롯데리아는 이미 수년 전에 정상에 올라 매출 증대나 점포 확장에 어려움을 겪고 있으며, 이제 내리막길에 들어선 것으로 보는 시각도 있다. 여기에 국내 대기업까지 가세하여 경쟁이 더욱 치열해지고 있는 상황이다.

외식업 트렌드 1 _ 테마 레스토랑

수요자 입장에서 외식시장을 바라본 김태희의 〈외식산업 중장기 발전 방안〉(2003)에 따르면 소비자들은 국내 외식업체가 개선해야 할 사항에 대해 편의 시설 18.3%, 서비스 16.3%, 위생수준 15.7%, 실내외 분위기 11.5% 등으로 꼽아 음식의 질 11.2%보다 앞섰다.

우리나라 소득구조의 양극화 현상이 심화되면서 외식시장도 양극화하는 현상을 보이고 있다. 소득이 높은 계층에서는 소득수준 향상과 서구화의 영향으로 맛 외에 분위기와 인테리어가 음식점을 선택하는 중요한 요인이 됐으며, 먹으면서 즐긴다는 '이터테인먼트

(Eatertainment)' 개념이 추가됐다. 실제로 메뉴와 서비스를 바꾸지 않고 실내 인테리어를 바꾸면 고객들이 변화를 인식하지만, 실내 인테리어는 바꾸지 않고 메뉴와 서비스만 바꾸었을 경우 고객들이 변화를 인식하지 못한다는 실험 결과도 미국에서 나왔다. 특히 고객의 체류시간이 짧은 패스트푸드점은 그 영향이 덜하지만 고객의 체류시간이 2~3시간 이상 되는 디너형 레스토랑의 경우 점포 인테리어가 영업 성공의 주요 요인이다.

미국의 경우 1970년대 초반부터 테마 레스토랑이 등장하기 시작했다. 우리나라의 테마 레스토랑으로는 하드락 카페를 비롯해 열대 무인도를 컨셉으로 하는 카후나빌, 삼성동 코엑스의 딥블루 레스토랑 등이 있다.

테마 레스토랑은 국가 풍습과 문화, 계절과 기후, 건물과 유물, 자연, 우주 등 다양한 컨셉으로 개발되고 있으며, 미국에서 먼저 인기를 끈 후 전 세계 주요 도시로 확산되는 양상을 보이고 있다.

향후 국민소득수준이 2만 달러에 이르고 주 5일 근무제가 제자리를 잡으면 시간적으로 여유롭고 경제적으로 넉넉해진 고객의 이목을 끌 수 있는 테마 레스토랑이 외식시장의 주요한 위치를 점할 것으로 예상된다.

외식업 트렌드 2 _ 웰빙

외식시장의 가장 큰 추세는 웰빙이다. 만두파동처럼 어느 식품에 건강상 유해한 성분이 들어 있다는 보도가 나오면 그 순간부터 그 식품의 판매를 중단해야 할 정도다. 최근에는 광우병, 조류독감, 사스 등의 영향으로 소고기, 닭고기의 소비가 격감하기도 했다. 그만큼 건강을 조금이라도 해치는 음식은 단호히 거부하고, 건강에 도움이 되는 식품은 아무리 비싸더라도 선호하는 경향이 확산되고 있다.

이런 바람을 타고 건강식품 시장이 급신장하면서 롯데, CJ, 동원 F&B, 화장품 회사까지 가세했다. 외식업계에도 와인숙성 삼겹살, 녹차 칼국수, 마늘 피자에다 허브, 솔잎 등 각종 기능성 소재를 활용한 새로운 메뉴가 선보이며 인기를 끌고 있다. 또한 천연과일 주스 전문점, 사찰요리 전문점, 콩요리 전문점, 오리요리 전문점, 황태요리 전문점 등도 점포 수가 급속히 늘면서 웬만한 지구의 중심상권에서는 이들 점포를 볼 수 있다. 최근에는 죽 전문점도 웰빙 바람을 타고 점포 수가 늘고 있는 추세다.

웰빙 바람은 제과점, 패스트푸드점, 패밀리 레스토랑, 전통 한식점, 고깃집, 아이스크림점, 과일 전문점 등 외식업계 전반에 걸쳐 메뉴 판도를 바꿀 정도로 영향을 미쳤다. 이러한 현상은 생산지 관리에까지 영향을 미쳐 한방사료를 먹인 명품 소고기, 돼지고기, 닭고기 등이 곧 나타날 전망이다.

앞으로도 웰빙 마케팅 전략은 외식업계에서 가장 중요한 메뉴 개발 전략으로 작용할 것으로 전망되며, 웰빙 컨셉을 활용해 청정 식품이나 무공해 유기 농산물 등을 활용한 제품은 다소 단가가 높더라도 고객의 호응을 얻을 가능성이 클 것으로 보인다. 그러나 일시적인 붐에 편승한 반짝 현상으로 그치지 않기 위해서는 자체적인 식품 품질 관리 능력이 중요하다.

외식업 트렌드 3 _ 자극적인 맛과 저가형 메뉴

불경기에 잘 팔리는 메뉴는 두 가지다. 맛이 자극적인 메뉴와 저가형의 메뉴다. 호경기일 때는 삶이 여유로워 깊고 은은한 맛이나 순한 맛을 선호하지만, 불경기일 때는 사회적인 스트레스가 증가하여 사람들 성격이 호전적으로 바뀌기 때문에 맵고 자극적인 음식을 선호하게 된다. 최근 불경기 속에서도 잘 되는 음식점을 보면 불닭, 고추장 삼겹살, 낚지 볶음 등 매운 맛을 강조하는 식당들 일색이다. 맵다고 연신 입을 불면서도 줄을 서서 기다렸다가 먹을 정도로 많은 사람들이 찾는다. 라면 전문점도 매운 맛을 강조하고, 심지어 오뎅 집에서도 빨게 오뎅 메뉴를 개발해 큰 호응을 얻었다. 고깃집에서도 겨자와 식초로 자극적인 맛을 가미시킨다.

저가 소구형 메뉴는 1,500~2,500원 수준이던 김밥을 한 김밥체인점에서 한 줄에 1,000원이라는 저가 전략과 24시간 영업을 주무기로 단기간에 전국적인 체인망을 형성한 사례가 대표적이다. 또한 대학가의 한 햄버거 가게에서는 1,000원대 햄버거와 토스트를 선보여 선풍적인 인기를 끌었으며, 아파트 상가의 중국집이 1,000원대 자장면과 만두 메뉴를 개발해 성공한 사례가 매스컴에 알려지기도 했다.

여기에 대학가와 연신내, 노원 등 유명 상권 내 삼겹살 전문점이 1인분에 2,500원대라는 파격적인 가격을 선보여 주위 삼겹살 집과 치열한 가격경쟁에 돌입하는 사태도 발생했다. 이처럼 저가격 메뉴들은 위축된 소비자들의 지갑을 여는 데는 성공했지만 시간이 지나면서 주위 식당들과의 가격경쟁에 빠졌고, 그 결과 고객 확보에 어려움을 겪기도 한다.

프랜차이즈냐, 단독 창업이냐?

프랜차이즈 시스템은 사업실패율이 낮고 경험이 없어도 사업을 시작할 수 있다는 장점을 지니고 있기 때문에 프랜차이즈의 형태로 창업을 하려는 사람이 많다. 실제 아무런 경험 없이 외식사업을 할 경우 프랜차이즈 형태로 창업하는 것이 바람직하다.

이때 믿을 만한 가맹본부를 고르는 가장 확실한 방법은 서류상의 재무구조나 본부 인력구조보다 기존의 프랜차이즈 점주를 직접 만나 인간적으로 대화해 보는 것이다. 가능하면 해당 분야에서 1위인 프랜차이즈의 점주를 몇 명 만나 보면 장사가 잘 되는 프랜차이즈 점주와 장사가 잘 되지 않는 점주의 반응이 다르다는 것을 알 수 있다. 가능하면 개점한 지 3개월이 지나고 6개월 이내인 프랜차이즈 점주를 만나는 것이 좋다. 3개월 정도 지나면 어느 정도 점포 운영에 익숙해지고 나름대로 본부에 비판적 시각을 갖기 때문이다.

프랜차이즈 창업을 할 때 신중히 고려해야 할 상황은 다음과 같다.

첫번째, 프랜차이즈 본부에 대한 평이 나쁠 때다. 잘 되는 프랜차이즈 점주와 못 되는 프랜차이즈 점주 모두 가맹본부에 대해 나쁘게 평을 하면 일단 프랜차이즈 계약을 접어야 한다. 가맹본부가 프랜차이즈 모집에만 열을 올리고 기존 프랜차이즈들은 신경 쓰지 않는 경우가 대부분이기 때문이다.

두번째, 잘 되는 프랜차이즈 점주는 가맹본부에 우호적이고 안 되는 프랜차이즈 점주는 가맹본부에 불만을 표시할 때다. 안 되는 프랜차이즈 점주가 불만을 갖는 원인은 점포입지가 나쁜 곳이기 때문인 경우가 많다. 가맹본부에서 상권조사를 할 때 괜찮은 자리라고 했는데 개점하고 난 후 영업실적이 저조한 것이다. 이럴 경우를 위해 가맹계약을 맺더라도 상권조사는 직접 참여해 눈으로 확인해야 한다.

세번째, 가맹본부에 대한 기대치가 별로 높지 않고 평도 모호할 때다. 이럴 경우는 경쟁력이 약한 프랜차이즈로, 경쟁력이 강한 프랜차이즈의 가맹점이 들어오면 위협을 당할 수 있다.

서비스업 트렌드 분석

서비스업은 세대간의 기호 차가 분명하고 시장의 주역이 10~20대층으로 젊어지면서 소매업이나 외식업에 비해 빠른 변화를 겪고 있다. 또한 산업구조가 고도화되고 서비스산업의 구성비가 증가함에 따라 서비스시장의 구조 역시 복잡하게 변하고 있다. 따라서 서비스업종으로 창업을 하려면 이러한 소비 주역들의 의식구조와 사회변화 양상을 포착하는 능력이 중요하다.

급변하는 대표적인 사회 현상들을 살펴보면, 핸드폰 보급이 확대되고 MP3 등의 기능이 비약적으로 발달함에 따라 일반 레코드 가게가 사라졌다. 디지털 카메라의 보급은 필름산업을 사양산업으로 만들었고, 기존 사진관의 현상 인화 서비스는 디지털 출력 서비스로 대체되었다. 찜질방의 유행은 여관과 모텔 등 숙박업에 큰 영향을 미치고 있으며, 찜질방 내 외식업 등 새로운 형태의 비즈니스를 형성시켰다. 네트워크 게임은 기존의 친구들과 즐기던 게임방 사업을 PC방 사업으로 대체시키는 계기가 됐다.

스포츠에서도 스키와 인라인을 제외한 대다수 종목의 이용자가 계속 줄고 있는 추세다. 취미활동에서도 바둑과 장기와 같이 혼자 하는 취미보다 동호회와 같이 마음 맞는 사람끼리 함께 하는 취미생활로 바뀌고 있다.

교육과 문화 서비스 산업은 초고속 인터넷 망의 확대로 각종 교육 문화 관련 프로그램의 개발 경쟁을 불러일으켰으며, 위성 데이터 서비스 사업을 통해 각종 교육과 문화 콘텐츠가 활성화됨에 따라 중소 학원의 수강생 모집이 어려워졌다. 소매업인 편의점에서는 택배 서비스, 은행 업무 서비스, 야간 감시 서비스 등을 제공하며 소매업에서 서비스업으로 그 영역을 넓혀나가고 있다.

따라서 이와 같은 다양한 변화를 읽어내지 못하고 서비스업에 뛰어드는 것은 매우 위험한 일이다. 창업을 준비하면서 서비스업을 염두에 두고 있다면 서비스업의 트렌드를 잘 파악하고 그 흐름을 타야 성공할 가능성이 높다. 또한 동호회 활성화와 인터넷 매체의 발달로 전세계 대도시의 문화적 격차가 사라지고 있다. 예를 들면 뉴욕이나 파리에서 유행하는 패션은 서울과 동경에서도 거의 동시에 유행한다. 동경 신주쿠에서 유행한 오락게임이 얼마 안 있어 서울에서도 유행하는 등 대도시 사이의 동질화 현상이 나타나고 있는 것이다. 서비스업에 뛰어들고자 하는 창업자는 이 같은 유행에 대한 정보망을 갖춰야 한다.

지금 우리나라 서비스 시장의 트렌드는 크게 네 가지로 나눌 수 있다. 서비스 시장의 주역인 20대와 30대 소비자들의 첫번째 트렌드는 젊음의 상징으로 일컬어지는 디지털 문화를 추구하는 것이다.

두번째 트렌드는 환상과 모험을 추구하는 것이다. 스트레스와 무료함으로부터 탈출하기 위해 흥분과 자극을 찾는다. 또한 자신의 능력범위 안에서 사치를 누림으로써 자기만족을 찾고자 한다.

세번째 트렌드는 자신의 역할을 대신할 수 있는 서비스를 추구하는 것이다. 이는 갈수록 바빠지는 생활 속에서 시간적 압박에 대처하기 위해서다.

네번째 트렌드는 몸과 마음을 모두 건강하게 유지하려는 것이다. 이는 단지 오래 살기 위해서가 아니라 전반적인 삶의 질을 향상시키기 위해서다.

1990년대 서비스업 창업시장을 주도했던 게임방, PC방, 비디오방 등은 동종업체 간의 과당 경쟁과 신규 수요의 감소 등으로 2000년 이후 큰 위기를 맞았다. 그 중 일부 업체는 대형화, 고급화를 추구함으로써 시장의 새로운 강자로 부상했지만 영세사업자들은 시장에서 점차 사라지고 있다.

디지털 노래방은 기존의 노래방과 인터넷의 장점을 결합한 개념이다. 디지털 노래방에서는 마이크와 노래책, 노래방 기계 대신 PC와 모니터, 셋톱박스, 무선 키보드를 사용한다. 또한 인터넷 검색을 통해 곡을 찾으며, 스튜디오, 녹화실 등 특수목적용 룸까지 갖추어 다양한 고객의 요구에 부응하고 있다.

PC방은 기존의 네트워크 게임을 중심으로 한 서비스에 휴게공간의 개념을 합쳤다. 사이버리아, 라이코스 스테이션 TIC와 같은 신개념 PC방은 오락을 즐기면서 편안하게 쉴 수 있는 공간도 제공한다.

기존의 비디오방이 비디오기기를 이용해 영상을 제공했다면, DVD방은 발달된 프로젝션 장비로 고화질과 고음질의 대형 화면을 제공한다.

디지털 사진관은 디지털 카메라와 디지털 캠코더로 촬영한 영상을 다양한 프로그램을 이용해 수정, 보완해 주는 서비스를 제공한다. 액자나 머그잔 등 다양한 형태로 출력까지 가능해 앞으로 활성화될 것으로 기대되는 업종이다.

컴퓨터 A/S 전문점 역시 서비스 트렌드의 하나다. PC 보급률이 TV 보급률을 추월할 정도로 높아졌으나 기존 컴퓨터 판매회사에 대한 가장 큰 불만이 미흡한 A/S라는 점에 착안해 등장한 것이 컴퓨터

A/S 전문점으로, 이곳에서는 출장수리 서비스를 하고 있다. 또한 프린트 판매 대수가 1,500만 대를 돌파하고 잉크, 토너 등의 프린트 소모품 시장이 급성장하자 고가의 잉크 및 토너 카트리지를 클리닝한 후 재충전해 주는 잉크충전방도 생겨났다.

서비스 트렌드 2 _ 여행, 커플매니저, 애완동물

미국과 일본에서는 젊은 층을 겨냥한 환상과 모험이라는 여행 프로그램이 다양하게 개발되어 호황을 누리고 있다. 이 프로그램은 사계절 가능한 해양 스포츠와 겨울 스포츠를 결합한 형식이다.

또한 외국에서는 결혼연령이 높아지고 독신자 수가 늘어남에 따라 커플을 대상으로 한 파티나 독신 남녀를 대상으로 한 이벤트 행사를 개최하는 사업이 큰 호응을 얻고 있다. 우리나라에서도 결혼 알선 회사들이 회원으로 등록한 독신 남녀를 대상으로 다양한 이벤트를 개최해 화제가 되곤 한다. 미국의 TV 프로그램에서는 독신 남녀의 모험과 이벤트를 소재로 한 다큐멘터리 프로그램이 큰 인기를 끌기도 했다.

한편 소득수준이 높아짐에 따라 국내에서도 애완동물의 숫자가 매년 급격히 늘어나고 있다. 애완동물의 평균수명도 연장되어 애완동물 관련 사업은 유망한 사업으로 떠오르고 있다. 그러나 애완동물과 관련한 점포는 아직 크게 증가하지 않았으며, 소비자들도 애완동물 사료와 액세서리 중심으로 구매하고 있는 상황이다. 우리나라에서는 아직 애완동물 산업의 노하우가 풍부하지 못하고 전문인력도 부족하여 산업 기반이 취약한 상태다.

생활편의 서비스는 고객이 원하는 상품을 주문하면 집까지 배달해 주는 주문배달형 서비스와 각종 질병과 유해 환경으로부터 가정을 보호하는 위생청결 서비스 등 두 가지 형태로 발전해가고 있다.

2002년까지 주문배달형 서비스업은 대부분 지역밀착형 형태로, 동네 비디오점이나 도서대여점 등이 전화주문을 받아 집까지 배달해 주는 수준이었으며, 전국적인 망으로 형성된 서비스는 꽃 배달과 선물 이벤트 서비스 정도였다. 하지만 요즘에는 지역에 상관없이 인터넷이나 전화로 주문만 하면 DVD, 비디오테이프, 도서, 간식 등 원하는 품목을 집까지 배달해 준다. 이러한 서비스는 맞벌이 부부 등을 주 고객으로 해 프랜차이즈 형태로 발전하고 있다.

변기, 싱크대, 배수구 등 평소 손질하기 어렵고 귀찮은 시설물을 청소해 주는 서비스 업체는 2000년 초부터 조금씩 생겨나기 시작했다. 2003년부터는 그 영역을 넓혀 욕실의 노후한 타일이나 욕조를 뜯어내지 않고 시공이 가능한 코팅 방식을 이용해 쾌적한 욕실 분위기를 관리해 주는 욕실 리폼 사업이 등장했다. 또한 가정의 주방기기, 테이블, 의자, 카펫 등 세균이 서식하기 쉬운 공간을 항균제로 코팅해 세균을 없애는 동시에 6개월 이상 세균이 발생하지 않도록 하는 항균 코팅사업도 등장했다.

주방, 거실, 냉장고 등의 악취를 제거하거나 화장실에 악취 배출 장치인 바이오 시트를 시공해 가정 환경을 개선해 주는 사업도 등장했다. 새집증후군이 알려지면서 신축 아파트나 가정집에 광촉매를 코팅해 건축물의 오염을 방지하고 유해 물질을 분해해 주는 사업자도 나타났다. 외식업자들을 대상으로 온수만으로 간단하게 불판을 세척해 주는 자동불판 세척업 등 다양한 형태의 위생 청결 관련 사업이 다양한 분야에서 등장했다.

미국과 일본의 경우 위생과 청결, 환경개선 서비스를 제공하는 프랜차이즈 사업이 빠르게 성장하고 있고, 다양한 형태로 사업영역을 확산해 가고 있다.

서비스 트렌드 4 _ 웰빙

몸도 마음도 건강하게 살기 위한 웰빙 열풍은 소매업이나 외식업뿐만 아니라 서비스업에도 많은 변화를 가져와 새로운 선진국형 업종이 선보이고 있다.

경기 불황의 여파로 인건비를 줄이고 그 이익을 고객과 함께 나눠 갖자는 컨셉의 셀프 서비스와 웰빙이 합쳐져 셀프 다이어트방이 생겨났다. 이 밖에 시간 절약과 셀프시스템이 결합한 스피드 헬스센터, 컴퓨터와 디지털 장비를 활용한 셀프 피부관리실 등 건강 관련 서비스업종들이 다수 생겨났다.

2004년 초부터는 5,000원이라는 파격적인 가격으로 피부관리 전문점이 프랜차이즈 형태로 생겨나 여성들의 유망한 창업 아이템으로 부각되고 있다.

또한 목욕 문화의 주류를 이루었던 사우나에 이어 사우나와 각종 편의 시설이 합쳐진 찜질방이라는 종합휴게 공간이 생겨나 하나의 상권을 이룰 정도로 돌풍을 일으켰다.

또 하나의 큰 흐름은 외면적인 웰빙 바람과 함께 내면의 건강함도 동시에 추구하는 현상이다. 요가, 단전호흡, 명상, 단식 등 각종 정신 수양 프로그램이 호응을 얻으면서 마음의 안정과 평화를 찾으려는 소비자들이 늘고 있다. 하지만 수련 단체들이 종교 단체의 성격이 강해 일반인의 참여를 저해하는 요인으로 작용하기도 한다. 최근에는 기업에서 사원 연수프로그램의 일환으로 요가나 단전호흡 전문 강사를 초빙해 교육 내용에 포함시키기도 한다.

대표적인 상권의 비교분석을 통한 업종선택

시장을 분석하거나 트렌드를 파악해 업종을 선택하는 것과 달리 자신의 눈으로 직접 확인하고 발로 현장을 뛰면서 업종을 선택할 수도 있다. 업종에 대한 전문적인 지식이 없을 경우 단기간 내 리스크를 최대한 줄이는 방법이기도 하다.

우리나라에서 상권의 흐름을 리드하는 곳은 명동, 종로, 강남역, 삼성역, 대학로, 신촌 정도라고 보면 된다. 점포 수가 가장 많고 상권의 크기도 가장 큰 여섯 곳의 상권을 발로 뛰면서 눈으로 확인하면 첨단업종, 급성장하는 업종, 사라지는 업종 모두를 한눈에 확인할 수 있다.

이들 상권은 평당 매출액이 가장 높은 상권으로, 매출액이 낮은 업종은 상권 내에서 순식간에 사라진다. 권리금이나 임대료 부담이 커서 매출액이 일정 수준을 유지하지 못하면 계속 운영하기 어렵다.

이들 지역을 실사하는 순서는 다음과 같다.

① 강남과 강북의 해당 상권지도를 입수한 다음 세부 업종별 점포 수와 정보를 비교한다.

② 강남과 강북을 합쳐 업종별로 점포 수가 많은 순으로 정리한다.
상위에 랭크될수록 인기 업종으로 간주한다.

③ 강남에만 있는 업종, 강북에만 있는 업종, 강남이 강세인 업종,
강북이 강세인 업종으로 나누어 4/4분면 도표를 그려 표시한다.

④ 인기 업종 중 어느 한 지역에 없는 업종을 창업 대상 1호 업종
으로 지정한다.

⑤ 강남 지역의 강남역과 삼성역 상권에서 인기 업종과 신규 업종
점포 수를 조사한다.

⑥ 강북 지역의 대학로와 신촌 상권에서 인기 업종과 신규 업종 점
포 수를 조사한다.

⑦ 신규 업종의 각 상권별 점포 수를 표시한다.

⑧ 인기 업종의 각 상권별 점포 수를 표시한다.

⑨ 인기 업종이 강남과 강북의 기타 지구상권에도 있다면 지역밀
착형으로 확산 중이라는 의미로 해석이 가능하므로 출점이 안
된 지역을 선정한다.

⑩ 신규 업종 중 1개 상권에만 존재하는 업종, 2개 상권에 존재하
는 업종, 3개 상권에 존재하는 업종, 4개 상권에 존재하는 업종
으로 분류한다.

⑪ 2개 상권에 존재하는 업종은 시장도입기에 있으면서 1호점의
검증을 거친 것으로 볼 수 있으므로 해당 점포에 대한 매출액과
이익을 추정한다.

⑫ 마지막으로 자신이 남들보다 잘할 수 있고 즐거운 마음으로 할
수 있는지 판단하고 투자 규모, 매출액과 이익, 자본 여력을 고
려해 자신에게 맞는 업종을 선택한다.

미국과 일본의 사례를 고려한 업종선택

창업할 때 업종을 고르는 방법으로는 ① 미국과 일본에는 있으나 국내에 소개되지 않은 업종, ② 국내에 유사 업종이 존재하나 업그레이드해 진출해 볼 만한 업종, ③ 국내 업종 중 성장기에 있는 유망 업종 등을 선택하면 된다. 물론 아주 독창적인 업종으로 시장에 진입할 수도 있으나 이는 신규 사업으로 간주하여 고려 대상에서 제외한다.

미국과 일본에서는 유망 업종인 경우 프랜차이즈화되는 경향이 강하고 확산 속도도 매우 빠른 것이 특징이다. 미국과 일본의 사례를 고려하여 업종을 선택하기 위한 과정은 다음과 같다.

① 미국과 일본의 프랜차이즈 업종에 대해 조사한다.

② 매출액과 점포 수, 점당 매출액을 높은 순으로 정리한다.

③ 매출액과 점포 수를 기준으로 도입기, 성장기, 성숙기, 쇠퇴기로 나눈다.

④ 국내에 관련 업종이 있는지 여부를 조사한다. 해당 업종이 국내에 존재할 경우 국내 시장에서의 도입기, 성장기, 성숙기, 쇠퇴기로 구분해 정리한다.

⑤ 미국과 일본의 점포 수와 국내 점포 수와의 차이가 클수록 유망한 업종으로 본다.

⑥ 미국과 일본의 유망 프랜차이즈 기업에 대한 비즈니스 관련 정보를 수집·분석한다.

⑦ 도입 가능성 여부를 판단한다.

⑧ 미국과 일본의 프랜차이즈 사업은 교육연수 프로그램이 체계적

으로 마련돼 있으므로 가능한 한 현지의 교육연수 프로그램에 참석하는 것이 좋다. 특히 다민족국가인 미국은 언어가 통하지 않을 경우를 대비해 매뉴얼이 대부분 쉽고 간단하게 정리되어 있다.

틈새시장을 노린 업종선택

틈새시장을 노려 진출할 때에는 ① 기존 업종의 약점을 노려 진출하는 방법, ② 상품이나 서비스의 한 부문을 특화하는 방법, ③ 프로세스의 혁신을 통해 진출하는 방법 등이 있다. 이 경우 고객들이 차별화 포인트를 얼마나 인정해 주느냐가 관건이다. 업종에 상관없이 라이프 사이클이 점차 짧아지는 현상이 나타나는 것은 새로운 업종과 틈새시장을 노린 업종이 시장에 지속적으로 진출하면서 기존 시장이 계속 분할되기 때문이다. 예를 들면 오뎅 바의 경우 조리법이 비교적 간단하고 투자비가 적어 2004년 겨울에 서울 시내 거의 모든 상권에 진출했다. 불닭 관련 업종도 기존의 닭요리 음식점에 비해 매운 맛으로 차별화해 성공한 경우다.

틈새시장을 노린 아이템의 한 예로 주먹밥을 들 수 있다. 김밥이 거의 모든 시장을 석권하고 있는 한국형 패스트푸드 시장에 주먹밥이라는 아이템으로 진출한다면 성공할 가능성이 있다. 주먹밥은 보관과 이동이 간편하고 먹기에 편하다는 김밥의 장점을 지니고 있으면서 밥 위에 소스를 추가할 수도 있으므로, 다양한 소스를 개발한다면 김밥보다 경쟁력을 지닐 수 있다.

　이처럼 장점을 특화한 틈새시장 진출은 성공 가능성이 그만큼 높다. 틈새시장을 노려 시장에 진출할 때는 남들이 보지 못한 것을 볼 줄 알아야 하기 때문에 해당 분야에 전문가적인 시각을 가져야 한다. 또한 기존 업종에 대해서도 정확히 알고 있어야 한다.

6장

서울의 상권구성 분석

서울 31개 지구상권의 구성 분석

점포 수를 기준으로 상권을 비교하면 강남역, 대학로, 신촌, 연신내, 신금호 순으로 점포가 많다. 이는 상대적인 상권의 크기를 나타낸다고도 볼 수 있다. 각 지구상권 내 점포 수를 기준으로 상권을 구분하면 500개 이상의 점포 수를 가진 상권이 8개, 400개 이상 500개 미만의 점포 수를 가진 상권이 4개, 300개 이상 400개 미만의 점포 수를 가진 상권이 7개, 200개 이상 300개 미만의 점포 수를 가진 상권이 6개, 200개 미만의 점포 수를 가진 상권은 6개다.

서울 지역에 있는 31개 지구상권의 점포 수를 분석한 결과 서울 지역 지구상권의 평균 점포 수는 404개로 나타났다.

서울 31개 지구상권의 점포 수

상권명	점포 수	상권명	점포 수	상권명	점포 수
강남역	969	숙대	419	석촌	269
대학로	798	영등포역	397	양재	235
신촌	755	상왕십리	390	문정역	231
연신내	657	오목교	376	방배	203
신금호	656	왕십리	354	대림	187
압구정	649	강서구청	325	교대	186
압구정역	638	화곡	307	합정	170
신천	609	삼성역	305	우장산	154
방이동	495	반포본동	293	당산역	149
천호역	484	신정 사거리	290	한양대	103
마포	468				

출처 : 《프랜차이즈 입지 및 상권분석 연구》, 박민우, 한국프랜차이즈협회, 2004

　서울 지역 31개 지구상권의 업종별 평균 구성비는 서비스업 36%, 소매업 22%, 외식업 42%이다.　서비스업의 구성비를 기준으로 상권을 분석하면 서비스업의 구성비가 40% 이상인 상권은 8개, 30% 이상 40% 미만인 상권이 18개, 30% 미만인 상권이 5개다. 서비스업의 비율이 30~40%인 상권이 전체 상권의 60%에 달한다.

　상권 내 소매업의 구성비가 40%가 넘는 문정동과 삼성역 지구는 영패션 타운이 형성되어 있는 곳이다. 소매업의 구성비가 20% 미만인 지구상권은 유흥가가 발달한 상권으로, 야간 상권이 형성된 곳이다.

　지구상권은 지하철역을 중심으로 발전하며, 동서남북 4개 방향의 출입구가 있다고 가정하면 호프점과 주점이 밀집해 있는 방향이 상권의 주동선이 된다.　어느 지구상권을 보더라도 지하철역을 중심으로 동서남북 네 방향으로 균등하게 상권이 발달한 곳은 없고, 어느 한 방향으로 상가가 집중된다. 상가가 집중된 대로변의 맞은 편이 두 번째로 큰 상권이 되며, 나머지 두 방향은 상권의 크기가 아주 작다.

　예를 들어 강남역 상권을 보면 강남역에서 교보문고 방향의 블록이 가장 큰 상권이며, 교보문고 블록의 맞은편 시티문고 블록이 두번째로 크다. 반면 강남역에서 뱅뱅사거리 방향으로 향하는 상권은 비교가 되지 않을 정도로 상권이 작다. 어느 지구상권을 조사하더라도 이 점을 염두에 두고 조사를 해야 한다.

　네 방향의 상권은 서로 크기뿐 아니라 특색도 다르게 나타난다. 지하철역을 중심으로 사거리 대로변은 은행과 증권을 비롯한 금융권이 제일 먼저 자리를 잡으며, 패스트푸드점과 유명 카페가 랜드마크 구실을 한다. 이어서 대로변의 주동선을 따라 유명 캐주얼브랜드를 중심으로 한 쇼핑가가 형성되며, 의류 쇼핑가 옆쪽으로는 화장품점, 건

상권명	업종 구분			상권명	업종 구분		
	서비스업	소매업	외식업		서비스업	소매업	외식업
대림	49%	23%	28%	신금호	34%	28%	38%
마포	48%	19%	33%	문정역	33%	48%	18%
양재	48%	22%	30%	석촌	33%	15%	52%
오목교	47%	16%	37%	신정 사거리	33%	23%	44%
반포본동	47%	18%	35%	영등포역	33%	19%	49%
압구정역	41%	21%	38%	신천	33%	16%	51%
압구정	40%	30%	29%	한양대	31%	22%	47%
당산역	40%	17%	44%	연신내	30%	37%	33%
천호역	39%	23%	38%	합정	30%	13%	57%
방배	39%	18%	42%	대학로	30%	14%	56%
숙대	39%	32%	30%	우장산	29%	31%	40%
교대	38%	18%	44%	방이동	28%	12%	60%
화곡	37%	15%	49%	강서구청	27%	12%	61%
왕십리	36%	24%	40%	상왕십리	25%	21%	54%
신촌	36%	11%	53%	삼성역	22%	45%	34%
강남역	35%	11%	54%	평균	36%	22%	42%

출처 : 《프랜차이즈 입지 및 상권분석 연구》, 한국프랜차이즈협회

강·미용제품점, 액세서리점, 피부관리 전문점이 들어선다. 또한 아이스크림 전문점과 케이크 전문점, 제과점, 천연과일 주스 전문점 등 만남의 장소로 활용되는 점포들이 대로변에 들어선다. 패밀리 레스토랑은 지하철역을 중심으로 100~150미터 정도 떨어진 대로변이나 이면도로의 코너에 위치한다.

이면도로에는 유명 한식집과 일식집을 비롯한 고급 음식점이 외식상가의 입구에 해당하는 쪽에 자리를 잡으며, 이어서 중저가 대중음

식점이 들어선다. 소형 분식집은 점포의 면적이 좁아 중저가 대중음식점 사이사이에 자리를 잡는다. 외식상가가 끝나는 지점이나 두번째 이면도로에 호프점과 주점이 밀집해 들어서며 주점을 겸한 저녁 식사형 외식업종도 인접해 위치한다. 호프점과 주점이 밀집한 지역이 유흥 상권이 되며, 심야형 서비스업종은 유흥 상권에 자리잡는다. 유흥 상권이 끝나는 지점 또는 세번째 이면도로에 각종 숙박 시설이 들어서는 것이 일반적인 지구상권의 모습이다.

호프점

호프점은 총 점포 수가 1,016개로, 전체 76개 업종 중 가장 많은 점포 수를 차지하며, 전체 상권의 총 점포 수 12,521개의 8%를 차지한다. 상권당 평균 33개의 호프점이 있는 셈이다. 호프점은 다른 외식업종에 비해 기술력에 크게 구애 받지 않고 창업할 수 있는 업종이다. 호프점은 영업시간이 대개 초저녁부터 새벽 2시까지인 곳이 많으므로 호프점이 많은 상권은 야간 상권이 발달했다.

전체 31개 상권 중 점포 수를 기준으로 해당하는 전체 상권에서 해당 업종이 차지하는 구성비와 해당 상권 내에서 해당 업종이 차지하는 구성비율을 보면 강남역이 9 : 9, 대학로가 14 : 11, 신촌이 10 : 7, 연신내가 4 : 3으로 양 구성비의 비율이 비슷함을 보여줘 상권 내 적정 점포 수를 알려주는 척도가 된다. 양 구성비의 격차가 2배 이상 나는 경우 적정 수준 이상의 호프점이 경쟁하는 것이다. 반대로 2분의 1 이하인 경우 야간시간대의 통행객 수가 적거나 지구 중심 상권으로 야간 고객이 흡수되는 것으로 볼 수 있다.

호프점은 음식점 밀집 지역과는 떨어져 노래방, 단란주점 등이 몰려 있는 유흥 상권 가까이에 입지하며, 유흥가 지역의 주동선상에 위치한다.

주점

주점은 총 점포 수가 985개로, 호프점에 이어 두번째로 많다. 호프점과 마찬가지로 기술력에 크게 구애 받지 않는 창업 업종이다.

호프점과 주점은 유흥 상권의 중심 기능을 하며, 호프점과 주점이 상권 내 외식업종의 이면도로에 집중해 있을수록 유흥 상권이 발달한 곳이다.

상권이 형성된 지 오래됐고 규모도 큰 강남역, 대학로, 신촌의 상권구조를 보면 외식업종과 유흥업종 상권이 구분되어 있다. 외식 상권은 대로변 뒤의 이면도로에, 유흥 상권은 외식업종의 이면도로에 위치하는 구조를 보인다.

호프점 대 주점의 구성 비율을 비교했을 때 주점 비율이 높으면 유흥 상권의 성격이 더 강하며, 주변에 노래방 같은 유흥 서비스 시설이 형성된다.

카페

카페는 31개 상권 내 총 817개 점포가 있어 호프점, 주점에 이어 세번째로 많은 업종이며, 비교적 창업하기 쉬운 업종에 속한다.

카페는 대표적인 만남의 장소로, 상권 내 유동인구가 많을수록 카페도 많아 상권의 크기를 가늠하는 지표가 된다. 해당 상권의 질을 알 수 있는 가늠자 구실도 해 최신 유행하는 카페나 이국풍의 카페가 집중해 있으면 패션이나 유행을 리드하는 상권으로 보면 된다.

유명한 카페는 해당 상권의 대로변 주동선상에 위치하며 랜드마크 구실을 한다. 카페는 상권 내의 극장, 백화점, 쇼핑가, 공연시설 등 교통유발 시설의 인근에 위치하며, 외식업종보다 대로변에 더 가까이 위치한다.

한식점

한식점은 총 점포 수가 764개로, 전체 점포 수의 6%를 차지한다. 오피스 상권의 성격이 강할수록 상권 내 한식업종의 구성비가 높으며, 자금 여유가 있는 창업자들이 비교적 선호하는 업종이다.

한식점은 고객단가가 높고 회식을 위한 직장인이나 단체 모임 고객의 구성비가 높아 대형 오피스건물 인근에 위치하며, 고급 일식점과 중국 요리점이 인근에 형성되어 있으면 좋은 입지다. 고급스러움을 추구하는 한식점일수록 주차장이 필요하며, 대중음식점이 밀집된 지역으로부터 분리된다. 즉, 고급 한식점은 주차가 편리해야 하기 때문에 일반 대중음식점 상권과 분리돼 주차장을 갖추고 대로변에 입지한다.

패션의류점

의류점은 총 점포 수가 593개로, 소매업종 중에서 점포 수가 가장 많다. 상권 내 의류점의 구성비가 가장 높은 문정동과 삼성역 코엑스몰의 경우를 보면 두 곳 모두 상권 내 호프점과 주점의 구성비가 매우 낮아 유흥 상권은 형성되지 않는다.

다양한 상품을 비교 검색해 구매를 하기 때문에 동질성이 매우 높은 업종이다. 따라서 의류점은 상권 내 일정 규모 이상의 의류점이 없으면 출점해선 안 된다.

의류점이 밀집한 상권에서는 쇼핑을 주목적으로 한 목적 구매가 이루어지기 때문에 쇼핑가 중간중간에 분식점이나 아이스크림점, 패스트푸드 업종이 자리잡는다.

부동산

부동산은 31개 상권 내에 총 438개 점포가 있어 다섯번째로 점포 수가 많으며, 자격증을 취득했을 때 가장 창업하기 쉬운 업종 중 하나다. 상권 내 부동산 점포의 구성비가 높을수록 상권 내의 변화가 심하다는 것을 의미하며, 부동산 점포의 구성비가 낮을수록 상권이 안정되어 있다는 것을 의미한다.

상권당 평균 부동산 점포 수는 14개이며, 상권 내 재건축이 활발히 진행되고 있는 마포를 비롯해 강남 지역의 점포 변화가 큰 반면 강북 지역은 안정적이다.

부동산 점포는 상권 내의 배후지에 대규모 아파트단지가 있을수록 구성비가 높아지는 경향을 보인다.

노래방

노래방의 총 점포 수는 430개이며, 상권당 평균 14개가 있어 부동산과 비슷한 수준이다. 카페와 마찬가지로 창업하기 쉬운 서비스업종이다. 주점, 호프점과 함께 유흥 상권을 구성하는 중요한 업종이다. 단체 모임에서는 이동이 쉽지 않아 한 곳에서 모든 것을 해결하려는 경향이 강하므로 유흥 상권에서는 주점, 호프점, 노래방이 한 세트 형태로 상권 내에 자리한다.

　　노래방의 적정 구성비는 주점과 호프점을 합한 구성비의 5분의 1 수준으로, 주점이나 호프점 고객 가운데 노래방을 이용하는 고객은 20% 미만이다. 노래방은 호프점과 주점보다 내점빈도가 낮으므로 집객력을 높이기 위해 주점이 이어지는 도로에 밀집되어 있다.

미용실

미용실은 총 점포 수가 427개로, 부동산, 노래방과 비슷한 수준을 나타내며, 상권마다 분포가 다르게 나타난다. 미용실은 지역밀착형 업종이지만 패션지향적인 미용실일수록 지구중심 상권에 위치한다.

　　상권 내 미용실의 구성비는 상권 내 여성이 많을수록 높아지는 경향이 있지만 대부분 5% 이내이다. 또한 상권 내의 필수 서비스업종이므로 모든 상권에 2~5%의 고른 분포를 보인다.

　　의류점과 미용실은 해당 상권의 유행지향성과 소비수준을 보여주기 때문에 고급스럽거나 유행을 리드하는 점포를 창업하려면 상권 내 의류업종과 미용실의 성격을 알아본 후 적합 여부를 판단해야 한다.

　　미용실은 쇼핑가에 이어 대로변에 위치한다. 쇼핑가가 발달한 곳에서는 고객 체류시간이 길기 때문에 카페가 많은 이면도로 건물의 2~3층에 자리잡는다. 주변에 피부관리실이나 화장품점같이 여성을 대상으로 한 전문점이 있으면 좋은 상권이다.

분식점

분식점은 총 점포 수가 340개로, 외식업종 중 한식점에 이어 두번째로 많은 점포 수를 차지하며, 상권당 평균 9개 정도의 분식점이 존재한다.

분식점은 저가에다 시간 절약형의 외식업종으로, 특정 상권에 집중되지 않고 비교적 고른 분포를 보여준다.

상권의 규모가 크고 안정된 강남역, 대학로, 신촌 등지에서는 분식점의 구성비가 2~3% 수준이다. 상권이 클수록 분식점의 구성비는 낮아지는데, 그 이유는 분식점은 차별화 포인트가 거의 없어 이들 상권 내에선 경쟁력이 떨어지기 때문이다. 반면 삼성역과 같이 쇼핑가가 크게 형성된 상권과 한양대, 숙대, 교대 등 대학 주변에선 시간절약형으로 자리 잡아 비교적 높은 구성비를 보인다.

분식점은 고객이 충동적으로 찾는 외식업종이고 점포 규모가 작기 때문에 노점상처럼 유동고객이 많은 길목을 차지해야 한다.

PC방

PC방은 총 점포 수가 334개로, 분식점과 비슷하다. 상권당 평균 11개의 점포가 분포해 대표적인 오락서비스업종으로 자리 잡았다. PC방은 대다수 상권에서 2~5%의 구성비를 보인다. 상권의 규모가 작은 곳에서는 1% 내외의 구성비를 보이는 반면 신흥 상권에서는 구성비가 높아 과다 경쟁이 일어난다.

PC방은 상권 내 주점과 호프점을 합한 점포 수의 10분의 1 수준이 적절하며, 주점과 호프점 이용 고객의 10% 미만이 PC방을 이용한다고 보면 된다. PC방은 규모의 경제가 적용되는 서비스업종이므로 고객의 체류시간이 긴 주택가 입지형에는 편의점이 입점한 건물의 2~4층에, 중심 상권형에는 카페가 많은 지역의 건물 지하 또는 2~4층에 입주하는 것이 좋다. 또 PC방은 서비스 내용의 차별화가 어려운 업종이므로 상권 내에 분산되어 출점한다.

학원

학원은 총 점포 수가 286개로, 서비스업종 가운데 미용실, 부동산, PC방에 이어 네번째로 점포 수가 많다. 상권당 평균 9개의 학원이 있다.

총 31개 상권 중 상위 7개의 상권에 전체 학원의 70%가, 상위 17개의 상권에 전체 학원의 95%가 분포하는 등 특정 상권으로의 집중도가 매우 높은 업종이다. 학원은 거리의 편리성보다 브랜드력이 중요한 서비스업종으로 유명 학원을 중심으로 학원가가 형성된다.

지역밀착형인 초중고생 대상의 학원을 제외한 유명 학원은 대중교통 수단이 발달한 지구의 제1 상권 지역에 출점하므로 입지의 영향을 크게 받지 않는다. 하지만 지명도가 낮고 규모가 작은 학원일수록 입지가 중요하다. 학원가 주위에는 시간절약형의 외식업종인 분식점, 패스트푸드점이 입지한다.

숯불음식점

숯불음식점은 총 점포 수가 281개로, 한식점에 이어 두번째로 많은 음식점이다. 상권당 평균 점포 수는 9개로, 31개 상권의 전체 점포 가운데 2%를 차지한다.

숯불음식점은 전체 상권에 비교적 고르게 분포해 업종이 성숙기에 들어섰음을 알 수 있다. 대다수의 상권에서 2~3%의 구성비를 보이며, 해당 상권 내 2% 정도의 점포 수가 적정 수준이다. 숯불음식점은 한식점과 함께 외식 상권을 주도적으로 형성한다. 대로변보다 이면도로에 입지하며, 냄새를 유발해 고객 흡인력을 높인다.

일식점

일식점은 총 점포 수가 265개로, 숯불음식점과 비슷하다. 상권당 평균 9개의 점포가 있어 한식점, 숯불음식점과 함께 대표적 외식업종으로 자리 잡았다. 고소득의 오피스상권이 형성된 곳일수록 상권 내 일식점의 구성비가 높아지는 경향이 있다. 평균 2% 정도의 구성비를 나타내며, 1% 이하의 구성비를 보이는 상권에 진출할 경우 유의해야 한다.

일식점은 대중을 타깃으로 한 대중 일식점과 부유층을 타깃으로 한 고급 일식점으로 나뉜다. 대중 일식점은 상권 내 대로변 이면도로에 형성된 외식상가에 입지하며, 외식상가 내에 다양한 종류의 일식점이 몰려 있을수록 좋은 상권이다. 고급 일식점은 대부분 고급 문화가 형성된 지역에 위치하며, 일반 대중 문화와 공간적으로 구분되어 형성된다. 소비수준이 높은 소수 계층을 타깃으로 하고, 품질과 서비스 면에서 최고를 추구하는 경향이 강해 고급 쇼핑가, 고급 음식점, 고급 주점이 상호 밀집되어 진출한다. 고급 음식점은 투자 규모도 크고 리스크도 높기 때문에 상권 내 고급 고객층을 대상으로 한 상권이 형성된 곳에 대부분 출점한다.

고급 음식점과 고급 유흥가 밀집 지역은 대부분 승용차 이용고객으로 통행객 수가 적어 일반 대중을 겨냥한 업종은 출점하기에 부적합하다.

예술 관련 서비스업

예술 관련 서비스업은 총 점포 수가 241개로서 서비스업 중 학원에 이어 다섯번째로 많은 점포 수를 차지하고 있으며, 상권당 평균 점포 수는 8개다.

예술 관련 서비스업 가운데 초중생을 대상으로 한 예술학원은 지역밀착형으로 주거지 가까이에 입지하지만, 중고생 또는 성인을 타깃고객으로 하거나 전문성이 요구될수록 지구 내의 중심 상권으로 나가야 한다.

예를 들면 예술 관련 서비스업은 타깃고객 사이의 연대성이 높고 정보 교류가 중요하므로 특정 지구에 밀집되어 상권이 형성된다. 타깃고객이 집중되는 예술 관련 교육기관과 시설이 들어선 방배동과 양재동 인근 지역에 집중되는 현상을 보인다.

또한 업종 내에서 점포 사이의 차별화가 가능하므로 점포들이 밀집될수록 유리하며, 상권 규모가 큰 부심권 상권에 3~7개가 형성된다.

슈퍼마켓

슈퍼마켓은 총 점포 수가 214개로, 소매업종 중 의류점에 이어 두번째로 점포 수가 많으며, 상권당 평균 7개의 점포가 존재한다.

상권의 규모가 크고 오래된 강남역, 신촌, 대학로, 연신내 상권의 슈퍼마켓 구성비는 1%에 지나지 않는다. 발달된 상권일수록 권리금과 임대료가 높기 때문에 평당 생산성이 떨어지는 슈퍼마켓 업종은 출점하기에 부적합하다.

일상생활용품을 판매하는 슈퍼마켓은 해당 상권의 배후지에 주거지역의 비율이 높을수록 점포 수가 늘어나는 경향을 보인다. 슈퍼마켓의 구성비가 높은 상권은 지구중심형 상권이 아닌 대형 아파트단지나 주택 밀집 지역을 배후지로 하는 지역밀착형 상권으로 볼 수 있다.

지구중심형 상권에서는 슈퍼마켓의 구성비가 낮은 대신 편의점의

구성비가 높다. 상권 내 슈퍼마켓과 편의점의 수는 해당 상권의 성격
이 지구중심형인지 지역밀착형인지를 구분하는 기준이 된다.

소고기 전문 음식점

소고기 전문 음식점은 총 점포 수가 213개로, 외식업종 중 일식점에
이어 네번째로 많은 점포 수를 보이며, 상권당 평균 7개의 점포가 분
포한다.

보통 소고기 소비량은 돼지고기 소비량에 비해 적기 때문에 일반
적으로 소고기 전문 음식점보다 돼지고기 전문 음식점이 많다. 그러
나 권리금과 임대료가 높을수록 평당 생산성이 높아야 하기 때문에
메뉴의 고급화 현상이 발생한다. 가격이 비쌀수록 구매빈도가 떨어
지기 때문에 점포 수가 적은 것이 일반적인 현상이다.

상권 내 소고기 전문 음식점의 구성비가 돼지고기 전문 음식점보
다 높은 곳은 과다 출점한 것으로, 일부 점포는 경쟁에서 밀려날 것
으로 예상된다. 상권 내 소고기 전문 음식점의 구성비는 1~2%가 적
정한 수준이다.

돼지고기 음식점

돼지고기 음식점은 총 점포 수가 198개로, 상권당 평균 6개의 점포가
있으며 전체 상권에서는 2%의 구성비를 차지한다. 숯불을 이용한 돼
지고기 전문점은 숯불 전문점으로 분류 계산되어, 실제는 이보다 적
을 수 있다.

돼지고기 음식점은 부위·숙성·조리·소스에 따른 다양화와 점
포의 대형화가 진행되고 있지만 30평 미만의 점포는 차별화가 어려

우므로 상권 내 2~3%의 구성비가 적정 수준이다. 상권 내 외식상가에 입지하며 소고기, 닭고기와 함께 3대 외식업종으로 자리 잡았다. 또 어느 한 쪽의 매출이 상승하면 다른 한 쪽의 매출이 감소하는 상호 대체제 성격도 띠고 있다.

3대 외식업종의 하나로 일정 수요를 갖고 있으며, 동종업종의 경쟁점 수가 영업에 가장 큰 영향을 끼치므로 상권 내 돼지고기 전문점이 없는 곳을 찾아 출점하면 성공할 가능성이 높다.

휴대전화기 판매점

휴대폰 판매점은 총 점포 수가 171개로, 소매업종 중 슈퍼마켓에 이어 네번째로 점포 수가 많으며, 상권당 평균 6개의 점포가 있다.

휴대폰은 우리나라 이동통신 시장의 급신장에 힘입어 지구상권 1번지 대로변에 입지했으나 현재는 휴대폰 보급이 포화 상태에 이르렀으므로 점차 밀려나고 있는 업종으로 판단된다. 점포간의 상품 차별화나 가격 차별화가 어려운 상품으로 휴대폰 수급 상황에 따라 영향을 많이 받는다.

구매빈도가 1년 이상인 점과 비교적 고가인 점을 고려하면 고객의 비교구매가 용이하도록 특정한 장소에 집중돼 있어야 한다. 그러나 관련 업종이 집중해 있으면 오히려 가격경쟁을 촉발할 우려가 있어 신중을 기해야 하는 업종이다.

사진점

사진점은 총 점포 수가 165개로, 서비스업종 가운데 예술 관련 서비스업의 뒤를 이어 여섯번째로 많으며, 상권당 평균 점포 수는 5개다.

29개 상권에 사진점이 존재하며, 상권 내 사진점의 구성비는 대다수의 상권에서 1~2%의 안정된 구조를 보인다. 적정 구성비 수준은 1%에서 최대 2%다.

사진점은 디지털카메라의 보급과 함께 디지털 인쇄 서비스로 중심이 바뀌고 있다. 따라서 신규 디지털 사진점이 출점하기보다는 기존 사진점이 디지털 사진점으로 전환하는 추세다.

사진점은 사진점 간의 차별화 가능성이 낮은 업종이므로 상권 내 분산해서 분포해야 하며, 상권 내 대로변 주동선상에 위치해 유동고객에게 최대한 점포의 존재를 알릴 수 있어야 한다.

비디오방

비디오방은 총 점포 수가 163개로, 상권당 평균 점포 수는 5개다. 상위 14개 상권의 점포 수가 전체의 95%를 차지해 지구중심형 상권임을 알 수 있다. 따라서 지역밀착형 출점은 위험하다.

비디오방은 커플 고객 중심으로, 멀티플렉스 극장 및 대형 공연장이 상권 내에 존재하며, 카페와 호프점 등의 구성비가 높은 상권에 입지한다. 비디오방은 외식업종의 주동선을 지나 호프점과 주점가가 형성된 상권 내의 이면도로에 입지하며 고객의 체류시간이 길기 때문에 건물의 2~4층에 입지한다.

비디오방은 제공하는 서비스의 내용을 차별화하기 어렵기 때문에 커플들을 타깃으로 하는 보드게임 카페, 만화방 등의 서비스 시설이 인접한 곳에 입지해 집객력을 높인다.

패스트푸드점

패스트푸드점은 총 점포 수가 163개로, 전체 76개 업종 중 21위이고, 외식업종 중에서는 9위이며, 상권당 평균 점포 수는 5개다. 전 상권에 걸쳐 상권의 크기에 해당하는 만큼 패스트푸드점이 진출해 있어 이미 성숙 단계에 이른 것으로 보인다.

패스트푸드점은 평균 객단가가 3,500~4,000원 수준이고, 시간절약형으로 하루 평균 좌석이 8~10회 정도 회전해 외식업종 중 가장 높은 좌석 회전율을 보인다. 50석을 기준으로 했을 때 하루 평균 400~500명의 고객이 내점하기 때문에 유동인구가 많은 대로변에 입지해야 한다. 또한 패스트푸드점을 이용하는 주 고객층이 젊은 층이기 때문에 젊은 층의 유동인구가 많은 곳일수록 유리하다.

패스트푸드점은 유동인구가 많은 지하철이나 버스정류장과 인접한 대로변 주동선상에 위치하며, 해당 상권의 랜드마크 역할을 한다. 패스트푸드점은 대로변 주동선상에 출점하기 때문에 유명 패스트푸드점의 위치를 확인하면 상권 내 주동선의 흐름을 알 수 있다.

주얼리점

주얼리점은 총 점포 수가 161개로, 전체 76개 업종 중 21위, 소매업종 중 5위이며, 상권당 평균 점포 수는 5개다.

주얼리점은 전 상권에 걸쳐 출점해 있고, 상권 내 구성비도 1~2% 수준으로 고른 분포를 보여 시장이 성숙기에 있음을 보여준다.

주얼리류는 고가품이면서 구매빈도도 매우 낮아 지구중심형 상권으로 집중해 전문 상가를 형성하는 것이 유리하다.

주얼리점은 고급스런 분위기를 연출하기 위해 해당 상권 내 대로변 주동선상에 위치하며, 점포간 상품 구성의 차별화가 가능해 여러 개의 점포가 주동선상에 형성된다.

문구점

문구점은 총 점포 수가 158개로, 전체 업종 중 22위이며, 상권당 평균 점포 수는 5개다.

문구는 '움직이지 않는(Stationary)' 이라는 영어 단어에서도 나타나 듯 수요량이 급격히 변동하지 않고 안정적인 특징을 가지고 있으므로 문구점의 수로 상권 내 오피스 및 관공서 대학 등의 규모를 추정할 수 있다. 문구점은 오피스 전산화와 컴퓨터 보급률의 증가에 힘입어 전산 소모용품을 주력으로 하므로 상권 내 대로변의 주동선상에 위치한다. 구매빈도가 낮아 지구중심형 상권이 유리하지만 문정동 상권을 제외한 전 지역에 분포하고 있어 시장이 성숙 단계에 있는 것으로 보인다. 문구점은 다양한 상품을 갖출 수 있어 점포 면적이 클수록 경쟁력이 높아지는 업종이다.

경양식점

경양식점은 총 점포 수가 155개로, 전체 업종 중 24위, 외식업종 중 10위이며, 상권당 평균 점포 수는 5개다.

경양식점은 외식업의 다양화, 다이어트 붐 등으로 인해 선호도가 낮아지고 있는 업종이다. 한국의 식사 문화가 한꺼번에 모든 음식이 제공되는 공간계열형인 데 비해 경양식점은 시간계열형으로 전채 요리, 메인 요리, 후식 등이 순서대로 제공되어 시간 소비가 긴 외식업종이라는 점도 선호도가 낮은 이유 가운데 하나다. 커플의 이벤트형 저녁식사 장소로 활용되는 경향이 높아 젊은이 중심의 소비 문화가 형성된 상권일수록 경양식점의 구성비가 높아지는 현상을 보인다.

경양식점은 외식상가가 형성된 이면도로의 주동선상에 위치하며, 주차와 주변 경관이 중요하므로 대중음식점이 밀집된 지역으로부터 떨어져 형성된다.

당구장

당구장은 총 점포 수가 150개로, 전체 업종 중 25위이고, 상권당 평균 점포 수는 5개다.

당구장은 1990년대 말까지 청소년과 20대의 대표적인 레저 문화였으나, 인터넷산업의 발달로 네트워크 게임에 밀려 PC방에 자리를 내주고 있는 상황이다. 대학로나 상권의 역사가 비교적 짧은 삼성역 상권에 당구장이 없는 점으로 미루어 쇠퇴기에 접어든 것으로 보인다.

당구장은 외식상가가 형성된 곳보다 주점과 호프점이 형성된 유흥가 주변에 입지하며 주점과 호프점을 합한 점포 수의 15분의 1에서 20분의 1 사이가 적당한 점포 수다. 고객의 체류시간이 길기 때문에 다른 서비스 시설과 함께 건물의 2~3층에 자리잡는다.

닭요리 전문점

닭요리 전문점은 총 점포 수가 149개로, 전체 업종 중 26위이고, 상권당 평균 점포 수는 5개다.

닭요리 전문점은 돼지고기, 소고기와 함께 3대 외식업종을 차지하고 있으며, 상위 7개 상권의 점포 수가 전체 점포 수의 70%를 차지해

지구중심형 상권으로부터 다른 상권으로 시장이 확산되는 단계에 있다. 외식업의 유행을 리드하는 닭요리 전문 체인점들이 강남, 강북, 강서, 강동의 지구중심형 상권에 출점한 후 외곽 상권으로 확산되는 과정인 것이다.

닭요리 전문점은 이면도로에 입지한 외식상가의 주동선상에 위치하며, 해당 입지 인근에 돼지고기 전문점과 소고기 전문점이 있으면 좋은 목이 된다.

중국음식점

중국음식점은 총 점포 수가 144개로, 전체 업종 중 27위이며, 상권당 평균 점포 수는 5개다.

중국음식점은 경양식점과 마찬가지로 시간계열형의 외식업종인데다 먹거리의 다양화로 선호도가 점점 낮아지고 있으나 경양식점과는 달리 전 상권에 고른 분포를 보인다.

중국음식점은 선호도가 낮아 외식상가의 중심지구보다 외곽지구에 위치하며, 이질성이 강한 업종이므로 집중되기보다 분산되어 출점한다.

상권 내 전체 점포의 구성비는 1% 정도가 적정하다.

지물포점

지물포점은 총 점포 수가 137개로, 전체 업종 중 28위를 차지하고, 상권당 평균 점포 수는 4개다.

신금호, 마포, 천호역 상권의 점포 수가 전체 점포 수의 45%를 차지해 3개 상권의 집중도가 매우 높다.

지물포점은 지역밀착형 업종으로 배후주거지에 대규모 아파트단지가 있거나, 주거지 구성비가 높을수록 점포 수가 많다. 또한 전출입률이 높거나 신축단지가 있으면 그 수가 기하급수적으로 늘어난다.

해당 상권 내 수요가 집중적으로 발생하는 주거지에서 가까운 대로변에 다수의 점포가 출점한다. 이질성이 높은 업종이기 때문에 전출입률이 안정되면 대부분 철수한다.

치킨점

치킨점은 총 점포 수가 134개로, 전체 업종 중 29위, 외식업종 중 13위를 차지하고, 상권당 평균 점포 수는 4개다.

치킨점은 치킨과 주류를 함께 취급하는 점포와 치킨을 위주로 취급하는 점포로 나누어진다.

치킨과 주류를 함께 취급하는 점포는 주로 저녁식사를 겸해 술을 마시는 모임 장소로 활용되기 때문에 상권 내 이면도로에 입지한 외식 상권가에 입지하며, 치킨을 위주로 한 점포는 통행량이 많은 대로변에 입지하거나 배달 중심형으로 주택가에 입지한다.

대형 치킨 체인점은 상권분석을 거쳐 출점한다. 이질성이 강한 업종이기 때문에 상권별로 고른 분포를 보인다.

편의점

편의점은 총 점포 수가 128개로, 전체 업종 중 29위, 소매업종 중 7위를 나타내며, 상권당 평균 점포 수는 4개다.

편의점은 대부분 체인본부에서 상권분석을 거쳐 출점하기 때문에 상권의 크기를 가늠하는 지표가 된다. 중심 상권으로 갈수록 권리금과 임대료가 높지만, 이에 비례해 고객 수도 많아져 매출액이 늘어나기 때문에 상권의 질을 대변한다.

편의점은 지구중심형 상가에 출점할 경우 쇼핑가가 형성되어 있는 대로변보다 외식상가가 형성된 건물의 1층과 주점이 밀집되어 있는 유흥가 건물의 1층에 입지한다. 편의점의 매출은 야간에 집중적으로 발생하는데, 이러한 지역은 야간시간대의 유동고객이 많기 때문이다.

업종에 관계없이 출점 상권에서 가장 가까운 거리의 편의점 매출을 체크하면 하루 평균 고객 수를 추정할 수 있고 유동고객의 규모도 알 수 있어 해당 입지의 질을 평가할 수 있다.

해물음식점

해물음식점은 총 점포 수가 128개로, 전체 업종 중 31위, 외식업종 중 14위이며, 상권당 평균 점포 수는 4개다.

해물음식점은 주 타깃고객 단위가 3~4명이다. 점포의 규모는 50평 정도의 중형 이상이어야 하고 주차장 확보가 필요하므로 투자 부담이 따른다. 따라서 지구중심형 상권보다 지구외곽 상권에 출점한다.

해물음식점은 소고기, 돼지고기, 닭고기에 비해 구매빈도가 떨어지고 객단가가 높아 시장에 진입할 때는 특정 지역의 대로변에 집중적으로 출점한다. 특정 지역에 집중함으로써 브랜드 인지도를 제고시킨 후 점차 지구상권으로 출점하는 현상을 보인다.

지구상권에 출점할 때에는 외식상가가 형성된 곳의 주동선상에서 대중음식점보다 앞선 곳에 입지한다.

피부관리 전문점

피부관리 전문점은 총 점포 수가 124개로, 전체 업종 중 32위, 서비스업종 중 11위이며, 상권당 평균 점포 수는 4개다.

피부관리 업종은 몸짱, 얼짱 신드롬으로 인해 시장이 성장하는 단계에 있으며, 20~30대 직장 여성과 소비수준이 높은 주부를 주 고객층으로 하기 때문에 여성 직장인의 비율이 높은 오피스가와 소득수준이 높은 지역의 아파트 상권에 출점한다.

피부관리업종은 휴식과 안정을 필요로 하므로 외식상가와 유흥가는 피해야 하며, 피부과, 성형외과 병원이 들어서 있는 건물에 입지하는 것이 최적이다. 미용실과 카페가 발달한 이면도로에 입지하거나, 쇼핑가와 카페가 발달한 지역의 대로변에 입지하는 것이 좋다. 매출액을 늘리기 위해서는 한자리에 머물며 서비스를 제공하는 것보다 코스별 이동 방식으로 운영하는 것이 유리하다.

인테리어점

인테리어점은 총 점포 수가 123개로, 전체 업종 중 33위, 서비스업종 중 12위이며, 상권당 평균 점포 수는 4개다.

인테리어점은 지역밀착형 서비스업종으로, 주거지에 입지한다. 주 고객층은 신규 입주했거나 주거한 지 2~3년이 지난 거주자 등이다. 구매빈도는 수 년에 1회 정도로 낮으므로 상권의 범위가 넓어야 한다. 따라서 적어도 근린 상가 이상 발달한 상권에 입지해야 한다. 신축 아파트단지인 경우 영업 특수를 노려 1~2년 동안 기하급수적으로 인테리어점이 생겼다가 1~2년 후에는 1~2개 정도의 점포만 남는다.

서비스업종의 특성상 경쟁점의 진입을 막기 위해 점포를 대형화해야 하며, 상권 내 1번점에 위치해야 한다. 점포의 내부 및 외부 이미지가 영업과 직결되므로 대로변 또는 상가 주동선상에 입지한다.

제과점

제과점은 총 점포 수가 120개로, 전체 업종 중 34위, 외식업종 중 15위이며, 상권당 평균 점포 수는 4개다.

제과점은 입지유형에 따라 주거지형, 오피스형, 도심형으로 컨셉을 달리하면서 유연하게 성장하고 있다. 주거지형은 케이크와 빵을 중심으로, 오피스형은 휴게공간 컨셉으로 케이크와 샌드위치, 주스 등 식사 대용품을 중심으로 구성한다. 도심형은 만남의 장소 컨셉으로 빵이나 케이크보다 음료를 중심으로 갖춰 고객의 수요를 만족시킨다.

제과점은 상권의 특성에 따라 취급하는 제과의 종류와 가격대가 달라지므로 해당 상권의 제과점을 보면 상권의 식문화 특성을 알 수 있다. 외식업종에 진출할 때는 해당 상권에 있는 제과점의 성격을 분석한 후 진출해야 한다.

제과점은 소매업종인 편의점과 마찬가지로 20대 남녀가 주 고객이고 점포 면적도 유사해 상권 내 주동선상에 있는 목이 좋은 건물의 1층에 자리잡는다.

고시원

고시원은 총 점포 수가 119개로 전체 업종 중 35위, 서비스업종 중 13위이며, 상권당 평균 점포 수는 4개다.

고시원의 주 고객층은 독신 직장인과 대학생이므로 고시원 수는 오피스가의 크기에 비례하며 대학가가 인접한 상권에도 다수 분포한다.

고시원은 원룸 및 오피스텔과 경쟁관계에 있으며, 고객은 가격 조건과 거주 환경을 비교해 더 나은 환경으로 신속하게 이동한다. 오피스텔의 공급과잉 현상으로 인해 오피스텔의 가격이 하락하면서 고시원 이용객이 오피스텔로 이동하는 현상이 심화되고 있다. 따라서 고시원 출점을 계획하고 있다면 신중하게 고려해 결정해야 한다.

고시원은 건물형 주거지로 상권 내 대로변에서 가장 떨어진 이면도로에 위치하며, 1~2개월 정도 단기간의 주거 성격이 강하므로 입지의 중요성은 다른 서비스업종에 비해 떨어진다.

면 전문점

면 전문점은 총 점포 수가 113개로, 전체 업종 중 36위, 외식업종 중 16위이며, 상권당 평균 점포 수는 4개다.

면 전문점은 저가의 간단식사형 외식업종으로서 주거지 인구 구성비가 높은 지역밀착형보다 유동인구가 많은 도심형에 입지한다. 저가의 소형 외식업종일수록 좌석의 회전율을 높이는 것이 매출을 올리는 지름길이다. 따라서 하루 5~6회의 회전율을 유지하려면 유동인구가 많은 지역에 입지해야 한다. 역세권형 입지에 다수 진출해 있으며, 오피스형의 경우 점포 규모가 작고 유동인구가 많은 대로변 또는 이면도로 외식상가의 주동선상에 입지한다.

맛보다 스피드를 요구하며, 회전율을 높이기 위해 편안한 좌석을 제공하기보다 가급적 좌석을 좁게 배치해 식사 후 곧장 자리를 뜨도록 유도해야 한다.

꽃 전문점

꽃 전문점은 총 점포 수가 123개로, 전체 업종 중 37위, 서비스업종 중 14위이며, 상권당 평균 점포 수는 4개다.

꽃 전문점은 입지유형에 따라 점포의 컨셉을 달리한다. 주거지 입지의 경우에는 선물용과 집안 장식용 화분이 중심이 되며, 오피스형 입지의 경우에는 경조사와 관련한 이벤트용 꽃 중심으로 점포를 구성한다.

주 고객 타깃층은 20~30대 남녀이며, 20대 여성 고객층의 구성비가 높은 오피스 상권 중심으로 집중 출점한다.

꽃 전문점은 구매빈도가 연간 2~3회로 비교적 낮으므로 주거지 입지의 경우에도 근린 상가 이상 상권이 발달한 곳에 입지해야 한다. 또한 점포 이미지가 중요하기 때문에 편의점, 제과점과 함께 상권 내 대로변 주동선상에 있는 건물의 1층에 입지한다.

안경점

안경점은 총 점포 수가 106개로, 전체 업종 중 38위, 소매업종 중 8위이며, 상권당 평균 점포 수는 3개다.

안경점은 패션형 안경점과 생활필수형 안경점으로 구분된다. 생활필수형 안경점은 지역밀착형이고, 패션형 안경점은 도심형이다. 안경은 구매빈도가 낮지만 TV 시청률과 컴퓨터 이용률의 상승으로 고객층이 두터워지고 있으며 정기적으로 구매가 일어나는 특성을 갖고 있다. 따라서 단골고객을 관리하고 고객 특성별로 다양한 가격대와 다양한 품질의 상품을 구성하는 것이 중요하다. 경쟁점의 진입을 막기 위한 회원관리 제도 등 마케팅도 펼쳐야 한다.

지역밀착형 안경점은 목적구매형으로 거리보다 점포의 면적과 상품의 다양성이 중요하며 입지의 중요성은 떨어진다.

패션형 안경점은 액세서리 성격이 강해 쇼핑가가 발달해 있는 대로변 주동선상에 입지해야 한다.

화장품점

화장품점은 총 점포 수가 105개로, 전체 업종 중 39위, 소매업종 중 9위이며, 상권당 평균 점포 수는 3개다.

화장품점은 구매빈도가 높은 기초 화장품부터 구매빈도가 낮은 고급 화장품에 이르기까지 상품의 종류가 다양하고, 기호품의 성격이 강해 배후주거지 인구보다 유동인구가 많은 입지에 출점한다.

20대 여성 고객을 주 타깃으로 여성 직장인의 구성비가 높은 오피스 입지와 20대 여성 고객을 주 타깃으로 한 패션 의류점 쇼핑가를 중심으로 입지한다. 최근에는 유동인구가 많은 지하철 환승역을 중심으로 출점을 시도하고 있다.

구매빈도가 높은 기초 화장품을 저가로 소구한 카테고리 킬러형으로 20대 여성 고객이 많이 다니는 카페촌과 미장원 밀집 지역 등에도 출점 가능하다. 충동구매 성향이 강해 유동인구가 가장 많은 상권 내 주동선상에 입지한다.

유기농 관련 판매점

유기농 관련 판매점은 총 점포 수가 95개로 전체 업종 중 40위, 소매업종 중 10위이며, 상권당 평균 점포 수는 3개다.

유기농 관련 판매점은 웰빙 붐을 타고 생겨난 신규 업종로 시장 진입 단계에 있으며, 생활필수품을 취급하는 지역밀착형 소매업이다. 가격보다 품질을 중시하는 소매업종으로, 편리성과 깨끗함을 주무기로 하는 편의점과 컨셉이 유사하다.

편의점은 20대 남녀가 타깃이지만 유기농 관련 판매점은 타깃이 가정주부이므로 근린 상가 내 가정주부의 주동선상에 입지해야 한다. 편의점이 유명 패스트푸드점이나 피자점과 같은 건물에 입지하는 반면 유기농 관련 판매점은 의류, 신발 등 일상생활용품 판매점이 들어서 있는 건물에 입지해야 한다.

식품점

식품점은 총 점포 수가 94개로, 전체 업종 중 41위, 소매업종 중 11위이며, 상권당 평균 점포 수는 3개다.

식품점은 지구상권 내 자투리 면적을 활용하며, 편의점과 경쟁 관계에 있다. 그러나 편의점에 비해 판매 방법과 진열 방식이 낙후하고, 단위 면적당 생산성이 낮아 쇠퇴기에 접어든 소매업종이다.

상권이 형성되기 시작한 초기부터 영업을 시작한 점포가 많으며, 생계형 점포 성격이 강하다. 외식상가와 유흥가가 발달한 곳에 소형 점포 형태로 존재해 편의점으로 전환될 가능성이 높다. 그러나 상권 배후지에 주거지인구의 구성비가 높거나 소매업종의 구성비가 높다면 거리가 가깝다는 이점을 무기로 존속이 가능하다.

보세의류점

보세의류점은 총 점포 수가 92개로, 전체 업종 중 42위, 소매업종 중 12위를 차지하고, 상권당 평균 점포 수는 3개다.

전체 92개 점포 중 56%인 52개 점포가 압구정 상권과 삼성역 상권에 출점했으며, 20대 여성 고객을 대상으로 한 쇼핑타운이 형성된 곳에 집중된다.

보세의류점은 유행을 리드하는 20대 여성 고객층을 주 타깃으로 하지만, 해외 유명 브랜드의 유사 상품을 주력상품으로 하며 브랜드력이 약한 중소 규모 형태의 점포다. 따라서 다수의 보세 점포가 타운을 형성해 집객력을 높여야 한다.

각 점포는 개성을 유지해 상품을 다양하게 구성해야 한다. 투자 규모가 적어 쇼핑타운 내 외곽의 보조동선상에 입지하며, 투자 규모가 큰 대로변보다 20대 여성 고객이 많은 이면도로의 미장원, 카페촌 인근에 입지한다.

타깃고객층이 다른 의류상가에 단독 출점하면 위험하다.

김밥 전문점

김밥 전문점은 총 점포 수가 88개로, 전체 업종 중 43위, 외식업종 중 17위를 차지하고, 상권당 평균 점포 수는 3개다.

김밥 전문점은 저가형의 패스트푸드점으로 입지유형에 따라 점포의 컨셉을 달리하며 출점한다. 주거지 입지의 경우에는 단체 주문 고객을 위한 김밥을 주력상품으로, 오피스 입지의 경우에는 간편 대용식의 세트 메뉴를 주력상품으로 하며 신속한 배달이 중요하다. 역세권의 경우에는 유동인구를 대상으로 하며 회전율을 높이기 위해 좌석을 좁게 배치한다.

주거지 입지의 경우에는 목적형 구매가 많아 맛과 품질이 중요한 반면 입지의 중요성은 낮아 이면도로에 입지해도 된다. 오피스 입지는 오피스 근무자들의 동선이 짧아 대형 건물에 최대한 가까이 입지하거나 오피스 중심지구를 향해 입지해야 한다. 역세권의 경우에는 유동고객을 대상으로 하기 때문에 대로변에 입지해야 한다.

피트니스센터

피트니스센터는 총 점포 수가 87개로 전체 업종 중 44위, 서비스업종 중 15위를 차지하고, 상권당 평균 점포 수는 3개다.

피트니스센터는 몸짱 신드롬으로 인해 성장하고 있는 웰빙형 레저스포츠업종으로, 소득수준이 높은 강남지역에 53개 점포가 분포해 전체 점포 수의 61%를 차지한다. 향후 소득수준이 높아짐에 따라 전 지역으로 확산될 것으로 보인다.

피트니스센터는 20~30대 직장인이 주 타깃이다. 고객들의 시간 효율성이 중요해 거리상 가까워야 하며 주차장을 반드시 확보해야 한다.

일정 규모 이상의 점포 면적을 확보해야 하며, 시계성이 좋아야 하고, 고객의 체류시간이 긴 업종이므로 주로 대로변 건물의 최고층에 입주한다.

세탁소

세탁소는 총 점포 수가 84개로, 전체 업종 중 45위, 서비스업종 중 16위를 차지하고, 상권당 평균 점포 수는 3개다.

세탁소는 거리의 편리성을 추구하는 지역밀착형 서비스업종으로 주거지형 입지에 출점한다. 세탁소는 서비스 차별화가 어려운 상품이므로 지역 거점별로 분산해서 출점해야 한다. 유동인구의 영향은 거의 없으며, 배후거주자에 의해 매출이 좌우된다. 세대당 1주일에 한 번 드라이크리닝을 한다고 하면 적어도 500세대를 갖춘 배후지에 단독 출점해야 한다.

세탁소는 경쟁점의 진출을 막기 위해 해당 상권 주거단지의 주 출입구를 확인해 중심 상가에 선점해야 하며, 수거와 배달 서비스를 할 경우에는 2층에 입주해도 된다.

도서대여점

도서대여점은 총 점포 수가 83개로, 전체 업종 중 46위, 서비스업종 중 16위를 차지하고, 상권당 평균 점포 수는 3개다.

도서대여점은 세탁소와 함께 거리의 편리성을 추구하는 지역밀착형 서비스업종으로, 주거지에 입지한다. 유아, 초등학생, 중고생, 대학생 등 주거지의 연령대별 구성비를 분석해 취급하는 상품의 종류를 다양화해야 한다.

경쟁점의 진출을 막기 위해 점포 면적을 일정 규모 이상 확보해야 하며 상품 구성을 다양화해야 한다. 해당 주거단지의 주 출입구를 확인한 후 중심상가에 입지한다. 도서대여점은 재고회전율 관리가 중요하며, 인기 상품을 집중적으로 갖추어 고객이 원하는 상품을 찾을 때 제공할 수 있어야 한다.

스포츠센터

스포츠센터는 총 점포 수가 80개로, 전체 업종 중 47위, 서비스업종 중 18위를 차지하고, 상권당 평균 점포 수는 3개다.

스포츠센터는 피트니스센터와 함께 몸짱 신드롬으로 성장하고 있는 웰빙형 레저 스포츠업종으로, 향후 소득수준이 향상됨에 따라 전 지역으로 확산될 것으로 보인다. 총 점포 수가 638개인 압구정 상권에는 스포츠센터가 6개이지만, 총 점포 수가 657개로 비슷한 규모의 연신내 상권에는 스포츠센터가 12개다. 또한 총 점포 수가 231개로 압구정 상권의 3분의 1 규모인 문정역 상권에는 스포츠센터가 10개나 있다. 이로 인해 연신내 상권과 문정역 상권은 과당 경쟁 현상을 보인다.

스포츠센터는 20~30대 대학생과 직장인이 주 타깃이다. 고객들의 시간효율성이 중요해 거리상 가까워야 하며 주차장을 반드시 확보해야 한다.

일정 규모 이상의 점포 면적을 확보해야 하며, 시계성이 좋아야 하고, 고객의 체류시간이 긴 업종이므로 주로 대로변 건물의 최고층에 입주한다.

서점

서점은 총 점포 수가 79개로, 전체 업종 중 48위, 소매업종 중 13위를 차지하고, 상권당 평균 3개 미만의 점포가 존재한다. 신금호 상권과 상왕십리 상권은 서점 수가 각각 13개, 11개로 상권의 규모에 비해 점포 수가 많은 편이다.

대체적으로 독서율이 낮아지는 추세이며, 온라인을 통한 구매가 늘고 있는 등 경영 환경이 어려운 업종이므로 출점에 신중을 기해야 한다. 또한 소득이 높은 지역보다 소득이 낮은 지역의 서적 구입률이 높아 중산층과 저소득층이 사는 지역에 출점하는 것이 유리하다.

대형 서점을 제외한 일반 서점은 거리의 편리성을 추구하는 지역 밀착형으로, 주거지인구 구성을 연령대별로 분석해 고객 특성에 맞게 상품을 구성해야 한다. 서점은 규모의 경제성이 적용되는 업종이며, 주거지 주 출입구를 확인한 후 중심 상가에 입지해야 한다.

언더웨어 전문점

언더웨어 전문점은 총 점포 수가 54개로, 전체 업종 중 49위, 소매업종 중 14위를 차지하며, 상권당 평균 점포 수는 2개다.

언더웨어 전문점은 점포마다 개성을 살린 상품 차별화가 어려워 이질성이 높은 업종임에도 불구하고, 연신내 상권과 신금호 상권은 언더웨어 점포 수가 각각 10개와 6개로 상권의 규모에 비해 과다하게 출점돼 있다. 언더웨어는 착용감을 중시하는 20~30대가 주 타깃 고객으로, 기호형 상품의 성격이 강해 유동인구가 많은 배후지에 출점해야 한다.

언더웨어 전문점은 타깃고객층이 일치하는 패션 의류 상가가 발달한 대로변 쇼핑가에 입지해야 하며, 브랜드력이 약하고 점포 규모가 중소형인 주얼리, 액세서리점과 함께 출점해 집객력을 높여야 한다.

신발점

신발점은 총 점포 수가 53개로, 전체 업종 중 50위, 소매업종 중 15위를 차지하고, 상권당 평균 점포 수는 2개다.

연신내와 문정역 상권은 신발점 수가 각각 12개와 11개로, 유명 브랜드의 아울렛형 신발 전문점들이 출점해 신발 전문 상가를 구축하고 집객력을 높인 경우다. 신발 전문점 중 유명 브랜드를 선호하는 10~20대를 타깃고객으로 하는 브랜드형 신발점은 유동인구가 많은 상권의 대로변 쇼핑 1번가에 입지하며, 실용성을 추구하고 가정주부를 타깃고객으로 하면서 생활용 신발을 주력상품으로 취급하는 신발점은 생활용품을 판매하는 소매업종과 함께 근린 상가에 입지한다.

액세서리점

액세서리점은 총 점포 수가 50개로, 전체 업종 중 52위, 소매업종 중 16위를 차지하고, 상권당 평균 점포 수는 2개다.

액세서리점은 소득수준이 향상됨에 따라 패션 보조품에서 자신의 개성을 연출하는 패션 중심품으로 그 성격이 바뀌면서 성장 단계에 있는 소매업종이다. 주 고객은 가격과 디자인에 민감한 10대 후반부터 20대 중반까지의 젊은 여성층이다.

액세서리는 생활필수품보다 기호품의 성격이 강하므로 입지 선택이 무엇보다 중요하며, 배후지인구보다 유동인구가 많은 상권을 택해야 한다. 10대 후반부터 20대 중반의 여성 고객이 많은 지구상권에서 패션 의류 상가가 발달한 대로변에 입지해야 한다.

브랜드력이 약하고 점포 규모가 중소형이므로 주얼리 전문점, 언더웨어 전문점 등과 함께 패션타운을 형성해 집객력을 높여야 하며, 타깃고객이 다른 곳에 단독 출점하면 위험하다. 액세서리는 충동적으로 구매하는 성격이 강하기 때문에 유행에 맞는 기획상품을 중심으로 하고 기념일 이벤트 상품을 보조상품으로 하여 고객의 구매의욕을 자극해야 한다.

수선점

수선점은 총 점포 수가 47개로, 전체 업종 중 53위, 서비스업종 중 20위이며, 상권당 평균 점포 수는 2개다.

수선점은 거리의 편리성이 중요한 지역밀착형 업종으로, 주거지역의 근린 상가에 입지한다. 또한 고객이 필요에 의해 찾는 목적구매형 업종이다. 따라서 기술력이 무엇보다 중요하며 입지의 중요성은 상대적으로 낮은 업종이다. 수선점은 고객의 이용빈도가 세탁소보다 낮으며 이용 고객층도 적어 상권 내에 1,000세대 정도의 배후주거지를 갖추어야 한다. 다만 상가 내 자투리 면적에 입지할 경우에는 투자 규모가 작으므로 세대 수가 이보다 적더라도 출점 가능하다.

의류 쇼핑가 내에 입지한 수선점은 스피드를 요하는 시간절약형 서비스업종으로, 고객이 문의하면 의류점에서 점포의 위치를 설명해주기 때문에 점포의 입지는 중요하지 않다.

건강 관련 서비스점

건강 관련 서비스점은 총 점포 수가 46개로, 전체 업종 중 54위, 서비스업종 중 21위를 차지한다.

건강관련 서비스업종은 네일 아트, 발관리, 경락 마사지, 스포츠 마사지를 비롯해 웰빙 추세에 힘입어 등장한 새로운 업종으로 향후 소득수준이 증가함에 따라 성장 가능성이 높은 업종이다. 스트레스를 많이 받는 20~30대 남녀 직장인과 소득수준이 높고 건강에 관심이 많은 가정주부를 대상으로 하기 때문에 직장인을 겨냥한 오피스가에 입지하거나, 가정주부들이 즐겨 찾는 백화점, 헬스 센터, 찜질방 등의 업소 내에 숍 인 숍 형태로 출점한다.

오피스가에 입지하는 건강 관련 서비스점은 규모의 경제가 적용되므로 일정 규모 이상의 면적을 갖추어야 하고, 고객의 체류시간이 길고 새로운 업종인 점을 감안해 대로변 주동선상에 있는 건물 고층에 입지해야 한다.

일본식 주점

일본식 실내 포장마차 형태의 주점으로 총 점포 수는 42개이며, 시장 진입 초기에 있는 신규 업종이다.

주 고객층이 20~30대 젊은 층이고 일본풍의 주점이기 때문에 새로운 문화를 가장 빠르게 수용하는 압구정 상권과 압구정역 상권에 각각 11개의 점포가 출점해 있으며, 신촌 상권과 강남역 상권에 각각 9개, 8개의 점포가 출점해 있다.

마포, 강서구청, 방배 상권에는 각각 1개의 점포가 실험적으로 들어서 있는 등 아직 시장 진입 초기에 있는 업종이다.

일본에서는 중저가의 서민형 술집이지만, 국내에서는 이국적인 인테리어와 1인당 1만~2만 원 정도 가격의 프리미엄급 주점으로 자리잡았으며, 깨끗하고 산뜻한 이미지 때문에 여성 고객의 구성비가 높다는 점이 확산되는 데 장애 요소로 작용한다.

일본의 경우 다양한 종류의 이자까야점이 밀집해 있고 각 점포마다 개성을 살려 집객력을 높이고 있으나, 국내에서는 꼬치구이를 주력으로 한 비슷한 점포가 대부분이어서 오히려 이질성이 높아 상권 내 외식상가와 주점가가 발달한 곳에 분산되어 출점한다.

사우나 시설

사우나 시설의 총 점포 수는 41개다. 지구상권 내 사우나 시설은 오피스가의 직장인을 대상으로 하며, 피로회복 및 숙취해소를 위한 서비스 시설이다.

주 고객층이 직장인이고 근무시간 중에 대부분 이용하기 때문에 거리의 편리함보다는 남의 이목을 피해야 한다는 점을 고려해야 한다. 따라서 대로변 주동선상에 위치하기보다는 외식상가가 발달해 있어 자연스럽게 이용할 수 있는 이면도로에 위치한 건물 내에 입지한다.

오피스 중심가로부터 도보로 5~10분 거리 이내에 있어야 하며, 규모의 경제가 적용되는 서비스업종이므로 경쟁점의 진입을 막기 위해 대형화, 고급화를 추구해야 한다. 고객들의 이용시간대가 점심시간을 전후로 집중되기 때문에 점심형 외식상가가 발달한 지역과 가까운 곳에 입지하는 것이 유리하다.

아이스크림 전문점

아이스크림 전문점은 총 점포 수가 41개다. 아이스크림 전문점은 입지유형에 따라 주거지형과 오피스형, 역세권형으로 컨셉을 달리해 출점한다. 주거지형은 가족 단위를 대상으로 하는 이벤트용 케이크와 3~4인용 아이스크림을 중심으로 하고, 오피스형은 오피스가에 근무하는 20대 여성 고객을 주 고객으로 간단한 디저트를 중심으로 한다. 역세권과 대형 극장, 공연장형은 유동고객을 대상으로 한 2~3인용 아이스크림을 주력으로 출점한다.

아이스크림점은 기호성 식품으로 충동구매 성격이 강하기 때문에 입지유형에 관계없이 대로변 주동선상에 있는 목 좋은 건물의 1층에 자리잡는다. 대형 극장이나 공연장 인근에 입지할 경우 극장의 입구보다 출구 쪽에 가까울수록 유리하고, 쇼핑가가 발달한 상권에서도 쇼핑이 끝나는 지점 인근에 입지하는 것이 좋다. 아이스크림점은 계절의 영향을 많이 받는 업종으로 계절지수를 감안해 매출을 예측해야 한다.

우동 전문점

우동 전문점은 총 점포 수가 41개로, 전체 업종 중 59위, 외식업종 중 20위를 차지한다.

우동 전문점은 면 전문점과 김밥 전문점보다 선호도가 낮고 저가의 간단식사형 외식업종이지만 김밥과 달리 배달과 보관이 어려워 주거지인구 구성비가 높은 지역밀착형보다 유동인구가 많은 도심형이 유리하다.

좌석의 회전율을 높이는 것이 매출을 올리는 지름길이므로 하루 5~6회의 회전율을 유지하기 위해서는 유동인구가 많은 지역에 입지해야 한다. 역세권형 입지에 다수 진출해 있으며, 오피스가형 지역에서는 점포 규모가 작아 유동인구가 많은 대로변 또는 이면도로 외식상가의 주동선상에 입지한다.

또한 우동 전문점은 맛보다 스피드가 관건이다. 또 회전율을 올리기 위해 편안한 좌석을 제공하기보다는 가급적 좌석을 좁게 배치하여 식사 후 곧장 자리를 뜨도록 유도해야 한다. 유흥가 입지에서는 주동선상에 위치하는 노점상들이 우동을 주 메뉴로 팔기 때문에 노점상과 경쟁 관계에 있다. 하지만 노점상에 비해 입지 경쟁력에서 뒤

지므로 가급적 출점을 피하는 것이 좋다.

파스타 전문점

파스타 전문점은 총 점포 수가 39개다. 파스타 전문점은 최근 들어 점포 수가 계속 늘어나는 추세에 있어 성장 단계에 들어선 외식업종이다.

주 고객층이 20대 여성으로, 20대 여성 고객의 구성비가 높은 백화점, 금융가, 쇼핑타운이나 IT 관련 벤처회사들이 많은 오피스 상권에 출점한다. 파스타 전문점은 20대 여성 고객을 대상으로 하기 때문에 밝고 깨끗한 매장 이미지가 중요하며 패밀리 레스토랑과 함께 대로변의 신축 건물에 입주해 브랜드 인지도를 높인다. 백화점이나 쇼핑몰 등 유동고객을 대상으로 한 입지에서는 외식상가 주동선상에 위치한다. 점포 규모가 100석 이상인 대형 점포일 경우에는 1층은 프런트 데스크로, 2층은 점포로 활용하거나, 건물의 2층 전체를 점포로 활용한다.

기원

기원은 총 점포 수가 38개로, 전체 업종 중 61위이며, 상권당 평균 1개가 있어 하위 업종에 속한다. 인터넷 바둑이 확산되고 바둑을 두는 젊은 층도 계속 줄고 있는 추세이므로 쇠퇴기에 접어든 서비스업종이다.

주 이용 고객층은 30~40대 남성으로 상권 내 벤처기업보다 중견기업이 많은 오피스가에 입지한다. 고객의 체류시간이 길어 건물의 상층부에 입지하며, 이용고객이 사전에 위치를 확인하고 찾아오기 때문에 입지의 중요성은 낮다.

서비스업종은 대다수 상권에서 젊은 층의 기호에 맞게 빠르게 변하고 있으므로 기원은 신속히 업종 전환을 고려해야 한다. 일본의 경우처럼 만화, 인터넷 카페, 가벼운 오락게임 등이 합쳐진 새로운 개념의 점포로 전환하는 것도 고려해 볼 만하다.

도장 전문점

도장 전문점은 총 점포 수가 32개로, 전체 업종 중 62위이며 상권당 평균 1개의 도장집이 있으나, 싸인 문화가 보급되면서 기원과 마찬가지로 쇠퇴기에 접어든 업종 중 하나다.

도장은 계약서에 날인할 때와 은행 거래할 때를 제외하고는 사용할 기회가 거의 없으므로 개인용 인감 및 법인 인감을 제외하곤 사용할 일이 거의 없다.

도장이 급히 필요한 사람을 대상으로 한 도장점이 관공서나 금융가 주변의 길목에 명맥을 유지하고 있으며, 내부적으로 개인 도장을 사용하는 기업이 있어 오피스 중심가에 입지하는 경우도 있다.

개인용 인감과 법인 인감을 전문으로 하는 도장점은 운세 등과 관련이 되는 전문성이 요구되는 업종이므로 특정 지역에 다수의 점포가 출점해 집객력을 높이는 것이 관건이다.

한복점

한복점은 총 점포 수가 30개이며, 이용 고객의 감소로 점포 수가 줄고 있는 추세에 있는 업종이다. 구매빈도가 일생에 한두 번에 불과한 이벤트용 의상이면서 고가의 상품으로, 도심지 다운타운형에 해당하

는 지구상권에 거리의 편리성을 내세운 1~2개의 점포가 존재하는
정도다.

한복점은 우아하고 화려한 이미지를 연출해야 하고 소재와 디자인
이 다양한 동질성이 강한 업종이다. 따라서 백화점과 쇼핑센터가 발
달한 다운타운에, 다수의 점포가 대로변에 대형매장으로 출점해 한
복 전문 상가를 형성하고 집객력을 높인다. 브랜드 인지도가 낮을 경
우 지구상권에 출점하는 것보다 한복 전문 상가에서 점포의 개성을
살려 출점하는 것이 유리하다.

간판점

간판점은 총 점포 수가 27개로, 상권당 평균 1개 정도에도 미치지 못
한다. 구매빈도가 매우 낮아 도심지 전문 상가형에 해당되는 부심형
지구상권에 1~2개의 점포가 존재하는 정도다.

소재와 디자인이 다양하고 각각의 점포가 개성을 살릴 수 있는 동
질성이 강한 업종이므로 다수의 점포가 대로변에 출점해 전문 상가
를 형성하고 집객력을 높인다.

브랜드력이 약한 간판점을 창업할 때는 점포를 알릴 수 있는 방법
이 거의 없는 지구상권에 입점하는 것은 리스크가 높으며, 도심지 전
문 상가에 디자인이나 소재를 특화해 출점하는 것이 유리하다.

애완용품점

애완용품점은 총 점포 수가 27개다. 국내 애완견 수는 250만 마리로,
강아지 한 마리당 연간 50만 원 정도 비용이 발생한다고 했을 때 약 1
조 2,000억 원에 이르는 시장 규모를 갖고 있는 성장 추세 업종이다.

애완용품점은 애완동물과 애완용품을 함께 취급하는 점포와 애완용품만을 취급하는 점포로 나뉜다. 애완동물을 취급하는 점포는 구매빈도가 평생에 1~2번 정도로 매우 낮고 애완동물의 종류도 다양해 각 점포마다 개성을 살릴 수 있는 동질성이 강한 업종이다. 따라서 충무로와 같은 도심지에 전문 상가를 형성하고 있다. 애완용품만을 취급하는 전문점은 상품의 구매빈도가 높은 애완식품을 주력상품으로 하고 구매빈도가 낮은 액세서리를 보조상품으로 하는 소매업종으로, 점포 사이의 상품 차별화가 어려워 이질성이 높다. 상권 내에 분산 출점해야 하며, 상권 내 일상생활용품을 판매하는 소매상가가 발달한 곳에 입지한다.

떡 전문점

떡 전문점은 총 점포 수가 25개로, 상권당 평균 1개에도 못 미친다. 하지만 떡은 경조사 음식이라는 인식에서 일상 음식으로 소비자의 생각이 바뀌어 가고 있는 상황이어서 현재 절대 우위를 지키고 있는 빵과 경쟁을 벌일 것으로 예상된다. 일본의 경우 떡은 고급 간식으로 자리 잡아 제과점보다 우위에 있다.

떡 전문점은 주 고객층이 30대 이상의 장년층이므로 20대 젊은 층에 맞게 바뀌어가고 있는 지구상권보다는 주거단지를 겨냥한 지역의 근린 상가에 입지한다. 또 떡은 목적구매보다 충동구매가 많이 일어나는 기호성 식품이므로 후발주자로 창업할 때에는 근린 상가나 상가단지 내 유동인구가 많은 곳에 입지해야 한다. 떡은 연령대별로 남녀별로 선호하는 맛이 달라 고객들의 기호를 조사 분석해 주력상품을 결정해야 한다.

레코드점

레코드점은 총 점포 수가 25개로, 인터넷산업의 발달로 음반시장의 규모가 줄면서 점포 수도 줄고 있는 쇠퇴기에 들어선 소매업종이다.

주 고객층이 중고생과 20대 초반의 여성이지만, 중고생이 주 타깃이기 때문에 주거지에 들어선 근린 상가나 상가단지에 입지한다면 구매층의 구성비가 낮아 제대로 상권이 형성되지 않을 가능성이 높다. 지구상권을 향하더라도 대학생 이상의 고객층을 겨냥한 업종이므로 이들 타깃고객층의 구성비가 낮은 지구상권에서는 고전이 예상된다.

중고생들이 많이 몰리는 강변역의 테크노마트와 대형 멀티플렉스 극장이 들어선 대형 상가단지, 동대문 의류타운 등이 좋은 입지다.

욕실용품점

욕실용품점은 총 점포 수가 22개로, 웰빙 붐에 힘입어 새롭게 시장에 진출하고 있는 업종이다. 식물에서 추출한 자연원료를 이용해 만든 화장품, 목욕용품, 아로마테라피용품 등을 판매하는 소매업종으로, 300여 종류의 상품을 취급한다.

주 고객층이 20~30대 여성이며 필수품의 성격보다는 기호품의 성격이 강해 20대 여성의 유동인구가 많은 지구상권에 입지해야 한다. 20대 여성 고객을 대상으로 하기 때문에 점포 이미지가 밝고 깨끗해야 하고, 패션 의류 쇼핑가가 발달한 대로변 주동선상에 입지해야 한다. 주 고객층이 일치하는 피부 클리닉이나 피부관리실이 들어선 건물에 입지하는 것도 좋다.

상품에 대한 전문 지식이 필요하고 각 상품의 특성을 잘 알아야 하며, 또한 상품 특성을 효과적으로 전달하는 방법에 대한 연구가 필요하다.

혼수용품점

혼수용품점의 총 점포 수는 21개다. 결혼에 사용되는 예물을 중심으로 일생에 한두 번 구매하는 이벤트용이며, 대부분 고가의 상품에 해당된다. 도심지 다운타운에 입지하며 지구상권에는 거리의 편리성을 내세운 1~2개의 점포가 존재하는 정도다.

백화점과 쇼핑센터가 발달한 다운타운에서는 우아하고 화려한 이미지를 연출해야 한다. 소재와 디자인이 다양하므로 동질성이 강한 업종이다. 다수의 점포가 대로변에 대형 매장 형태로 출점해 혼수 전문 상가를 형성하고 집객력을 높인다. 브랜드 인지도가 낮을 경우 지구상권에 출점하는 것보다 혼수 전문 상가에서 점포의 개성을 살려 출점하는 것이 유리하다. 한복과 함께 동일 상권을 형성하면 고객이 한 번에 쇼핑할 수 있으므로 집객력도 높일 수 있다.

웨딩용품점

웨딩용품점은 총 점포 수가 19개로, 한복, 혼수용품과 함께 한 세트를 이루어 고객이 원스톱(One Stop) 쇼핑을 할 수 있도록 한다. 일생에 한두 번 구매하는 이벤트용품이며 고가의 상품에 해당되어 도심지 다운타운에 입지한다. 지구상권에는 거리의 편리성을 내세운 1~2개의 점포가 존재하는 정도다.

백화점과 쇼핑센터가 발달한 다운타운에서는 고급스러운 이미지를 연출해야 한다. 상품의 종류가 다양하기 때문에 동질성이 강한 업종이며, 다수의 점포가 대로변에 대형 매장 형태로 출점해 웨딩용품 전문 상가를 형성하고 집객력을 높인다. 주요 부심 상권에 진출할 때는 한복, 혼수용품과 함께 도미넌트 방식(유사업종들이 특정 지역을 거점으로 집중적으로 출점해 있는 형태)으로 출점하면 성공 가능성이 높다.

골프연습장

골프연습장의 총 점포 수는 18개이며 소득수준의 향상과 골프 인구의 확산에 힘입어 입지유형별로 타깃고객을 달리하며 출점하는 업종이다.

골프연습장은 배후주거지 인구와 근무자 수가 중요하다. 유동인구의 영향을 받지 않아 역세권 등에는 출점하지 않는다. 주거지 입지의 경우에는 고급 아파트단지나 고급 주택단지의 가정주부와 일반인을 대상으로 하며, 지역 중심의 상가단지 내에 있는 지하층에 입지한다. 오피스 입지의 경우에는 직장인을 대상으로 하며, 새벽, 점심시간, 퇴근시간에 집중적으로 이용하기 때문에 거리의 편리성이 중요하므로 오피스 밀집도가 가장 높은 건물의 지하층에 입지해야 한다. 규모의 경제가 적용되는 서비스업종이므로 대형화, 고급화를 추구해야 한다.

전당포

전당포는 총 점포 수가 16개로, 카드가 보급됨에 따라 쇠퇴기에 접어든 서비스업종이다. 최근에는 신용불량자를 대상으로 한 고리대금업으로 전환하는 추세다. 주 고객은 유흥비를 위한 현금 수요가 많은 젊은 층이며 신용불량자일 가능성이 높아 남의 눈에 띄지 않기를 바라기 때문에 유흥가 내 통행량이 매우 적은 숙박 시설의 건물 상층부에 입지한다.

전당포는 현금화가 용이한 명품시장이 커지면서 명품 취급 전문 전당포만이 명맥을 유지하는 정도다. 전당포는 이용빈도가 매우 낮고 전당포 간 차별화가 어려워 이질성이 강한 업종으로, 상권 내 분산 출점해야 한다.

유아용품점

유아용품점은 총 점포 수가 12개다. 주 이용 고객층이 가정주부인 지역밀착형 소매업종으로 지구상권에는 출점하기 어려운 업종이다.

신혼주부의 구성비가 높은 소형 아파트단지 등 주거지 입지의 근린 상가나 상가단지 내에 입지하며, 가정주부들의 주동선인 슈퍼마켓이나 생활용품을 판매하는 소매업종이 들어선 건물에 입지해야 한다. 유아용품점은 연령대별로 다양한 상품을 구성하는 것이 경쟁력의 원천이다.

도시락점

도시락점은 총 점포 수가 6개로, 배달을 전문으로 하고 입지유형에 따라 점포 컨셉을 달리하며 출점하는 외식업종이다. 주거지 입지에는 맞벌이 가정을 대상으로 근린 상가와 상가단지 내에 출점하고, 오피스 입지에는 집단 급식 시설이 없는 중소형 오피스가 많은 상권에 출점한다.

배달시간이 경쟁력이기 때문에 어떤 지역에서 주문이 오더라도 30

분 내에 배달 가능한 오피스의 중심지에 위치하는 것이 좋다.

골프용품점

골프용품점은 총 점포 수가 5개로, 주 고객층이 30대 이상 장년이고 구매빈도가 낮은 고가의 제품이므로 20대 젊은 층을 겨냥한 지구상권에 출점하기보다는 관련 이용객들이 모이는 대형 골프연습장 주변에 입지한다.

주류 판매점

주류 판매점은 총 점포 수가 5개로, 시장에 진입한 지 4~5년 된 신규 업종이지만 성장 속도는 느린 편이다. 국내에서는 가정에서 가족과 함께 술을 마시는 문화보다 주점에서 술을 마시는 문화가 보편적인데다 마시는 술의 종류도 맥주, 소주, 양주 등 다양하지 못해 신규 소매업종으로 성공하기엔 이른 편이다.

서비스업 기타점

전체 점포 수가 적고 종류가 다양해 분류하기 어려운 서비스업종으로, 시장 진출 단계에 있으며 총 점포 수는 50여 개다.

강남 지역은 유행성이 강한 신종 서비스의 경우 삼성역 상권을 중심으로, 지역밀착형 서비스의 경우 양재 상권을 중심으로 테스트 마켓 역할을 수행하며, 강동 지역은 천호역 상권이, 강북 지역은 연신내 상권이 테스트 마켓으로서의 기능을 수행한다.

소매업 기타점

소규모 점포 형태로 생활잡화를 비롯해 각종 상품을 구분 없이 판매하는 기타 소매업종의 총 점포 수는 41개로, 재래시장 분위기를 느낄 수 있는 연신내 상권에 15개가 집중되어 있다. 점포의 컨셉이 불분명한 생계형 소매업종으로 노점상이 상가 내로 진출한 형태이며, 점포 규모가 작아 상가 내 자투리 점포를 차지한다. 충동구매 성격이 강한 상품으로 구성되므로 유동인구가 많은 대로변에 입지하며, 신변잡화와 액세서리를 주력상품으로 한다.

7장

경쟁점을 이기는 방법

20% 이상의 마켓쉐어를 확보한다

마켓쉐어는 상권 범위 안에서 자신의 점포가 어느 정도의 수요를 차지하는지를 나타낸 수치다. 따라서 마켓쉐어가 낮으면 그 점포는 열세에 있으며 상권의 경쟁이 치열하다고 할 수 있다. 마켓쉐어가 나머지 점포를 압도할 정도로 높으면 경쟁이 적고 자신의 점포가 상권을 지배하고 있다고 할 수 있다.

마켓쉐어는 통상적으로 3단계로 나뉜다.

- 생존쉐어(7~10%)　마켓쉐어가 낮아 점포의 존재가 겨우 인정되는 상태다. 이 단계에서는 판촉행사를 하더라도 효과가 거의 없다.
- 성장쉐어(11~25%)　경쟁점 가운데 중간 수준으로, 일정 정도 영향력을 갖고 있다. 다른 점포에도 인지된 상태이며 경영이 안정된 단계이다. 판촉행사를 하면 효과가 나타나며 경쟁력을 갖추기 시작한다.
- 지배쉐어(26% 이상)　마켓쉐어가 높으며 이익도 높은 단계다. 상권 내에서 마켓 리더가 되고 있으며, 지역 최고의 점포로 상권을 지배하고 있는 상태를 말한다.

상권 내에 진출하려면 우선 성장쉐어를 확보하고, 그 다음 지배쉐어를 달성하는 것을 목표로 한다. 지배쉐어를 달성하기까지는 다음의 경쟁법칙을 명심해야 한다.

경쟁 상대가 철수하고 나서 더 강력한 상대가 나타나지 않으리라는 보장은 없다. 또 경쟁 상대가 생계형으로 배수진을 치고 나오면 어떻게 반격하고 나올지 모르므로 경쟁 상대를 누르되 죽여서는 안 된다.

주택가에 입지한 편의점과 구멍가게의 경쟁 사례를 보면 아무리 낡고 허름한 가게일지라도 쉽게 물러나지 않으며, 일단 가격경쟁에 돌입하면 우열이 가려지기까지는 2~3년의 시간이 걸린다.

경쟁이 벌어지면 대부분 가격경쟁으로 치닫는다. 고객들은 10% 정도의 가격차에 반응을 보이기 시작하며, 20~30% 격차가 벌어지면 고객의 20~30%가 떨어져나간다. 그러면 가격을 같이 내리게 되고 공멸의 길로 접어들게 된다.

또한 가격경쟁으로 상대를 이겨 고사시켰다고 해도 가격을 원래대로 다시 올리기는 쉽지 않다. 가격을 올리면 점포 이미지가 나빠지며 다른 경쟁점이므로 순식간에 고객들이 빠져나가기 때문이다.

이 때문에 편의점은 경쟁점이 나타나면 상품 구성, 청결, 친절, 결품 방지 등 기본 4원칙으로 경쟁할 뿐 웬만해서는 가격을 내리지 않는다.

체인점의 경우 한 점포의 경쟁 상황 때문에 전체 점포의 가격 정책이나 판촉행사를 바꿀 여지가 적다. 또한 작은 부분까지 일일이 대응할 수 없고, 대응한다 해도 시간이 걸리므로 경쟁 상대로는 체인점이 좋다.

자신보다 규모가 큰 점포에 고객을 뺏기지는 않을까 걱정하지 말고 자기보다 약한 점포에서 고객을 빼앗아 올 생각부터 해야 한다. 약한 점포는 대개 이렇다 할 경영전략도 없고 자금 사정도 어렵기 때문에 반격의 여지가 적다.

한편 접근전이 벌어지면 결국에는 실력 있는 자가 판을 제압하게 된다. 특히 가로막는 도로 없이 두 점포가 인접해 있을 경우에는 좀 더 우수한 점포가 경쟁에서 승리한다. 고객이 두 곳 중 한 곳을 택하는 데 크게 갈등하지 않기 때문이다.

할인점과의 경쟁에서는 서비스로 승부한다

대형할인점의 출점이 지역 상권에 미치는 영향은 지대하다. 대형할인점이 들어오면 지역 상권이 넓어지고 고객 흡인 효과가 커지지만, 슈퍼마켓 등 대형할인점에서 취급하는 상품을 판매하는 점포들의 매출이 감소한다. 한편 서비스업종 및 외식업종은 고객이 늘어 매출이 증가한다.

편의점업계와 슈퍼마켓업계가 소매시장에서 경쟁한 외국 사례를 보면, 미국의 편의점업계는 새로운 소매업종로 진출하면서 슈퍼마켓과 가격경쟁을 벌였다가 도산한 사례가 있지만, 일본의 편의점업계는 슈퍼마켓과의 경쟁에서 가격경쟁보다는 상품 구성, 청결, 친절, 결품 방지 등 기본 4원칙을 지키는 데 집중해 경쟁에서 이겼다.

대형할인점과 경쟁할 때에는 어떻게 하면 더 많은 고객에게 상품

부정적인 영향	긍정적인 영향
지역 소매점	보석전문점
일반 할인의류점	선물의 집
농축수산품 취급점	패션 의류 및 신발 취급점
가구점	주유소
하드웨어 취급점	식당
할인점과 유사한 상품 취급점	레포츠 편의 시설

을 팔 수 있을까를 고민하기보다는 어떻게 하면 단 한 명의 고객에게 더 많은 상품을 팔 수 있을까를 고민해야 한다.

대형할인점은 매장이 표준화되어 있고 매장 직원들이 재고를 조사하고 보충해서 진열하는 데 많은 시간을 할애하므로 고객밀착 서비스를 제공하는 데는 한계가 있다. 이를 감안해 대형할인점이 쉽게 따라올 수 없는 서비스를 개발하는 것이 바람직하다.

대형할인점은 회전율이 높은 상품을 중심으로 대량 진열 및 저가 전략으로 승부한다. 따라서 대형할인점과 가격비교가 되는 상품을 취급하기보다는 주요한 카테고리의 상품의 폭을 늘려 고객의 선택폭을 넓혀야 한다.

대형할인점과 가격경쟁을 통해 승부하겠다는 생각은 매우 위험하다. 미국의 사례에서 보듯 가격으로 경쟁한 대부분의 업체는 도산을 면치 못했다. 또한 대형할인점과 동일한 상품을 취급하더라도 그 가격이 10% 이상 비싸면 안 된다.

점포 면적이 작을수록 진열 생산성이 높아야 한다. 이를 위해서는 인기가 없는 상품은 신속히 진열대에서 제거해야 한다. 무엇보다 고객이 점포에 들어왔을 때 바로 눈에 띄는 진열대를 제대로 관리하는 것이 중요하다. 할인점보다 가격이 낮거나 차별화된 상품에는 반드시 POP를 부착해 눈에 띄도록 해야 한다.

대다수의 지역 소매점은 대형할인점에 비해 질 좋고 친근한 서비스를 고객에게 제공할 수 있다. 할인점들이 서비스의 질을 높이기 위해 교육에 많은 시간을 할애하고는 있지만 고객밀착 서비스를 제공하기에는 작은 점포가 더 유리하다.

노년층과 단골고객을 집중 겨냥한다

상권 내 인구통계나 가구당 연 평균 소득에 대한 정보 분석이 미약해 대개의 경우 상권 내 연 평균 소득을 실제보다 과대평가한다. 이때문에 상품 구성을 고급화하는 경향이 있다.

특히 우리나라는 노년층의 인구 구성비가 급속히 늘고 있지만 노년층의 인구 증가 추세나 이에 따른 상품 구성에 대한 분석이 미약한 실정이다. 노년층의 구성비가 높은 지역의 한 슈퍼마켓에서는 노인들이 주기적으로 약을 구매하지만 쇼핑을 힘들어한다는 사실을 파악해 배달 서비스를 도입함으로써 고객을 확보하는 데 성공한 사례가 있다.

단골고객을 확보하기 위해서는 고객들을 인터뷰함으로써 관심 있는 카테고리 분야를 찾거나 각 카테고리별로 자신의 점포에서 쇼핑한 경험과 대형할인점에서 쇼핑한 경험을 비교분석하여 개선점을 도출해 낼 수도 있다.

반품을 활용해 충성고객을 만든다

대다수의 점포에서는 고객이 반품을 요구하면 다른 물건으로 교환해 주는 정도에 그친다. 그러나 반품은 한 번 고객을 영원한 고객으로 만드는 중요한 계기가 된다. 현금으로 교환해 주는 것은 물론 구매 시점보다 반품 시점의 가격이 낮을 경우 그 차액까지도 보상해 주는 것이다.

고객이 다른 매장에서 산 상품이나 선물받은 상품을 들고 와 환불을 요구한다고 해서 반품을 거부한다면 매장의 신용이 하락할 수 있다. 반품 정책은 신뢰감 형성에 큰 영향을 미치므로 고객들의 반품요구를 잘 활용하면 충성고객으로 만드는 계기로 삼을 수 있다.

한편 상품의 하자 때문에 반품률이 높은 상품에 대해서는 제조사에 시정 요청을 하고 이것이 지켜지지 않을 때는 제조사를 교체해야 한다.

가격민감 상품의 가격차는 10% 이하여야 한다

대부분의 사람들은 소매점이 대형할인점에 비해 비싸다고 생각한다. 그러나 소비자들은 자주 사거나 사고 싶은 상품, 계절 상품, 전단에 자주 실리는 상품 등 가격에 민감한 상품 100~200여 개가 싸다면 전체 상품의 가격이 싼 것으로 인식한다.

따라서 새로운 점포가 생겼을 때는 이런 가격민감 상품의 가격을 비교해 점포를 바꿀 것인지 결정한다. 따라서 할인점의 광고 상품, 행사 상품, 종업원의 의견 등을 수렴해 이 같은 가격민감 상품의 리스트를 작성함으로써 이 상품에 대해서는 변동가격 시스템을 적용해 대처해 나가야 한다.

가격할인 상품, 신상품, 품질이 우수한 상품에 대해서는 반드시 안내표지를 부착하고, 점포의 주요한 정책과 관련해서도 반드시 안내판을 부착한다. 예를 들어 수표나 신용카드 취급, 선물포장 서비스, 배달 서비스, 특별주문 등에 대해서는 반드시 안내판을 부착한다. 최근에는 컬러프린트기가 많이 보급되어 예쁜 디자인의 안내판을 손쉽게 만들어 부착할 수 있다.

고객들의 통행이 가장 많은 주통로를 따라 설치된 진열대는 고객의 시선을 가장 많이 끌기 때문에 매출도 일반 진열대에 비해 월등히 높다. 따라서 눈에 띄는 안내판과 함께 가격에 민감한 상품 또는 계절 상품을 진열하는 것이 좋다.

행사 진열대의 경우 고객이 반드시 지나가는 자리(출입구 또는 주통로)에 대형할인점보다 가격경쟁력이 높은 상품을 진열함으로써 고객들의 추가 구매를 유발토록 한다.

전문적인 지식을 제공한다

더 좋은 성능의 신제품이 하루가 멀다하고 등장하고 있지만 상품에 대해 충분한 전문 지식을 갖춘 고객들은 그렇게 많지 않다. 예를 들어 진공청소기의 암페어수가 무엇인지, 잔디깎기의 2사이클 방식과 4사이클 방식의 차이는 무엇인지, 낚싯대의 베어링이 4개가 좋은지

2개만으로 충분한지 등에 대해 소비자들은 제대로 알지 못한다.

이를 위해 중요한 자리마다 시범대를 설치하고 고객이 직접 사용해 보도록 하는 것이 대형할인점에 맞서는 장점이다. 대형할인점에서는 대부분 상품을 창고에서 꺼내 진열하는 데 많은 시간을 할애하므로 상품에 대해 설명할 수 있는 인력이 부족하다. 따라서 소매점에서는 상품 사용 시범으로 고객을 끌어들일 수 있다. 특히 원예용품, 스포츠용품, 전기전자제품, 집수리용품 등은 상품 설명 서비스를 활용하면 효과적이다.

또한 실력 있는 전문점과 제휴해 전문 인력을 확보한 다음 매장 내의 코너에서 고객들의 질문에 즉시 답하는 것도 좋은 방식이다. 그러나 고객들이 전문점에서 사고 싶은 물건에 대해 충분한 설명을 들은 다음 할인점에 가서 상품을 사는 경우도 있으므로 이를 구매와 연결시키는 것이 중요한 포인트다.

부가 서비스를 개발한다

고객을 유치하려면 서비스로 승부해야 한다. 상품 판매 외에도 제공할 수 있는 부가 서비스를 개발해 고객유치에 적극적으로 나서야 한다. 집수리용품점은 페인트를 칠하는 요령, 정원용품 판매점은 화초의 벌레를 제거하는 요령, 카메라점은 사진 찍는 요령, 직물점은 재봉틀을 사용하는 방법 등을 가르치면 고객들로부터 좋은 반응을 얻을 수 있다.

고객의 불만은 바로바로 처리한다

고객들이 점포를 떠나는 이유는 그 점포에서 무언가 부당한 대우를 받았기 때문이다. 대다수의 고객은 기분이 나쁘더라도 불만을 표시하지 않고 점포를 나간다. 하지만 점포를 나간 뒤에는 자신의 불쾌한 쇼핑 경험을 주변의 9~10명에게 이야기하는 것으로 조사됐으며, 이야기가 전달될 때마다 과장되는 경향이 있었다.

따라서 잠재 고객이나 현재 이용 중인 고객들의 불만을 파악하는 것은 매우 중요하다. 고객의 불만을 접수하고 처리하는 순서는 다음과 같다.

① 편안하게 불만을 이야기할 수 있도록 한다.
② 고객의 불만사항을 가능한 신속하게 해결한다.
③ 고객의 불만이 발생한 원인을 기록한다.
④ 어떻게 하면 재발을 방지할 수 있는지를 분석하고 업무 프로세스를 적절하게 바꾼다.
⑤ 바뀐 프로세스를 직원에게 실천하도록 유도하며, 가능하면 인센티브를 부여한다.

고객이 편안하게 불만을 토로할 수 있도록 가장 눈에 잘 띄는 카운터에 '고객이 만족해야 우리도 만족합니다. 부족한 점이 있으면 아무리 사소하더라도 말씀해 주십시오'라는 식의 POP를 부착하는 것도 좋은 방법이다. 쇼핑백, 영수증, 광고 등에 '우리 점포가 완벽하지 못하다는 것을 알고 있습니다. 만일 문제가 있으면 말씀해 주십시오.

해결할 수 있는 기회를 갖고자 합니다' 라는 식의 문구를 넣는 것도 좋은 아이디어다.

한편 고객의 불만을 적절히 해결하기 위해서는 종업원들에게도 어느 정도의 권한을 부여해야 한다. 또 고객의 불만사항을 날짜 별로 기록, 관리해야 한다. 고객 불만은 다양한 곳에서 다양한 형태로 발생하기 때문에 자주 발생되는 문제부터 해결해 줄여나가야 한다. 고객 불만을 처리할 때에는 원인을 분석하고 적절한 대책을 수립해 실행하는 것이 중요하다. 새로운 고객을 만드는 데는 수 개월이 걸리지만 고객을 잃는 데는 몇 초밖에 걸리지 않는다는 사실을 명심해야 한다.

불만을 표시하는 고객을 대할 때에는 다음 네 가지를 반드시 기억해야 한다.

첫째, 경청하는 자세다. 고객은 항상 옳다는 생각으로 고객의 이야기에 귀를 기울여야 한다.

둘째, 고객의 입장에서 생각하는 것이다. 고객과 눈을 맞추고 자주 고개를 끄덕이면서 눈높이 대화를 시도해야 한다. 절대 팔짱을 껴서는 안 된다.

셋째, 문제가 발생한 시점부터 현재까지 순차적으로 발생한 일들을 사실대로 정리해야 한다.

넷째, 적극적인 자세로 문제를 해결해야 한다. 고객이 문제를 제기할 때는 그 자리에서 해결되기를 기대하므로 직원들이 회사의 방침을 명확히 이해하고 상식 수준에서 판단을 내릴 수 있도록 해야 한다.

고객만족을 최우선으로 삼는다

모든 고객에게 친절하게 인사한다

고객을 확보하기 위해서는 고객만족이 무엇보다 중요하다. 따라서 고객이 무시당한다는 느낌을 받지 않도록 모든 고객에게 친절하게 인사를 해야 한다. 또한 점포 내에서 고객들이 직원을 구별 못해 불편을 겪는 경우도 많으므로 점포 직원은 고객이 쉽게 알아볼 수 있는 복장을 해야 한다. 눈에 잘 띄는 유니폼을 입고 유니폼 뒤에 '무엇을 도와 드릴까요?' 라는 문구 등을 표시한다.

모든 일에 앞서 고객 응대를 최우선으로 해야 하며, 불가피할 경우는 눈인사를 한 후 "손님 죄송하지만 잠시만 기다려주십시오"라고 양해를 구해야 한다. 아울러 매장 내에서는 항상 미소를 짓도록 노력해야 한다. 직원들의 밝은 미소는 고객에게 친근한 인상을 심어주며, 직원들의 사기가 높다는 것을 의미한다. 미국의 한 할인점에서는 직원들에게 '만일 제가 웃지 않고 있으면 당신에게 이것을 드립니다' 라는 스마일 배지 아래 1달러 지폐를 부착하고 다니도록 한 적도 있다.

고객이 계산을 할 때에는 "이 물건은 고객들이 선호하고 품질도 참 좋습니다"라는 식의 말로 고객들이 자신의 선택에 만족감을 느낀다.

고객을 외모로 판단하지 않는다

외모로 섣불리 고객을 판단하지 말아야 한다. 고객을 외모나 말투로 판단하는 것은 큰 실수를 유발할 수 있다. 항상 명심할 것은 모든 고객을 동등하게 대해야 한다는 것이다.

현금 구매 고객에게 경품 쿠폰, 기념일 선물 등을 제공해 고객 관련 정보를 수집해 체계적으로 관리하는 것도 필요하다. 고객 관리 프로그램은 DM이나 고객의 구매 패턴을 분석하는 데 매우 유용하다.

예전에는 상품을 파는 것으로 모든 것이 끝났으나 지금은 고객 관리가 점차 중요해지고 있다는 사실을 기억해야 한다.

8장
상권분석 사례

편의점 상권조사 사례분석

편의점을 창업하기 위해서는 배후지 인구구성, 통행객, 경쟁점, 주요 시설물 등을 면밀히 조사, 분석한 후 예상 매출을 추정하는 과정을 거쳐야 한다. 강남구에 출점하려는 편의점의 상권조사 과정을 살펴보자.

배후지 인구구성 조사 및 분석

배후지의 인구구성을 알기 위해서는 가장 먼저 거주자와 근무자를 구분 조사해 각 구획에 표시한다. 근무자는 근무하는 시설물의 종류에 따라 입지유형별로 조사하고, 거주자와 근무자의 인구 수를 기준으로 구성비를 산출한다. 이어서 아파트, 연립·빌라, 단독주택, 오피스텔 등으로 주거 형태를 조사하고 평형대에 따라 주거 면적도 함께 조사한다.

배후지 인구구성				
구분		인구 수	전 구획	구획 1
거주자		1,570	69%	31.7%
근무자	사무실	455		15.0%
	학원	0		0%
	유흥 / 음식	250		7.7%
	기타업소	0	31%	0%
	숙박	0		0%
	대형건물	0		0%
	집객시설	0		0%

<table>
<tr><td colspan="4" align="center">주거 형태 및 주거 면적 구성</td></tr>
<tr><td colspan="2" align="center">주거 형태</td><td colspan="2" align="center">주거 면적</td></tr>
<tr><td>아파트</td><td>2%</td><td>15평 이하</td><td>47%</td></tr>
<tr><td>연립 / 빌라</td><td>50%</td><td>15~19평</td><td>0%</td></tr>
<tr><td>단독주택</td><td>1%</td><td>20평대</td><td>50%</td></tr>
<tr><td>오피스텔 등</td><td>47%</td><td>30평대</td><td>0%</td></tr>
<tr><td>기타</td><td>0%</td><td>40평 이상</td><td>3%</td></tr>
<tr><td>합계</td><td>100%</td><td>합계</td><td>100%</td></tr>
</table>

통행객 조사분석

고객층을 성별 및 연령대별로 구분해 조사한다. 2시간 간격으로 30분간 통행객을 조사하는데 반드시 정해진 시간 간격을 지켜야 한다.

223쪽 위의 표를 보면 통행객은 전 연령층에 걸쳐 고르게 분포하고 있고, 특히 중고생과 40대 여성의 비율이 높음을 알 수 있다. 시간대별 통행객 비율 구성은 전국 평균과 동일하다. 유사 상권의 시간대별 통행객 비율 구성과 비교했을 때 야간시간대의 비율이 2% 높게 나타났다.

시간대	초등학생		중고생		20대		30대		40대		합계		시간대별
	남	여	남	여	남	여	남	여	남	여	남	여	구성비
08~09	4	2	10	8	9	5	5	10	10	5	38	30	17%
10~11	0	0	8	6	16	8	3	7	8	24	35	45	
12~13	0	0	24	30	3	12	9	3	21	27	57	72	64%
14~15	12	6	18	9	15	21	6	9	15	18	66	63	
16~17	3	2	18	7	8	7	9	11	11	55	49	82	
18~19	1	3	4	4	5	13	10	24	7	21	27	65	
20~21	6	0	9	2	13	3	11	3	13	3	52	11	
22~23	3	0	11	7	18	12	12	10	11	6	55	35	18%
24~01	0	0	4	0	12	8	8	0	10	2	34	10	
02~03	0	0	3	0	7	5	3	1	1	2	14	8	
연령 구성비	3%	2%	13%	9%	13%	11%	9%	9%	13%	19%			
	5%		21%		24%		18%		32%		50%	50%	
	42		182		200		154		270				

경쟁점 조사

출점하려는 상권 내에는 모두 네 곳의 경쟁점이 존재한다. 후보점
과의 거리는 각각 50~290미터이며 24시간 영업하는 곳은 두 곳
이다.

구획 번호	상호	면적 (평)	하루 매출 (천원)	영업시간	후보점과의 거리(m)
1	CVS	15	800	08:00~02:30	50
2	CVS	20	1,000	24시간	120
2	현대슈퍼	35	1,500	24시간	180
9	형제마켓	10	500	10:00~20:00	290

주요 시설물 현황

후보점 주위의 주요 시설물로는 중소형 건물 네 곳이 있고 노래
방, 호프점, 피라미드 회사, 벤처회사 등이 입주해 있다.

구획번호	건물명 층수	입주 현황	상주인구 (명)	주 구매처
1	미래 B/D 6F	노래방, 호프점, 당구장	35	강남슈퍼
1	선영 B/D 5F	피자헛, PC방, 두산회관	45	강남슈퍼
2	아주 B/D 4F	레코드 가게, 참치집, 피라미드 회사	50	편의점
2	대성 B/D 6F	노래방, 양곱창집, 벤처회사	40	현대슈퍼
2	하영 B/D 7F	호프점, 통신계열 벤처회사	45	강일슈퍼

매출 추정

매출 추정을 배후지 인구, 통행객, 입지구성비를 면밀히 검토하고 후
보점과 유사한 상권에 출점해 있는 유사점을 비교분석하는 과정을
거친다. 그리고 소매점의 계절지수도 매출 추정에 반영되어야 한다.
아래는 후보점과 유사점을 비교한 내용이다.

- 후보점 : 강남구 소재
  - 상권규모 : 주거 633세대, 근린생활 B/D 5~6층 20개동
  - 배후지 구성 : 주거(69%), 오피스/상가(31%)

- 주거 형태 : 15평 미만(47%)

- 통행객 : 848명

- 통과율 : 41%(1구획)

- 경쟁점(반경 200m 내) : 24시간 편의점 2개점, 소매점 1개점

- 벤치마킹점 : 서초구 소재

  - 상권규모 : 주거 636세대, 근린생활 B/D 4~7층 17개동

  - 배후지 구성 : 주거(38%), 오피스/상가(62%)

  - 주거 형태 : 15평 미만(47%)

  - 통행객 : 754명

  - 통과율 : 36%(1구획)

  - 경쟁점(반경 200m 내) : 24시간 편의점 2개점, 소매점 5개점,
    대형슈퍼 2개점

후보점과 벤치마킹점을 비교한 결과 다음과 같은 결론을 얻었다.

- 대로에서 직접 접근이 어려운 이면도로상에 위치하나, 오피스
  근무자 및 배후거주자들의 출퇴근 주동선상에 위치해 고객들의
  접근이 용이하다.

- 점포 주변으로 소규모 오피스와 식당들이 산재해 있다.

- 다세대 주택을 배후지로 갖고 있다.

- 지하철역과 약 450~500미터가량 떨어져 있어 역세권 영향을 직
  접적으로 받진 않는다.

구 분			후보점	벤치마킹점 1	벤치마킹점 2
배후지 인구	소득수준(천 원)		3,100	2,700	2,800
	전체 인구	구획 1	721	767	772
		전 구획	2,275	2200	2,447
	통과율	구획 1	41%	36%	41%
		전 구획	37.3%	34.3%	31%
	유동인구	구획 1	296	276	309
		전 구획	848	754	702

통행객	전체 인원	848	754	1182
	남자 구성비	50.40%	53.40%	53.80%
	20~30대 구성비	41.70%	59.70%	61.50%

입지구성비	입주 구분	구성비	입지 구분	구성비
	주거지	69%	역세권	0%
	오피스	20%	대형건물	0%
	유흥가	11%	집객시설	0%
	학원가	0%	합계	100%

상반기	1월	2월	3월	4월	5월	6월
계절지수	92	94	96	98	100	104
하반기	7월	8월	9월	10월	11월	12월
계절지수	108	110	105	100	95	98

벤치마킹 매출구조

구 분	6월	7월	8월	9월	10월	11월	12월
매출액(천 원)	950	1,010	1,230	1,350	1,370	1,210	1,187
고객 수(명)	412	472	545	575	580	475	510
객단가(원)	2,306	2,140	2,257	2,348	2,362	2,547	2,327

예상 매출

후보점과 벤치마킹점을 비교한 결과 오피스 수에서는 벤치마킹점이 절대 우세를 보이는 반면 통행량, 집객 시설, 경쟁점 등에서는 후보점이 우세를 보이고 있다. 기타 주거 세대(2개점 모두 600여 세대), 가시성, 접근성 등에서는 유사하게 나타났다.

전체적으로는 편의점 매출에 큰 영향을 미치는 변수인 경쟁점과 집객시설 측면에서 우세를 나타내고 있는 후보점이 벤치마킹점에 비해 우위에 있는 것으로 판단된다. 따라서 예상 매출은 현재 하루 평균 120만 원의 매출을 보이고 있는 벤치마킹점과 비교해 10% 정도 높을 것으로 판단되어 하루 약 130만 원으로 예상된다.

대형 아파트단지 내 상권조사 사례분석

서울 강남구 개포동에 위치한 개포 5단지 종합상가를 예로 들어 상권을 파악해 보면 다음과 같다.

- 1차 상권 범위 : 개포 주공 5차, 6차 아파트 주민

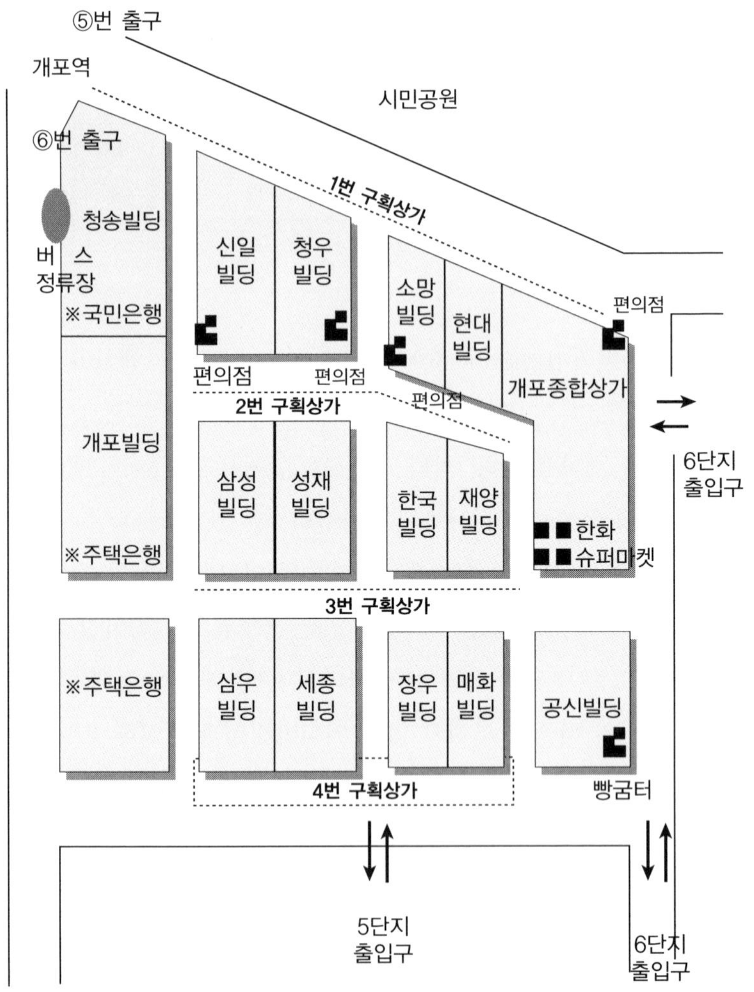

개포 5단지 종합상가 단지

• 2차 상권 범위 : 개포 주공 4차, 7차 아파트 주민

개포 5단지 종합상가 단지의 상권지도를 보면 교회 시설 외에는 오피스 지역이 없으며 소매 외식 서비스업종 관련 종사자들로 구성되어 있어 동일한 배후거주자 조건을 가졌다고 볼 수 있다.

동서 방향과 남북 방향의 길이를 비교해 보면 동서 방향이 남북 방향보다 길어 다수의 상가가 형성될 수 있으므로 이 곳에 점포를 출점하고자 한다면 동서 방향이 유리하다.

실제 현장을 방문해 동서 방향과 남북 방향의 점포 수를 비교해 보면 길이에 비례해 동서 방향에 점포 수가 더 많다는 사실을 알 수 있다.

구체적으로 분석을 해보면 1번 구획상가는 4차선 도로를 접하고 있고 도로 맞은 편은 시민공원으로 상가가 없어 양쪽으로 상가가 형성될 수 있는 2번과 3번 구획상가에 비해 상가의 집객력이 떨어진다. 4번 구획상가도 주공 5단지 아파트와 경계를 이루고 있어 2번과 3번 구획상가에 비해 상가의 집객력이 떨어진다.

아파트단지에 있는 상가의 경우 아파트 주민의 출입문과 가까울수록 유리하다. 5단지 아파트 출입문과 6단지 아파트 출입문으로부터의 접근성을 비교해 보면 중형 규모의 한화슈퍼마켓이 아파트 주민 동선의 중심에 있다. 편의점은 5단지, 6단지 아파트 출입문을 기준으로 사거리에 위치해 통행인이 많은 길목을 차지하고 있다.

한화슈퍼마켓이 아파트 주민들의 이용빈도가 가장 높은 소매점임을 고려할 때 3번 구획상가가 일반 생활편의 소매점과 음식점이 진출하기 가장 좋은 위치다. 그 중에서도 사거리가 교차하는 지점에 가

까이 위치할수록 유리하다. 실제 3번 구획상가에는 일반 생활용품을 취급하는 소매점과 주류를 제공하지 않는 식사 위주의 음식점이 형성되어 있다. 따라서 식사 위주의 음식점을 출점하려면 3번 구획상가에 입지해야 한다.

주류를 제공하는 저녁식사형 음식점을 출점하려면 2번 구획상가에 형성하는 것이 적절하다. 호프점이나 저녁식사형 음식점은 상권 내 이면도로에 집중해서 형성되기 때문이다. 실제 2번 구획상가에는 주점과 호프점, 주류를 제공하는 저녁식사형 음식점이 형성되어 있다.

음식점으로 창업하고자 할 때에는 반드시 자신의 음식점이 패스트푸드점, 식사 위주 음식점, 주류 및 식사 겸용 음식점 중 어디에 속하는지 성격을 분명히 해야 한다. 상가의 연속성(타깃고객의 일치), 즉 주위 점포와의 궁합을 고려해 입지해야 하기 때문이다.

한화슈퍼마켓을 중심으로 3번 구획상가에 일반 생활 의류, 문구, 서적, 패션 액세서리품을 중심으로 한 쇼핑가가 양면으로 형성되고, 쇼핑가가 끝나는 지점에 식사 위주 음식점이 형성되면 이상적이다.

1번 구획상가는 대로변에 있어 20대와 30대 초반의 유동인구를 타깃으로 한 햄버거, 치킨, 피자 등의 패스트푸드점과 카페, 제과점, 아이스크림 전문점이 형성된다.

4번 구획상가에는 아파트 주민들을 대상으로 한 배달 전문 음식점과 거리의 편리성을 내세우는 서적 및 비디오 대여점, 수선점, 구매빈도가 낮은 약국과 같은 점포가 형성된다.

교대역 상권조사 사례분석

지하철 2호선 교대역 상권은 법원 및 변호사 사무실로 이뤄진 법조타운이면서 중소형 오피스와 서울교대 등이 입지해 있는 상권이다.

하루 평균 유동인구는 10만 명, 점포 수 186개인 중형 크기의 상권이다. 아파트와 주택가의 구성비는 각각 10% 미만으로 주거지인구는 상권에 별 영향을 미치지 못한다.

교대역 상권을 남북 방향으로는 교대역으로부터 남부터미널역 방향의 대로변 구획과 A, B구획으로 나눈다.

동서 방향은 1, 2, 3, 4번 구획으로 나눌 수 있지만 주위에 아파트와 주택가가 들어서 있어 상권의 발전을 가로막고 있다.

남북 방향이 유동인구, 상권의 발전 정도, 상권의 길이와 통행로의 폭 등을 고려했을 때 동서 방향에 비해 상가가 들어서기에 유리하다.

실제 교대역에서 남부터미널 방향의 대로변 입지에는 편의점, 유명 제과점, 카페, 이동통신 대리점, 유명 프랜차이즈점, 안경점 등이 입점해 있으나, 남북 방향의 A구획로에는 음식점가가 형성되어 있을 뿐, 월매네 주막을 경계로 상가가 불연속적으로 형성되어 있음을 알 수 있다.

남북 방향의 A구획로에 상가가 불연속적으로 형성된 이유는 교대역 상권이 법조타운과 오피스타운을 주 타깃으로 하는 오피스 상권과 서울교대를 주 타깃으로 하는 대학가 상권으로 분할되어 있기 때문이다. 교대역에서 서초역 사이의 대로변을 따라 형성된 법조타운과 오피스타운의 고객이 교대역 상권으로 유입되는 출입구는 A구획과 B구획이다. 서울교대에서 접근하는 대학생과 오피스텔 거주 대학

서초역 방향
A구획
B구획
⑨번출구
지하철 2호선
교 대 역
신축공사중
⑨번출구
1번 구획
음식점
편의점
음식점
음식점
음식점
커피샵
편의점
음식점
2번 구획
음식점
음식점
편의점
음식점
음식점
음식점
크라운베이커리
⑭번 출구
커피샵
파리바게트
던킨도너츠
3번 구획
음식점
음식점
음식점
음식점
음식점
편의점
음식점
월매네주막
4번 구획
주유소
남
부
터
미
널
역

방
향
교대역 사거리
교대역 상권

생들이 교대역 상권으로 유입되는 출입구는 서울교대역 사거리다.

이처럼 상권으로 유입되는 고객이 정반대 방향으로 분할되어 회사원은 B구획에, 대학생은 서울교대역 사거리부터 주유소에 이르는 대로변 구획과 A구획 구간이 만나는 사각형의 상권에 집중되기 때문에 A구획으로는 덜 몰릴 수밖에 없다.

A, B구획과 1번 및 2번 구획의 동서 방향 길이를 비교해 보면 1번 및 2번 구획이 길다. 따라서 이 구간의 동서 방향으로 음식점과 주점이 들어선다. 실제 1번 구획의 동서 방향에는 소비수준이 높은 오피스가를 겨냥한 대형 한식집, 고깃집, 일식집, 횟집 등이 들어서 있다.

주점은 외식상가가 발달한 상권의 이면도로에 형성되는 특징을 보인다. 호프점보다 객단가가 높은 고급바 형태의 주점을 1번 구획보다 2번 구획에 형성되어 있다.

상권의 연속성을 유지하는 것이 중요한 음식점의 경우 1번 구획에, 주점은 2번 구획의 A구획과 B구획 사이에 입지하는 것이 유리하다.

한편 오피스가에 비해 구매력이 떨어지는 대학가 상권은 상권의 길이가 긴 남북 방향으로 들어선다.

음식점은 삼겹살, 치킨 호프점, 부대찌게 등 비교적 저렴한 일반 음식점이 주류를 이루고, 주점은 저렴하게 이용할 수 있는 토속주점, 소주방, 호프점 등으로 구성되어 있다.

서초동과 교대역 인근에 급속히 형성되는 오피스텔타운과 상가의 발전성을 감안한다면, 대로변 이면도로에 위치한 A구획이 향후 교대역 상권의 제1 이면도로 역할을 할 것으로 기대된다. 따라서 다른 음식점이나 주점과 중복되지 않는 메뉴를 선택해 진출하도록 한다.

상권분석 실전연습

서울 삼성동 무역센터타운 지하 1층을 대상으로 상권분석을 해보자. 가장 먼저 상권의 규모와 범위, 유동인구가 어느 지역에서 왔는지, 이용하는 교통수단, 하루 평균 유동고객 수, 주요 시설물 등을 면밀히 조사한다. 그리고 입점해 있는 주요 업종별 점포의 규모 등도 함께 조사한다.

- 위치   서울시 강남구 삼성동 무역센터타운 지하 1층
- 규모   연면적 약 4만 평(호텔, 공항터미널, 백화점 지하층, 주차장 제외)
- 상권 범위   서울 한강 이남 지역을 중심으로 한 광역상권 형성
- 고객 분포   강남 지역 45%, 강북 지역 35%, 기타 도시 20%
- 내점시 이용 교통수단   지하철 60%, 버스 20%, 자가용 15%
- 하루 평균 유동고객 수   30만 명
- 코엑스몰 내부 파생 수요   멀티플렉스 영화관, 수족관, 대형 서적센터
- 쇼핑타운 파생 수요   백화점, 호텔, 컨벤션센터

<table>
<tr><td colspan="4" align="center">삼성동 무역센터타운의 상권 구성</td></tr>
<tr><td>구분</td><td>업종</td><td>규모(평)</td><td>차용자</td></tr>
<tr><td rowspan="4">엔터
테인
먼트</td><td>멀티플렉스 극장</td><td>6,500</td><td>메가박스(동양그룹)</td></tr>
<tr><td>게임센터</td><td>160</td><td>개인사업자</td></tr>
<tr><td>수족관</td><td>2,400</td><td>Aquaria21</td></tr>
<tr><td>나이트클럽</td><td>470</td><td>개인사업자</td></tr>
<tr><td rowspan="4">카테
고리
킬러</td><td>대형서점</td><td>1,230</td><td>반디앤루니스</td></tr>
<tr><td>CD레코드</td><td>350</td><td></td></tr>
<tr><td>사무용품</td><td>330</td><td>링코</td></tr>
<tr><td>스포츠/레저용품</td><td>450</td><td>한무쇼핑</td></tr>
<tr><td rowspan="3">판매
서비스
시설</td><td>캐릭터/팬시상품</td><td rowspan="3">2,000</td><td>개인사업자</td></tr>
<tr><td>영패션</td><td>게스 등 국내외 주요 브랜드</td></tr>
<tr><td>잡화/기타</td><td></td></tr>
<tr><td rowspan="2">중대형
외식</td><td>Food Court</td><td>500</td><td></td></tr>
<tr><td>패밀리 레스토랑</td><td></td><td>마르쉐, TGIF, 베니건스 , 우노</td></tr>
<tr><td rowspan="3">중소형
외식</td><td>카페/바</td><td>900</td><td>개인사업자</td></tr>
<tr><td>전문식당가</td><td>1,340</td><td>한/중/일식 주요식당</td></tr>
<tr><td>패스트푸드점</td><td>950</td><td>버거킹, 맥도날드, 롯데리아 등</td></tr>
</table>

출처 : 《상권분석》, 시대고시기획

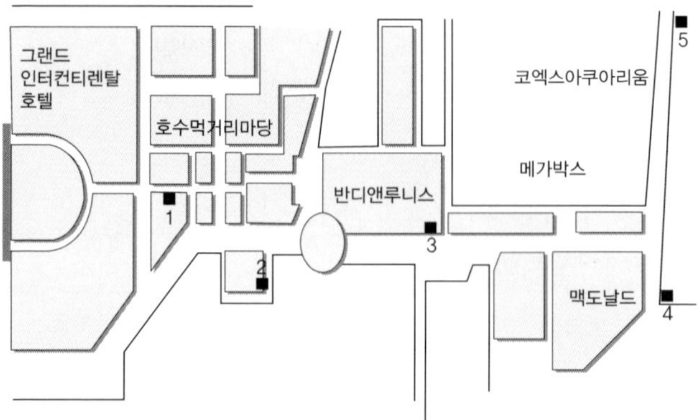

힌트 먼저 출입구를 확인한다. 그리고 출입구로부터 삼거리와 사거리 지점을 확인해 각 방향별 통행량을 파악한다. 출입구로부터 가장 유동인구가 많은 통로는 반디앤루니스를 지나 메가박스와 맥도날드에 이르는 통로이며, 나머지는 보조통로다. 주통로와 보조통로의 통행량의 변화를 요일별로 파악한다.

정답 : 3번 편의점

9장

계약 체결을 위한 법률 상식

부동산 서류 확인

부동산 서류 확인은 임차하고자 하는 부동산의 권리 관계 및 사실 관계의 일치 여부를 확인하는 과정이다. 임대차 계약을 체결하기 전에 담보확보 가능성, 건물의 안정성 등 하자 유무를 판단하고 거래가격의 적정성도 가늠해 보아야 한다.

법원 또는 행정관청에서 발급하는 부동산 관련 서류의 종류로는 토지 및 건물등기부등본, 토지(임야)대장, 건축물관리대장, 토지이용계획확인원(도시계획확인원), 지적도(임야도), 공시지가확인원(토지가격확인원) 등이 있다.

부동산 관련 서류의 종류	
서류 명	발급 기관
토지등기부등본, 건물등기부등본	법원등기소
토지대장(임야대장) 건축물관리대장, 지적도(임야도)	시청, 구청, 군청
도시계획(토지이용계획)확인원 공시지가확인원	시청, 군청, 구청, 동사무소

등기부등본

등기부등본은 토지등기부등본과 건물등기부등본이 있으며, 토지등기부등본은 하나의 필지마다 하나의 등기부등본이 존재한다. 건물등기부등본은 토지와 별개로 등기부등본이 있으며, 수 개의 필지에 한 동의 건물이 있을 경우 하나의 건물등기부등본이 존재한다.

토지와 건물이 하나의 등기부등본으로 존재하는 집합 건물등기부등본은 표제부가 두 장으로 구성되는데, 첫째 장은 전체의 건물, 토지를 표시하고, 둘째 장은 소유자의 토지, 건물을 표시한다.

등기부등본을 통해 확인해야 할 사항은 소유권이다. 선순위 담보물권의 설정 여부 및 담보한도를 확인해 소유권이 변동할 가능성이 있는지와, 소유자를 확인해 계약 당사자와 일치하는지를 확인한다.

등기부등본의 내용	
구분	기재사항
표제부	(부동산의 표시) – 지번, 지목, 용도, 구조, 면적 – 집합건물의 대지권 등기 여부, 임야의 입목등기 여부
갑구	(소유권에 관한 사항) – 과거 및 현재의 소유자, 장래의 소유권 변동에 　영향을 주는 사항이 나타남 – (가)압류, 가처분, 가등기, 경매, 환매특약, 예고등기
을구	(소유권 이외의 권리에 관한 사항) – 주로 담보설정 유무가 나타남 – 근저당권, 저당권, 지상권, 지역권, 전세권, 임차권 – 각 권리의 가압류, 가처분, 경매신청, 예고등기 등

등기부등본 용어 해설

가압류

채무자가 금전채무를 부담하고 있는 상태에서 재산을 처분하는 것을 임시적으로 금지시키기 위해 채권자의 일방적 신청에 의해 법원이 내린 결정을 말한다. 가압류 후의 재산처분 행위는 무효로서, 가압류

권자는 채무자를 상대로 채무명의를 득하면 소유권 이전에 상관없이 가압류 목적물을 경매해 채권을 회수할 수 있다.

압류

조세채권자가 세금 징수를 위해 취해 놓은 것으로 권리권자가 국가이고 처분청이 세무서이면 국세 체납이 압류의 원인이며, 권리권자가 지방자치단체이면 지방세 체납이 압류의 원인이다.

가처분

가처분권자가 가처분 목적물에 대해 소유권은 갖고 있으나 소유권 유보, 양도, 담보 등을 이유로 목적물의 점유를 제3자가 하고 있는 경우 목적물을 점유하고 있는 자가 처분을 하지 못하도록 해놓고 인도소송을 제기해 승소하면 강제로 점유를 회복하기 위해 취하는 임시적 조치가 가처분이다. 또한 부동산 매매계약을 체결하고 계약금, 중도금까지 지불한 상태에서 매도자가 매매 목적물을 제3자에게 처분하려는 경우 처분을 하지 못하도록 해놓고 잔금 지급시 강제로 소유권을 이전 받고자 매수인이 일방적으로 취하는 조치 역시 가처분이다. 즉 가처분의 목적은 점유 회복 또는 소유권 취득이다.

강제경매

집행력 있는 채무명의(판결, 공증어음, 지급명령, 화해조서, 조정조서, 배상명령)와 집행문 정본을 가진 채권자가 채무자 재산에 대해 강제집행을 하면 강제경매로 나타난다. 강제경매는 압류(처분 금지)와 환가 및 배당을 모두 포함한다.

임의경매

근저당권, 전세권, 질권, 유치권, 담보가등기권을 갖고 있는 채권자가 그 담보 목적물 자체에 대해 신청하는 강제집행이 임의경매다. 임의경매도 강제경매와 마찬가지로 법원이 주관하고 압류, 환가, 배당을 모두 포함한다.

가등기

매매계약을 체결한 후 잔금 지급시 본등기할 때, 본등기의 순위를 가등기 시점으로 끌어올리기 위해 하는 등기가 가등기이다. 가등기를 한 후 본등기까지 일어난 모든 권리는 가등기권자가 본등기를 하면 직권말소의 대상이 된다.

예고등기

전 소유자가 등기 이전의 원인이 무효임을 이유로 소유권이전등기의 말소를 청구하는 소송을 제기했을 때, 권리분쟁이 있는 부동산에 대해 권리를 취득하려는 자는 주의하라는 경고적 차원에서 법원이 직권으로 등재하는 등기가 예고등기이다.

환매특약

매도인이 매매계약과 동시에 환매할 권리를 보류한 때는 매도인이 영수한 대금 및 매수인이 부담한 매매비용을 반환하고 그 목적물을 환매할 수 있다. 부동산의 환매기간은 5년이며(동산은 3년) 매매등기와 동시에 환매권의 보류를 등기한 때에는 제3자에 대해서도 그 효력이 있다.

근저당권

계속적인 거래관계로 발생하는 다수의 불특정 채권을 장래의 결산기에서 일정한 한도까지 담보하는 물권이 근저당권이다. 채무의 담보로 제공된 부동산 등에 대해 채무의 변제가 없는 경우, 그 담보 목적물의 환가시 물권자 및 가압류, 압류, 강제경매 신청권자보다는 원칙적으로 항상 우선 변제를 받을 수 있는 전형적인 담보물권이다.

전세권

전세금을 지급하고서 타인의 부동산을 그 용도에 맞게 사용, 수익하기 위한 권리가 전세권이다. 전세권은 후순위 권리자나 기타 채권자보다 우선 변제를 청구할 수 있는 담보물권의 성격도 지니고 있다.

지상권

타인이 소유한 건물, 기타 공작물, 수목을 소유하기 위해 토지 소유자와 독립적 사용계약을 체결하고 설정한 물권을 지상권이라 한다. 견고한 건물이나 수목의 소유를 목적으로 하는 지상권의 최하 존속기간은 30년이고, 견고하지 않은 건물의 소유를 목적으로 하는 지상권의 최하 존속기간은 15년이다.

대장

부동산의 사실현황 파악은 토지대장과 건축물 관리대장을 기초로 한다. 토지대장을 통해 토지등기부등본과 지목, 면적, 소유권 변동 등의 일치 여부를 확인하고 토지 등급을 확인한다.

건축물 관리대장을 통해 건물등기부등본과 소재지, 소유자, 주용도, 면적 등이 일치하는지 여부를 확인하고 무허가 건물인지, 위법 건축물인지 등을 확인한다. 무허가 건물일 경우 건축물 관리대장이 발급되지 않고 인허가 사항 취득도 불허된다. 위법 건축물일 경우 건축물 관리대장에 위법 건축물이라고 표시된다.

공시지가

공시지가는 세금부과(양도소득세, 상속세, 증여세 등)와 공공용지의 수용을 위한 토지가격 보상시 기준이 되는 가격으로서 담보한도를 평가할 때 유용한 자료가 된다. 공시지가는 통상 거래시가의 70~80% 수준이다.

도시계획 확인원

도시계획에 저촉되는지 여부를 검토하는 자료가 된다. 즉 용도지역, 용도지구, 도시계획 사항 등 재개발, 재건축, 도로저촉, 도로확장, 임차하고자 하는 건물의 철거 가능성 등 정확한 토지의 현황을 알 수 있다. 용도 지역 및 지구는 지역의 균형 있는 개발을 위해 건축용도가 법적으로 제한되어 있어 그 내용을 확인해야 한다.

점포 시설 및 구조 확인

건물 규모를 조사할 때에는 점포 전용 면적, 점포 길이(전면, 좌우측면, 배면), 천장 높이(최소 높이 2m40cm), 천장 속 급배기 덕트(Duct)가 30센티미터 이상인지 여부를 확인한다.

건물 구조(재질+두께)를 조사할 때에는 외벽·바닥·천장·구조

내력상 보강 유무 등이 속한다. 또한 건물 출입부의 재질과 개폐 방법, 크기를 조사한다. 출입문과 벽면, 커텐 등도 조사하고, 간판의 돌출 여부와 위치, 크기를 확인해 임대차 계약시 건축주와 합의한다.

전기 수전 관련 현황은 전기료 납부 영수증을 확인하거나 건축주가 선임한 건물의 전기주임 또는 보안 담당자에게 문의해 조사하고, 수전 전압(3상4선 380V/220V), 수전 필요 용량, 대금 납입자 분할, 수전선로 등을 확인한다.

급배수 시설은 급배수 시설의 유무와 급수 적정 수압이 $1.5kg/cm^2$인지 신설시에는 급배수 시설의 위치와 벽 관통 여부를 조사해야 한다. 배기 시설은 단독 배기가 가능한지 확인하고, 신설시에는 위치와 벽 관통 여부 등을 조사해야 한다. 그리고 실외기 설치 위치를 확인해 소음, 열, 송풍에 대한 민원 소지가 없는 위치인지 등을 조사해야 한다.

또 시설을 철거할 때에도 건축구조, 건물 개구부, 전기 시설, 급·배기 시설 등 전 임차인 시설의 철거 범위를 확인한 후 공사를 진행해야 한다.

임대차계약 체결

임대차는 당사자의 일방(임대인)이 상대방에게 목적물(임대물)을 사용하게 할 것을 약정하고, 상대방(임차인)이 이에 대해 차임을 지급할 것을 약정함으로써 성립하는 채권계약이다.

임대차의 존속기간은 원칙적으로 20년을 넘지 못하며, 20년을 넘는 기간으로 약정한 때에도 20년으로 단축된다. 그러나 임대차계약의 최단 기간에 대해서는 제한이 없다. 임대차 기간은 갱신할 수 있으나, 기간은 10년을 넘지 못하며, 갱신 횟수에 제한은 없다. 임대차 기간의 갱신 방법에는 세 가지가 있다. 첫째, 당사자의 계약에 의한 갱신으로, 당사자의 합의에 따라 법률이 허용하는 범위 내에서 계약의 동일성을 유지한 상태에서 기간만 연장하는 것이다. 둘째, 묵시의 갱신이다. 임대차 기간 종료 후, 임차인이 계속 임차물을 사용하고 임대인이 이의를 제기하지 않은 때에는 전 임대차와 같은 조건으로 재임대한 것이 된다. 셋째, 계약기간의 약정이 없는 임대차계약이다. 당사자는 언제든지 계약 해지를 통지할 수 있으나, 임대인이 해지통보한 경우에는 6개월, 임차인이 해지통보한 경우에는 1개월 경과 후 계약해지의 효력이 발생한다.

임대인의 권리는 차임지급 청구권, 차임증감 청구권, 목적물 반환 청구권 등이 있으며, 임대인의 의무는 목적물 인도 의무, 제3자의 임차물에 대한 방해 제거 의무, 임차물의 수선 의무, 필요비와 유익비의 상환 의무, 담보책임 등이 있다.

임차인은 그 목적물의 정해진 용도로 임차물을 사용해야 하며, 임대인의 승낙 없이 임차물을 타인에게 이용하게 할 수 없다. 임차인의 권리는 기타 비용 상환 청구권, 계약 갱신 청구권, 부속물 매수 청구권, 차임 감액 청구권, 보증금 반환 청구권 등이 있으며, 임차인의 의무는 차임 지급 의무, 임차물 반환 의무, 임차물 보관 의무 등이 있다.

임대차 계약서 작성은 공인중개사 사무실에서 사용하는 표준 양식을 사용하는 방법, 상대방에서 제시한 계약서를 검토 및 수정하는 방법, 계약서를 작성해 상대방과 협의해 사용하는 방법 등이 있으며, 상황에 따라 적절한 방법을 사용하면 된다.

부록

서울 31개 상권의 업종별 구성
(외식 · 소매 · 서비스 업종 / 가나다 순)

※ 서울 시내 31개 상권조사 자료(《프랜차이즈 입지 및 상권분석 연구》,
한국프랜차이즈협회, 2004)를 기초로 구성비를 분석함.

<table>
<tr><td rowspan="2">외식업종</td><td colspan="4">김밥 전문점*</td><td colspan="4">닭요리 전문점</td></tr>
<tr><td>상권명</td><td>점포수</td><td>구성비1</td><td>구성비2*</td><td>상권명</td><td>점포수</td><td>구성비1</td><td>구성비2</td></tr>
<tr><td></td><td>숙대</td><td>8</td><td>2%</td><td>9%</td><td>대학로</td><td>22</td><td>3%</td><td>15%</td></tr>
<tr><td></td><td>대학로</td><td>8</td><td>1%</td><td>9%</td><td>강남역</td><td>18</td><td>2%</td><td>12%</td></tr>
<tr><td></td><td>천호역</td><td>7</td><td>1%</td><td>8%</td><td>신촌</td><td>17</td><td>2%</td><td>11%</td></tr>
<tr><td></td><td>양재</td><td>6</td><td>3%</td><td>7%</td><td>천호역</td><td>16</td><td>3%</td><td>11%</td></tr>
<tr><td></td><td>상왕십리</td><td>6</td><td>2%</td><td>7%</td><td>신천</td><td>13</td><td>2%</td><td>9%</td></tr>
<tr><td></td><td>신금호</td><td>5</td><td>1%</td><td>6%</td><td>영등포역</td><td>12</td><td>3%</td><td>8%</td></tr>
<tr><td></td><td>화곡</td><td>4</td><td>1%</td><td>5%</td><td>연신내</td><td>7</td><td>1%</td><td>5%</td></tr>
<tr><td></td><td>왕십리</td><td>4</td><td>1%</td><td>5%</td><td>상왕십리</td><td>5</td><td>1%</td><td>3%</td></tr>
<tr><td></td><td>마포</td><td>4</td><td>1%</td><td>5%</td><td>압구정</td><td>5</td><td>1%</td><td>3%</td></tr>
<tr><td></td><td>신촌</td><td>4</td><td>1%</td><td>5%</td><td>압구정역</td><td>5</td><td>1%</td><td>3%</td></tr>
<tr><td></td><td>압구정역</td><td>3</td><td>0%</td><td>3%</td><td>강서구청</td><td>4</td><td>1%</td><td>3%</td></tr>
<tr><td></td><td>방배</td><td>3</td><td>1%</td><td>3%</td><td>방이동</td><td>4</td><td>1%</td><td>3%</td></tr>
<tr><td></td><td>방이동</td><td>3</td><td>1%</td><td>3%</td><td>왕십리</td><td>3</td><td>1%</td><td>2%</td></tr>
<tr><td></td><td>석촌</td><td>3</td><td>1%</td><td>3%</td><td>합정</td><td>3</td><td>2%</td><td>2%</td></tr>
<tr><td></td><td>강서구청</td><td>3</td><td>1%</td><td>3%</td><td>마포</td><td>2</td><td>0%</td><td>1%</td></tr>
<tr><td></td><td>연신내</td><td>3</td><td>0%</td><td>3%</td><td>석촌</td><td>2</td><td>1%</td><td>1%</td></tr>
<tr><td></td><td>압구정</td><td>2</td><td>0%</td><td>2%</td><td>숙대</td><td>2</td><td>0%</td><td>1%</td></tr>
<tr><td></td><td>신천</td><td>2</td><td>0%</td><td>2%</td><td>신금호</td><td>2</td><td>0%</td><td>1%</td></tr>
<tr><td></td><td>오목교</td><td>2</td><td>1%</td><td>2%</td><td>신정4거리</td><td>2</td><td>1%</td><td>1%</td></tr>
<tr><td></td><td>대림</td><td>2</td><td>1%</td><td>2%</td><td>교대</td><td>1</td><td>1%</td><td>1%</td></tr>
<tr><td></td><td>영등포역</td><td>2</td><td>1%</td><td>2%</td><td>당산역</td><td>1</td><td>1%</td><td>1%</td></tr>
<tr><td></td><td>반포본동</td><td>1</td><td>0%</td><td>1%</td><td>방배</td><td>1</td><td>0%</td><td>1%</td></tr>
<tr><td></td><td>문정역</td><td>1</td><td>0%</td><td>1%</td><td>오목교</td><td>1</td><td>0%</td><td>1%</td></tr>
<tr><td></td><td>우장산</td><td>1</td><td>1%</td><td>1%</td><td>우장산</td><td>1</td><td>1%</td><td>1%</td></tr>
<tr><td></td><td>한양대</td><td>1</td><td>1%</td><td>1%</td><td>대림</td><td>0</td><td>0%</td><td>0%</td></tr>
<tr><td></td><td>강남역</td><td>0</td><td>0%</td><td>0%</td><td>문정역</td><td>0</td><td>0%</td><td>0%</td></tr>
<tr><td></td><td>삼성역</td><td>0</td><td>0%</td><td>0%</td><td>반포본동</td><td>0</td><td>0%</td><td>0%</td></tr>
<tr><td></td><td>교대</td><td>0</td><td>0%</td><td>0%</td><td>삼성역</td><td>0</td><td>0%</td><td>0%</td></tr>
<tr><td></td><td>신정4거리</td><td>0</td><td>0%</td><td>0%</td><td>양재</td><td>0</td><td>0%</td><td>0%</td></tr>
<tr><td></td><td>당산역</td><td>0</td><td>0%</td><td>0%</td><td>한양대</td><td>0</td><td>0%</td><td>0%</td></tr>
<tr><td></td><td>합정</td><td>0</td><td>0%</td><td>0%</td><td>화곡</td><td>0</td><td>0%</td><td>0%</td></tr>
<tr><td></td><td>합계</td><td>88</td><td>1%</td><td>100%</td><td>합계</td><td>149</td><td>1%</td><td>100%</td></tr>
</table>

*김밥 전문점을 예시로 하여 구성비1, 2를 나타내면 다음과 같다.

$$구성비1 = \frac{해당\ 상권\ 내\ 김밥\ 전문점\ 수}{해당\ 상권의\ 총점포\ 수}$$

$$구성비2 = \frac{해당\ 상권\ 내\ 김밥\ 전문점\ 수}{31개\ 상권\ 김밥\ 전문점\ 총점포\ 수}$$

*구성비2에 나타난 수치에는 소수점을 표기하지 않음. 따라서 합계(100%)에 오차가 생길 수 있음.

도시락점				돼지고기 전문점			
상권명	점포수	구성비1	구성비2	상권명	점포수	구성비1	구성비2
방이동	3	1%	50%	강남역	31	3%	16%
교대	2	1%	33%	대학로	23	3%	12%
숙대	1	0%	17%	영등포역	22	6%	11%
강남역	0	0%	0%	신촌	17	2%	9%
강서구청	0	0%	0%	신천	15	2%	8%
당산역	0	0%	0%	합정	12	7%	6%
대림	0	0%	0%	방이동	11	2%	6%
대학로	0	0%	0%	상왕십리	7	2%	4%
마포	0	0%	0%	석촌	7	3%	4%
문정역	0	0%	0%	연신내	7	1%	4%
반포본동	0	0%	0%	신금호	6	1%	3%
방배	0	0%	0%	압구정	6	1%	3%
삼성역	0	0%	0%	반포본동	5	2%	3%
상왕십리	0	0%	0%	강서구청	4	1%	2%
석촌	0	0%	0%	방배	4	2%	2%
신금호	0	0%	0%	왕십리	4	1%	2%
신정4거리	0	0%	0%	화곡	4	1%	2%
신천	0	0%	0%	문정역	3	1%	2%
신촌	0	0%	0%	우장산	3	2%	2%
압구정	0	0%	0%	교대	2	1%	1%
압구정역	0	0%	0%	압구정역	2	0%	1%
양재	0	0%	0%	신정4거리	1	0%	1%
연신내	0	0%	0%	양재	1	0%	1%
영등포역	0	0%	0%	천호역	1	0%	1%
오목교	0	0%	0%	당산역	0	0%	0%
왕십리	0	0%	0%	대림	0	0%	0%
우장산	0	0%	0%	마포	0	0%	0%
천호역	0	0%	0%	삼성역	0	0%	0%
한양대	0	0%	0%	숙대	0	0%	0%
합정	0	0%	0%	오목교	0	0%	0%
화곡	0	0%	0%	한양대	0	0%	0%
합계	6	0%	100%	합계	198	2%	100%

떡 전문점			
상권명	점포수	구성비1	구성비2
마포	3	1%	12%
압구정역	3	0%	12%
우장산	3	2%	12%
천호역	3	1%	12%
방이동	2	0%	8%
석촌	2	1%	8%
압구정	2	0%	8%
화곡	2	1%	8%
대학로	1	0%	4%
반포본동	1	0%	4%
신천	1	0%	4%
오목교	1	0%	4%
합정	1	1%	4%
강남역	0	0%	0%
강서구청	0	0%	0%
교대	0	0%	0%
당산역	0	0%	0%
대림	0	0%	0%
문정역	0	0%	0%
방배	0	0%	0%
삼성역	0	0%	0%
상왕십리	0	0%	0%
숙대	0	0%	0%
신금호	0	0%	0%
신정4거리	0	0%	0%
신촌	0	0%	0%
양재	0	0%	0%
연신내	0	0%	0%
영등포역	0	0%	0%
왕십리	0	0%	0%
한양대	0	0%	0%
합계	25	0%	100%

면 전문점			
상권명	점포수	구성비1	구성비2
신촌	17	2%	15%
압구정역	11	2%	10%
강남역	10	1%	9%
삼성역	8	3%	7%
방이동	6	1%	5%
천호역	6	1%	5%
당산역	5	3%	4%
대학로	5	1%	4%
신정4거리	5	2%	4%
압구정	5	1%	4%
반포본동	4	1%	4%
신천	4	1%	4%
양재	4	2%	4%
연신내	4	1%	4%
영등포역	4	1%	4%
강서구청	3	1%	3%
오목교	3	1%	3%
마포	2	0%	2%
합정	2	1%	2%
화곡	2	1%	2%
대림	1	1%	1%
문정역	1	0%	1%
석촌	1	0%	1%
교대	0	0%	0%
방배	0	0%	0%
상왕십리	0	0%	0%
숙대	0	0%	0%
신금호	0	0%	0%
왕십리	0	0%	0%
우장산	0	0%	0%
한양대	0	0%	0%
합계	113	1%	100%

분식점			
상권명	점포수	구성비1	구성비2
신금호	35	5%	10%
삼성역	27	9%	8%
대학로	26	3%	8%
강남역	24	2%	7%
압구정역	21	3%	6%
압구정	20	3%	6%
상왕십리	18	5%	5%
숙대	18	4%	5%
신촌	14	2%	4%
왕십리	14	4%	4%
마포	13	3%	4%
신천	12	2%	4%
반포본동	9	3%	3%
오목교	9	2%	3%
교대	8	4%	2%
양재	8	3%	2%
방이동	7	1%	2%
신정4거리	7	2%	2%
연신내	7	1%	2%
영등포역	6	2%	2%
우장산	5	3%	1%
화곡	5	2%	1%
석촌	4	1%	1%
천호역	4	1%	1%
한양대	4	4%	1%
당산역	3	2%	1%
대림	3	2%	1%
합정	3	2%	1%
강서구청	2	1%	1%
문정역	2	1%	1%
방배	2	1%	1%
합계	340	3%	100%

숯불음식점			
상권명	점포수	구성비1	구성비2
강남역	50	5%	18%
마포	33	7%	12%
압구정역	19	3%	7%
신촌	16	2%	6%
방이동	13	3%	5%
신금호	13	2%	5%
연신내	13	2%	5%
신천	12	2%	4%
양재	11	5%	4%
압구정	10	2%	4%
천호역	9	2%	3%
왕십리	8	2%	3%
삼성역	7	2%	2%
영등포역	7	2%	2%
화곡	7	2%	2%
당산역	6	4%	2%
오목교	6	2%	2%
방배	5	2%	2%
석촌	5	2%	2%
신정4거리	5	2%	2%
한양대	5	5%	2%
합정	5	3%	2%
강서구청	3	1%	1%
대림	3	2%	1%
숙대	3	1%	1%
우장산	3	2%	1%
교대	2	1%	1%
반포본동	2	1%	1%
대학로	0	0%	0%
문정역	0	0%	0%
상왕십리	0	0%	0%
합계	281	2%	100%

아이스크림 전문점			
상권명	점포수	구성비1	구성비2
삼성역	6	2%	15%
강남역	4	0%	10%
대학로	4	1%	10%
신금호	4	1%	10%
신천	4	1%	10%
신촌	4	1%	10%
연신내	2	0%	5%
천호역	2	0%	5%
강서구청	1	0%	2%
당산역	1	1%	2%
대림	1	1%	2%
마포	1	0%	2%
방배	1	0%	2%
상왕십리	1	0%	2%
숙대	1	0%	2%
압구정	1	0%	2%
영등포역	1	0%	2%
왕십리	1	0%	2%
화곡	1	0%	2%
교대	0	0%	0%
문정역	0	0%	0%
반포본동	0	0%	0%
방이동	0	0%	0%
석촌	0	0%	0%
신정4거리	0	0%	0%
압구정역	0	0%	0%
양재	0	0%	0%
오목교	0	0%	0%
우장산	0	0%	0%
한양대	0	0%	0%
합정	0	0%	0%
합계	41	0%	100%

경양식점			
상권명	점포수	구성비1	구성비2
대학로	28	4%	18%
강남역	19	2%	12%
압구정역	14	2%	9%
신촌	12	2%	8%
연신내	12	2%	8%
압구정	9	1%	6%
방배	7	3%	5%
신금호	7	1%	5%
삼성역	5	2%	3%
숙대	5	1%	3%
오목교	5	1%	3%
영등포역	4	1%	3%
왕십리	4	1%	3%
반포본동	3	1%	2%
방이동	3	1%	2%
상왕십리	3	1%	2%
신천	3	0%	2%
천호역	3	1%	2%
마포	2	0%	1%
화곡	2	1%	1%
강서구청	1	0%	1%
대림	1	1%	1%
석촌	1	0%	1%
신정4거리	1	0%	1%
우장산	1	1%	1%
교대	0	0%	0%
당산역	0	0%	0%
문정역	0	0%	0%
양재	0	0%	0%
한양대	0	0%	0%
합정	0	0%	0%
합계	155	1%	100%

우동 전문점			
상권명	점포수	구성비1	구성비2
영등포역	8	2%	20%
신천	5	1%	12%
신정4거리	4	1%	10%
대학로	3	0%	7%
신촌	3	0%	7%
오목교	3	1%	7%
우장산	3	2%	7%
문정역	2	1%	5%
방배	2	1%	5%
상왕십리	2	1%	5%
숙대	2	0%	5%
연신내	2	0%	5%
마포	1	0%	2%
방이동	1	0%	2%
강남역	0	0%	0%
강서구청	0	0%	0%
교대	0	0%	0%
당산역	0	0%	0%
대림	0	0%	0%
반포본동	0	0%	0%
삼성역	0	0%	0%
석촌	0	0%	0%
신금호	0	0%	0%
압구정	0	0%	0%
압구정역	0	0%	0%
양재	0	0%	0%
왕십리	0	0%	0%
천호역	0	0%	0%
한양대	0	0%	0%
합정	0	0%	0%
화곡	0	0%	0%
합계	41	0%	100%

소고기 전문 음식점			
상권명	점포수	구성비1	구성비2
강남역	50	5%	23%
신금호	33	5%	15%
대학로	28	4%	13%
방이동	15	3%	7%
반포본동	12	4%	6%
신촌	12	2%	6%
상왕십리	10	3%	5%
방배	8	4%	4%
한양대	8	8%	4%
신천	7	1%	3%
연신내	5	1%	2%
영등포역	5	1%	2%
압구정	4	1%	2%
왕십리	4	1%	2%
대림	3	2%	1%
천호역	3	1%	1%
문정역	2	1%	1%
오목교	2	1%	1%
압구정역	1	0%	0%
양재	1	0%	0%
강서구청	0	0%	0%
교대	0	0%	0%
당산역	0	0%	0%
마포	0	0%	0%
삼성역	0	0%	0%
석촌	0	0%	0%
숙대	0	0%	0%
신정4거리	0	0%	0%
우장산	0	0%	0%
합정	0	0%	0%
화곡	0	0%	0%
합계	213	2%	100%

일본식 주점				일식음식점			
상권명	점포수	구성비1	구성비2	상권명	점포수	구성비1	구성비2
압구정	11	2%	26%	방이동	28	6%	11%
압구정역	11	2%	26%	신천	22	4%	8%
신촌	9	1%	21%	연신내	20	3%	8%
강남역	8	1%	19%	대학로	18	2%	7%
강서구청	1	0%	2%	신촌	17	2%	6%
마포	1	0%	2%	압구정역	15	2%	6%
방배	1	0%	2%	강남역	14	1%	5%
교대	0	0%	0%	마포	14	3%	5%
당산역	0	0%	0%	강서구청	13	4%	5%
대림	0	0%	0%	반포본동	10	3%	4%
대학로	0	0%	0%	영등포역	10	3%	4%
문정역	0	0%	0%	왕십리	10	3%	4%
반포본동	0	0%	0%	석촌	9	3%	3%
방이동	0	0%	0%	오목교	8	2%	3%
삼성역	0	0%	0%	상왕십리	7	2%	3%
상왕십리	0	0%	0%	당산역	6	4%	2%
석촌	0	0%	0%	신금호	6	1%	2%
숙대	0	0%	0%	합정	5	3%	2%
신금호	0	0%	0%	교대	4	2%	2%
신정4거리	0	0%	0%	숙대	4	1%	2%
신천	0	0%	0%	양재	4	2%	2%
양재	0	0%	0%	천호역	4	1%	2%
연신내	0	0%	0%	화곡	4	1%	2%
영등포역	0	0%	0%	신정4거리	3	1%	1%
오목교	0	0%	0%	대림	2	1%	1%
왕십리	0	0%	0%	문정역	2	1%	1%
우장산	0	0%	0%	방배	2	1%	1%
천호역	0	0%	0%	압구정	2	0%	1%
한양대	0	0%	0%	우장산	2	1%	1%
합정	0	0%	0%	삼성역	0	0%	0%
화곡	0	0%	0%	한양대	0	0%	0%
합계	42	0%	100%	합계	265	2%	100%

제과점				주점			
상권명	점포수	구성비1	구성비2	상권명	점포수	구성비1	구성비2
신금호	8	1%	7%	강남역	131	14%	13%
압구정역	8	1%	7%	신촌	113	15%	11%
대학로	7	1%	6%	방이동	86	17%	9%
삼성역	7	2%	6%	신천	80	13%	8%
연신내	7	1%	6%	압구정역	62	10%	6%
마포	6	1%	5%	연신내	62	9%	6%
숙대	6	1%	5%	강서구청	59	18%	6%
양재	6	3%	5%	대학로	50	6%	5%
오목교	5	1%	4%	압구정	46	7%	5%
화곡	5	2%	4%	석촌	36	13%	4%
강남역	4	0%	3%	화곡	33	11%	3%
강서구청	4	1%	3%	신금호	30	5%	3%
반포본동	4	1%	3%	영등포역	23	6%	2%
석촌	4	1%	3%	반포본동	22	8%	2%
신천	4	1%	3%	숙대	21	5%	2%
압구정	4	1%	3%	상왕십리	19	5%	2%
천호역	4	1%	3%	신정4거리	19	7%	2%
상왕십리	3	1%	3%	천호역	19	4%	2%
신정4거리	3	1%	3%	왕십리	17	5%	2%
영등포역	3	1%	3%	합정	15	9%	2%
우장산	3	2%	3%	오목교	10	3%	1%
교대	2	1%	2%	교대	8	4%	1%
대림	2	1%	2%	문정역	8	3%	1%
문정역	2	1%	2%	한양대	4	4%	0%
방배	2	1%	2%	당산역	3	2%	0%
신촌	2	0%	2%	마포	3	1%	0%
한양대	2	2%	2%	우장산	3	2%	0%
합정	2	1%	2%	방배	2	1%	0%
왕십리	1	0%	1%	양재	1	0%	0%
당산역	0	0%	0%	대림	0	0%	0%
방이동	0	0%	0%	삼성역	0	0%	0%
합계	120	1%	100%	합계	985	8%	100%

중국음식점				치킨점			
상권명	점포수	구성비1	구성비2	상권명	점포수	구성비1	구성비2
상왕십리	15	4%	10%	신금호	13	2%	10%
강남역	12	1%	8%	천호역	11	2%	8%
신금호	11	2%	8%	마포	10	2%	7%
압구정역	11	2%	8%	연신내	8	1%	6%
방이동	9	2%	6%	오목교	8	2%	6%
양재	7	3%	5%	대학로	7	1%	5%
대학로	6	1%	4%	상왕십리	7	2%	5%
마포	6	1%	4%	신천	7	1%	5%
신촌	6	1%	4%	신촌	7	1%	5%
압구정	6	1%	4%	양재	6	3%	4%
오목교	6	2%	4%	숙대	5	1%	4%
강서구청	5	2%	3%	신정4거리	5	2%	4%
대림	4	2%	3%	화곡	5	2%	4%
삼성역	4	1%	3%	반포본동	4	1%	3%
천호역	4	1%	3%	석촌	4	1%	3%
교대	3	2%	2%	교대	3	2%	2%
반포본동	3	1%	2%	대림	3	2%	2%
연신내	3	0%	2%	방이동	3	1%	2%
영등포역	3	1%	2%	압구정	3	0%	2%
왕십리	3	1%	2%	왕십리	3	1%	2%
석촌	2	1%	1%	우장산	3	2%	2%
숙대	2	0%	1%	합정	3	2%	2%
신정4거리	2	1%	1%	강서구청	2	1%	1%
신천	2	0%	1%	당산역	1	1%	1%
한양대	2	2%	1%	문정역	1	0%	1%
화곡	2	1%	1%	영등포역	1	0%	1%
당산역	1	1%	1%	한양대	1	1%	1%
문정역	1	0%	1%	강남역	0	0%	0%
방배	1	0%	1%	방배	0	0%	0%
우장산	1	1%	1%	삼성역	0	0%	0%
합정	1	1%	1%	압구정역	0	0%	0%
합계	144	1%	100%	합계	134	1%	100%

파스타 전문점				한식점			
상권명	점포수	구성비1	구성비2	상권명	점포수	구성비1	구성비2
강남역	12	1%	31%	대학로	65	8%	9%
삼성역	5	2%	13%	방이동	51	10%	7%
압구정	4	1%	10%	신금호	44	7%	6%
압구정역	4	1%	10%	오목교	44	12%	6%
대학로	3	0%	8%	강남역	39	4%	5%
방배	2	1%	5%	신촌	36	5%	5%
숙대	2	0%	5%	화곡	35	11%	5%
신촌	2	0%	5%	상왕십리	34	9%	4%
반포본동	1	0%	3%	천호역	34	7%	4%
상왕십리	1	0%	3%	신천	33	5%	4%
신금호	1	0%	3%	신정4거리	32	11%	4%
연신내	1	0%	3%	석촌	27	10%	4%
영등포역	1	0%	3%	압구정역	27	4%	4%
강서구청	0	0%	0%	강서구청	25	8%	3%
교대	0	0%	0%	영등포역	22	6%	3%
당산역	0	0%	0%	왕십리	22	6%	3%
대림	0	0%	0%	교대	21	11%	3%
마포	0	0%	0%	합정	21	12%	3%
문정역	0	0%	0%	당산역	20	13%	3%
방이동	0	0%	0%	방배	20	10%	3%
석촌	0	0%	0%	반포본동	16	5%	2%
신정4거리	0	0%	0%	연신내	16	2%	2%
신천	0	0%	0%	압구정	15	2%	2%
양재	0	0%	0%	한양대	12	12%	2%
오목교	0	0%	0%	대림	11	6%	1%
왕십리	0	0%	0%	마포	11	2%	1%
우장산	0	0%	0%	삼성역	11	4%	1%
천호역	0	0%	0%	양재	10	4%	1%
한양대	0	0%	0%	문정역	5	2%	1%
합정	0	0%	0%	우장산	5	3%	1%
화곡	0	0%	0%	숙대	0	0%	0%
합계	39	0%	100%	합계	764	6%	100%

해물 음식점				패스트 푸드점			
상권명	점포수	구성비1	구성비2	상권명	점포수	구성비1	구성비2
방이동	19	4%	15%	삼성역	18	6%	11%
신촌	15	2%	12%	대학로	17	2%	10%
대학로	12	2%	9%	강남역	10	1%	6%
신천	9	1%	7%	상왕십리	9	2%	6%
영등포역	9	2%	7%	숙대	8	2%	5%
왕십리	9	3%	7%	압구정역	8	1%	5%
합정	8	5%	6%	영등포역	8	2%	5%
연신내	7	1%	5%	마포	7	1%	4%
천호역	7	1%	5%	강서구청	6	2%	4%
신금호	6	1%	5%	대림	6	3%	4%
강서구청	3	1%	2%	방배	6	3%	4%
당산역	3	2%	2%	신촌	6	1%	4%
삼성역	3	1%	2%	연신내	6	1%	4%
상왕십리	3	1%	2%	반포본동	5	2%	3%
석촌	3	1%	2%	천호역	5	1%	3%
교대	2	1%	2%	교대	4	2%	2%
방배	2	1%	2%	당산역	4	3%	2%
신정4거리	2	1%	2%	신천	4	1%	2%
화곡	2	1%	2%	압구정	4	1%	2%
강남역	1	0%	1%	신금호	3	0%	2%
대림	1	1%	1%	왕십리	3	1%	2%
오목교	1	0%	1%	화곡	3	1%	2%
우장산	1	1%	1%	문정역	2	1%	1%
마포	0	0%	0%	방이동	2	0%	1%
문정역	0	0%	0%	신정4거리	2	1%	1%
반포본동	0	0%	0%	양재	2	1%	1%
숙대	0	0%	0%	우장산	2	1%	1%
압구정	0	0%	0%	석촌	1	0%	1%
압구정역	0	0%	0%	오목교	1	0%	1%
양재	0	0%	0%	합정	1	1%	1%
한양대	0	0%	0%	한양대	0	0%	0%
합계	128	1%	100%	합계	163	1%	100%

골프 용품점				기타 소매업			
상권명	점포수	구성비1	구성비2	상권명	점포수	구성비1	구성비2
강남역	1	0%	20%	연신내	15	2%	37%
압구정	1	0%	20%	대학로	5	1%	12%
압구정역	1	0%	20%	방이동	4	1%	10%
양재	1	0%	20%	숙대	4	1%	10%
천호역	1	0%	20%	신천	3	0%	7%
강서구청	0	0%	0%	반포본동	2	1%	5%
교대	0	0%	0%	신촌	2	0%	5%
당산역	0	0%	0%	영등포역	2	1%	5%
대림	0	0%	0%	대림	1	1%	2%
대학로	0	0%	0%	문정역	1	0%	2%
마포	0	0%	0%	신정4거리	1	0%	2%
문정역	0	0%	0%	합정	1	1%	2%
반포본동	0	0%	0%	강남역	0	0%	0%
방배	0	0%	0%	강서구청	0	0%	0%
방이동	0	0%	0%	교대	0	0%	0%
삼성역	0	0%	0%	당산역	0	0%	0%
상왕십리	0	0%	0%	마포	0	0%	0%
석촌	0	0%	0%	방배	0	0%	0%
숙대	0	0%	0%	삼성역	0	0%	0%
신금호	0	0%	0%	상왕십리	0	0%	0%
신정4거리	0	0%	0%	석촌	0	0%	0%
신천	0	0%	0%	신금호	0	0%	0%
신촌	0	0%	0%	압구정	0	0%	0%
연신내	0	0%	0%	압구정역	0	0%	0%
영등포역	0	0%	0%	양재	0	0%	0%
오목교	0	0%	0%	오목교	0	0%	0%
왕십리	0	0%	0%	왕십리	0	0%	0%
우장산	0	0%	0%	우장산	0	0%	0%
한양대	0	0%	0%	천호역	0	0%	0%
합정	0	0%	0%	한양대	0	0%	0%
화곡	0	0%	0%	화곡	0	0%	0%
합계	5	0%	100%	합계	41	0%	100%

레코드점			
상권명	점포수	구성비1	구성비2
압구정	4	1%	16%
압구정역	3	0%	12%
강남역	2	0%	8%
대림	2	1%	8%
신천	2	0%	8%
한양대	2	2%	8%
대학로	1	0%	4%
반포본동	1	0%	4%
삼성역	1	0%	4%
상왕십리	1	0%	4%
숙대	1	0%	4%
신금호	1	0%	4%
신촌	1	0%	4%
양재	1	0%	4%
연신내	1	0%	4%
천호역	1	0%	4%
강서구청	0	0%	0%
교대	0	0%	0%
당산역	0	0%	0%
마포	0	0%	0%
문정역	0	0%	0%
방배	0	0%	0%
방이동	0	0%	0%
석촌	0	0%	0%
신정4거리	0	0%	0%
영등포역	0	0%	0%
오목교	0	0%	0%
왕십리	0	0%	0%
우장산	0	0%	0%
합정	0	0%	0%
화곡	0	0%	0%
합계	25	0%	100%

문구점			
상권명	점포수	구성비1	구성비2
강남역	15	2%	9%
삼성역	12	4%	8%
상왕십리	8	2%	5%
신금호	8	1%	5%
압구정역	8	1%	5%
오목교	8	2%	5%
교대	7	4%	4%
숙대	7	2%	4%
대학로	6	1%	4%
마포	6	1%	4%
방이동	6	1%	4%
양재	6	3%	4%
천호역	6	1%	4%
반포본동	5	2%	3%
신천	5	1%	3%
압구정	5	1%	3%
화곡	5	2%	3%
연신내	4	1%	3%
강서구청	3	1%	2%
당산역	3	2%	2%
석촌	3	1%	2%
신정4거리	3	1%	2%
신촌	3	0%	2%
영등포역	3	1%	2%
합정	3	2%	2%
대림	2	1%	1%
방배	2	1%	1%
왕십리	2	1%	1%
우장산	2	1%	1%
한양대	2	2%	1%
문정역	0	0%	0%
합계	158	1%	100%

서점			
상권명	점포수	구성비1	구성비2
신금호	13	2%	16%
상왕십리	11	3%	14%
대학로	7	1%	9%
왕십리	6	2%	8%
연신내	5	1%	6%
숙대	4	1%	5%
양재	4	2%	5%
강남역	3	0%	4%
반포본동	3	1%	4%
오목교	3	1%	4%
교대	2	1%	3%
당산역	2	1%	3%
대림	2	1%	3%
석촌	2	1%	3%
화곡	2	1%	3%
마포	1	0%	1%
삼성역	1	0%	1%
신정4거리	1	0%	1%
신촌	1	0%	1%
압구정	1	0%	1%
압구정역	1	0%	1%
영등포역	1	0%	1%
우장산	1	1%	1%
천호역	1	0%	1%
합정	1	1%	1%
강서구청	0	0%	0%
문정역	0	0%	0%
방배	0	0%	0%
방이동	0	0%	0%
신천	0	0%	0%
한양대	0	0%	0%
합계	79	1%	100%

언더웨어 전문점			
상권명	점포수	구성비1	구성비2
연신내	10	2%	19%
신금호	6	1%	11%
숙대	5	1%	9%
대학로	4	1%	7%
신촌	4	1%	7%
대림	3	2%	6%
반포본동	3	1%	6%
압구정	3	0%	6%
마포	2	0%	4%
삼성역	2	1%	4%
신천	2	0%	4%
양재	2	1%	4%
우장산	2	1%	4%
방배	1	0%	2%
석촌	1	0%	2%
신정4거리	1	0%	2%
왕십리	1	0%	2%
천호역	1	0%	2%
화곡	1	0%	2%
강남역	0	0%	0%
강서구청	0	0%	0%
교대	0	0%	0%
당산역	0	0%	0%
문정역	0	0%	0%
방이동	0	0%	0%
상왕십리	0	0%	0%
압구정역	0	0%	0%
영등포역	0	0%	0%
오목교	0	0%	0%
한양대	0	0%	0%
합정	0	0%	0%
합계	54	0%	100%

슈퍼마켓				식품점			
상권명	점포수	구성비1	구성비2	상권명	점포수	구성비1	구성비2
신금호	30	5%	14%	연신내	22	3%	23%
마포	19	4%	9%	천호역	12	2%	13%
천호역	15	3%	7%	마포	9	2%	10%
화곡	13	4%	6%	양재	7	3%	7%
방이동	10	2%	5%	대학로	6	1%	6%
석촌	10	4%	5%	방이동	5	1%	5%
오목교	10	3%	5%	석촌	5	2%	5%
우장산	9	6%	4%	신촌	4	1%	4%
연신내	8	1%	4%	압구정	4	1%	4%
강남역	7	1%	3%	방배	3	1%	3%
강서구청	7	2%	3%	숙대	3	1%	3%
대학로	7	1%	3%	우장산	3	2%	3%
압구정역	7	1%	3%	화곡	3	1%	3%
양재	7	3%	3%	신천	2	0%	2%
왕십리	7	2%	3%	합정	2	1%	2%
상왕십리	6	2%	3%	강서구청	1	0%	1%
신촌	6	1%	3%	교대	1	1%	1%
압구정	5	1%	2%	반포본동	1	0%	1%
신정4거리	4	1%	2%	삼성역	1	0%	1%
영등포역	4	1%	2%	강남역	0	0%	0%
한양대	4	4%	2%	당산역	0	0%	0%
합정	4	2%	2%	대림	0	0%	0%
교대	3	2%	1%	문정역	0	0%	0%
반포본동	3	1%	1%	상왕십리	0	0%	0%
방배	2	1%	1%	신금호	0	0%	0%
삼성역	2	1%	1%	신정4거리	0	0%	0%
신천	2	0%	1%	압구정역	0	0%	0%
대림	1	1%	0%	영등포역	0	0%	0%
문정역	1	0%	0%	오목교	0	0%	0%
숙대	1	0%	0%	왕십리	0	0%	0%
당산역	0	0%	0%	한양대	0	0%	0%
합계	214	2%	100%	합계	94	1%	100%

신발점				안경점			
상권명	점포수	구성비1	구성비2	상권명	점포수	구성비1	구성비2
연신내	12	2%	23%	숙대	8	2%	8%
문정역	11	5%	21%	압구정역	8	1%	8%
압구정	8	1%	15%	반포본동	6	2%	6%
영등포역	4	1%	8%	삼성역	6	2%	6%
강남역	2	0%	4%	압구정	6	1%	6%
대림	2	1%	4%	영등포역	6	2%	6%
대학로	2	0%	4%	대림	5	3%	5%
왕십리	2	1%	4%	신금호	5	1%	5%
천호역	2	0%	4%	오목교	5	1%	5%
한양대	2	2%	4%	강남역	4	0%	4%
당산역	1	1%	2%	교대	4	2%	4%
삼성역	1	0%	2%	신천	4	1%	4%
석촌	1	0%	2%	연신내	4	1%	4%
신천	1	0%	2%	당산역	3	2%	3%
신촌	1	0%	2%	대학로	3	0%	3%
합정	1	1%	2%	방배	3	1%	3%
강서구청	0	0%	0%	신정4거리	3	1%	3%
교대	0	0%	0%	신촌	3	0%	3%
마포	0	0%	0%	양재	3	1%	3%
반포본동	0	0%	0%	왕십리	3	1%	3%
방배	0	0%	0%	우장산	3	2%	3%
방이동	0	0%	0%	천호역	3	1%	3%
상왕십리	0	0%	0%	강서구청	2	1%	2%
숙대	0	0%	0%	마포	2	0%	2%
신금호	0	0%	0%	화곡	2	1%	2%
신정4거리	0	0%	0%	문정역	1	0%	1%
압구정역	0	0%	0%	합정	1	1%	1%
양재	0	0%	0%	방이동	0	0%	0%
오목교	0	0%	0%	상왕십리	0	0%	0%
우장산	0	0%	0%	석촌	0	0%	0%
화곡	0	0%	0%	한양대	0	0%	0%
합계	53	0%	100%	합계	106	1%	100%

액세서리점				욕실용품점			
상권명	점포수	구성비1	구성비2	상권명	점포수	구성비1	구성비2
압구정	14	2%	28%	삼성역	11	4%	50%
숙대	9	2%	18%	압구정	3	0%	14%
연신내	8	1%	16%	강남역	2	0%	9%
삼성역	5	2%	10%	방배	2	1%	9%
압구정역	3	0%	6%	대학로	1	0%	5%
신금호	2	0%	4%	문정역	1	0%	5%
신촌	2	0%	4%	숙대	1	0%	5%
천호역	2	0%	4%	신금호	1	0%	5%
강남역	1	0%	2%	강서구청	0	0%	0%
당산역	1	1%	2%	교대	0	0%	0%
마포	1	0%	2%	당산역	0	0%	0%
상왕십리	1	0%	2%	대림	0	0%	0%
우장산	1	1%	2%	마포	0	0%	0%
강서구청	0	0%	0%	반포본동	0	0%	0%
교대	0	0%	0%	방이동	0	0%	0%
대림	0	0%	0%	상왕십리	0	0%	0%
대학로	0	0%	0%	석촌	0	0%	0%
문정역	0	0%	0%	신정4거리	0	0%	0%
반포본동	0	0%	0%	신천	0	0%	0%
방배	0	0%	0%	신촌	0	0%	0%
방이동	0	0%	0%	압구정역	0	0%	0%
석촌	0	0%	0%	양재	0	0%	0%
신정4거리	0	0%	0%	연신내	0	0%	0%
신천	0	0%	0%	영등포역	0	0%	0%
양재	0	0%	0%	오목교	0	0%	0%
영등포역	0	0%	0%	왕십리	0	0%	0%
오목교	0	0%	0%	우장산	0	0%	0%
왕십리	0	0%	0%	천호역	0	0%	0%
한양대	0	0%	0%	한양대	0	0%	0%
합정	0	0%	0%	합정	0	0%	0%
화곡	0	0%	0%	화곡	0	0%	0%
합계	50	0%	100%	합계	22	0%	100%

유기농 관련 판매점			
상권명	점포수	구성비1	구성비2
연신내	14	2%	15%
숙대	11	3%	12%
오목교	9	2%	9%
강남역	8	1%	8%
신촌	7	1%	7%
신정4거리	6	2%	6%
대학로	4	1%	4%
마포	4	1%	4%
방배	4	2%	4%
석촌	4	1%	4%
압구정	4	1%	4%
압구정역	4	1%	4%
신금호	3	0%	3%
영등포역	3	1%	3%
왕십리	3	1%	3%
당산역	2	1%	2%
문정역	2	1%	2%
삼성역	1	0%	1%
신천	1	0%	1%
우장산	1	1%	1%
강서구청	0	0%	0%
교대	0	0%	0%
대림	0	0%	0%
반포본동	0	0%	0%
방이동	0	0%	0%
상왕십리	0	0%	0%
양재	0	0%	0%
천호역	0	0%	0%
한양대	0	0%	0%
합정	0	0%	0%
화곡	0	0%	0%
합계	95	1%	100%

유아용품점			
상권명	점포수	구성비1	구성비2
연신내	7	1%	58%
문정역	2	1%	17%
대학로	1	0%	8%
숙대	1	0%	8%
신촌	1	0%	8%
강남역	0	0%	0%
강서구청	0	0%	0%
교대	0	0%	0%
당산역	0	0%	0%
대림	0	0%	0%
마포	0	0%	0%
반포본동	0	0%	0%
방배	0	0%	0%
방이동	0	0%	0%
삼성역	0	0%	0%
상왕십리	0	0%	0%
석촌	0	0%	0%
신금호	0	0%	0%
신정4거리	0	0%	0%
신천	0	0%	0%
압구정	0	0%	0%
압구정역	0	0%	0%
양재	0	0%	0%
영등포역	0	0%	0%
오목교	0	0%	0%
왕십리	0	0%	0%
우장산	0	0%	0%
천호역	0	0%	0%
한양대	0	0%	0%
합정	0	0%	0%
화곡	0	0%	0%
합계	12	0%	100%

패션의류점				보세의류점			
상권명	점포수	구성비1	구성비2	상권명	점포수	구성비1	구성비2
문정역	82	35%	14%	압구정	35	5%	38%
연신내	76	12%	13%	삼성역	17	6%	18%
신금호	57	9%	10%	신천	7	1%	8%
삼성역	56	18%	9%	대학로	6	1%	7%
압구정	49	8%	8%	숙대	6	1%	7%
압구정역	41	6%	7%	마포	4	1%	4%
숙대	24	6%	4%	강남역	3	0%	3%
신정4거리	23	8%	4%	문정역	3	1%	3%
왕십리	23	6%	4%	강서구청	2	1%	2%
천호역	20	4%	3%	연신내	2	0%	2%
마포	15	3%	3%	영등포역	2	1%	2%
대학로	14	2%	2%	대림	1	1%	1%
영등포역	12	3%	2%	반포본동	1	0%	1%
반포본동	11	4%	2%	신금호	1	0%	1%
우장산	11	7%	2%	양재	1	0%	1%
양재	10	4%	2%	천호역	1	0%	1%
강남역	8	1%	1%	교대	0	0%	0%
오목교	8	2%	1%	당산역	0	0%	0%
한양대	7	7%	1%	방배	0	0%	0%
대림	6	3%	1%	방이동	0	0%	0%
상왕십리	6	2%	1%	상왕십리	0	0%	0%
강서구청	5	2%	1%	석촌	0	0%	0%
방배	5	2%	1%	신정4거리	0	0%	0%
신천	5	1%	1%	신촌	0	0%	0%
화곡	4	1%	1%	압구정역	0	0%	0%
당산역	3	2%	1%	오목교	0	0%	0%
신촌	3	0%	1%	왕십리	0	0%	0%
합정	3	2%	1%	우장산	0	0%	0%
교대	2	1%	0%	한양대	0	0%	0%
방이동	2	0%	0%	합정	0	0%	0%
석촌	2	1%	0%	화곡	0	0%	0%
합계	593	5%	100%	합계	92	1%	100%

주류 판매점				주얼리점			
상권명	점포수	구성비1	구성비2	상권명	점포수	구성비1	구성비2
교대	3	2%	60%	압구정역	22	3%	14%
강남역	1	0%	20%	압구정	19	3%	12%
압구정역	1	0%	20%	신천	11	2%	7%
강서구청	0	0%	0%	대학로	9	1%	6%
당산역	0	0%	0%	신금호	9	1%	6%
대림	0	0%	0%	숙대	8	2%	5%
대학로	0	0%	0%	연신내	8	1%	5%
마포	0	0%	0%	왕십리	7	2%	4%
문정역	0	0%	0%	천호역	7	1%	4%
반포본동	0	0%	0%	삼성역	6	2%	4%
방배	0	0%	0%	신정4거리	6	2%	4%
방이동	0	0%	0%	상왕십리	5	1%	3%
삼성역	0	0%	0%	영등포역	5	1%	3%
상왕십리	0	0%	0%	오목교	5	1%	3%
석촌	0	0%	0%	대림	4	2%	2%
숙대	0	0%	0%	마포	4	1%	2%
신금호	0	0%	0%	문정역	4	2%	2%
신정4거리	0	0%	0%	반포본동	4	1%	2%
신천	0	0%	0%	신촌	4	1%	2%
신촌	0	0%	0%	방배	3	1%	2%
압구정	0	0%	0%	강서구청	2	1%	1%
양재	0	0%	0%	당산역	2	1%	1%
연신내	0	0%	0%	우장산	2	1%	1%
영등포역	0	0%	0%	화곡	2	1%	1%
오목교	0	0%	0%	강남역	1	0%	1%
왕십리	0	0%	0%	방이동	1	0%	1%
우장산	0	0%	0%	석촌	1	0%	1%
천호역	0	0%	0%	교대	0	0%	0%
한양대	0	0%	0%	양재	0	0%	0%
합정	0	0%	0%	한양대	0	0%	0%
화곡	0	0%	0%	합정	0	0%	0%
합계	5	0%	100%	합계	161	1%	100%

애완용품점				편의점			
상권명	점포수	구성비1	구성비2	상권명	점포수	구성비1	구성비2
반포본동	3	1%	11%	강남역	15	2%	12%
신천	3	0%	11%	방이동	11	2%	9%
압구정	3	0%	11%	신천	10	2%	8%
대림	2	1%	7%	신촌	10	1%	8%
신정4거리	2	1%	7%	대학로	8	1%	6%
압구정역	2	0%	7%	압구정역	8	1%	6%
연신내	2	0%	7%	삼성역	7	2%	5%
영등포역	2	1%	7%	연신내	6	1%	5%
천호역	2	0%	7%	강서구청	5	2%	4%
강남역	1	0%	4%	교대	5	3%	4%
당산역	1	1%	4%	상왕십리	5	1%	4%
마포	1	0%	4%	숙대	5	1%	4%
방배	1	0%	4%	반포본동	4	1%	3%
신금호	1	0%	4%	영등포역	4	1%	3%
화곡	1	0%	4%	오목교	3	1%	2%
강서구청	0	0%	0%	왕십리	3	1%	2%
교대	0	0%	0%	마포	2	0%	2%
대학로	0	0%	0%	방배	2	1%	2%
문정역	0	0%	0%	압구정	2	0%	2%
방이동	0	0%	0%	양재	2	1%	2%
삼성역	0	0%	0%	천호역	2	0%	2%
상왕십리	0	0%	0%	합정	2	1%	2%
석촌	0	0%	0%	당산역	1	1%	1%
숙대	0	0%	0%	대림	1	1%	1%
신촌	0	0%	0%	석촌	1	0%	1%
양재	0	0%	0%	신금호	1	0%	1%
오목교	0	0%	0%	신정4거리	1	0%	1%
왕십리	0	0%	0%	우장산	1	1%	1%
우장산	0	0%	0%	한양대	1	1%	1%
한양대	0	0%	0%	문정역	0	0%	0%
합정	0	0%	0%	화곡	0	0%	0%
합계	27	0%	100%	합계	128	1%	100%

화장품점			
상권명	점포수	구성비1	구성비2
숙대	14	3%	13%
신금호	10	2%	10%
압구정	9	1%	9%
마포	8	2%	8%
압구정역	8	1%	8%
연신내	6	1%	6%
신천	5	1%	5%
대학로	4	1%	4%
신정4거리	4	1%	4%
신촌	4	1%	4%
천호역	4	1%	4%
방이동	3	1%	3%
석촌	3	1%	3%
오목교	3	1%	3%
왕십리	3	1%	3%
우장산	3	2%	3%
화곡	3	1%	3%
강서구청	2	1%	2%
대림	2	1%	2%
상왕십리	2	1%	2%
양재	2	1%	2%
강남역	1	0%	1%
당산역	1	1%	1%
영등포역	1	0%	1%
교대	0	0%	0%
문정역	0	0%	0%
반포본동	0	0%	0%
방배	0	0%	0%
삼성역	0	0%	0%
한양대	0	0%	0%
합정	0	0%	0%
합계	105	1%	100%

휴대전화기 판매점			
상권명	점포수	구성비1	구성비2
영등포역	19	5%	11%
연신내	15	2%	9%
신촌	10	1%	6%
대학로	9	1%	5%
왕십리	9	3%	5%
천호역	9	2%	5%
신천	8	1%	5%
강남역	7	1%	4%
삼성역	7	2%	4%
방배	6	3%	4%
숙대	6	1%	4%
압구정	6	1%	4%
압구정역	6	1%	4%
화곡	6	2%	4%
교대	5	3%	3%
신정4거리	5	2%	3%
우장산	5	3%	3%
당산역	4	3%	2%
방이동	4	1%	2%
한양대	4	4%	2%
대림	3	2%	2%
상왕십리	3	1%	2%
신금호	3	0%	2%
오목교	3	1%	2%
강서구청	2	1%	1%
반포본동	2	1%	1%
양재	2	1%	1%
합정	2	1%	1%
마포	1	0%	1%
문정역	0	0%	0%
석촌	0	0%	0%
합계	171	1%	100%

PC방			
상권명	점포수	구성비1	구성비2
상왕십리	32	8%	10%
신금호	30	5%	9%
강남역	26	3%	8%
신천	26	4%	8%
천호역	22	5%	7%
신촌	19	3%	6%
압구정	16	2%	5%
연신내	16	2%	5%
왕십리	16	5%	5%
대학로	15	2%	4%
숙대	14	3%	4%
방이동	13	3%	4%
마포	12	3%	4%
압구정역	12	2%	4%
강서구청	8	2%	2%
신정4거리	8	3%	2%
석촌	7	3%	2%
대림	6	3%	2%
영등포역	6	2%	2%
문정역	4	2%	1%
방배	4	2%	1%
양재	4	2%	1%
반포본동	3	1%	1%
오목교	3	1%	1%
우장산	3	2%	1%
화곡	3	1%	1%
교대	2	1%	1%
합정	2	1%	1%
당산역	1	1%	0%
한양대	1	1%	0%
삼성역	0	0%	0%
합계	334	3%	100%

간판점				건강 관련 서비스점			
상권명	점포수	구성비1	구성비2	상권명	점포수	구성비1	구성비2
숙대	8	2%	30%	마포	18	4%	39%
교대	5	3%	19%	대림	6	3%	13%
신촌	5	1%	19%	연신내	4	1%	9%
연신내	4	1%	15%	천호역	4	1%	9%
대학로	2	0%	7%	강서구청	2	1%	4%
문정역	1	0%	4%	교대	2	1%	4%
방이동	1	0%	4%	방이동	2	0%	4%
신천	1	0%	4%	신정4거리	2	1%	4%
강남역	0	0%	0%	당산역	1	1%	2%
강서구청	0	0%	0%	반포본동	1	0%	2%
당산역	0	0%	0%	숙대	1	0%	2%
대림	0	0%	0%	오목교	1	0%	2%
마포	0	0%	0%	우장산	1	1%	2%
반포본동	0	0%	0%	화곡	1	0%	2%
방배	0	0%	0%	강남역	0	0%	0%
삼성역	0	0%	0%	대학로	0	0%	0%
상왕십리	0	0%	0%	문정역	0	0%	0%
석촌	0	0%	0%	방배	0	0%	0%
신금호	0	0%	0%	삼성역	0	0%	0%
신정4거리	0	0%	0%	상왕십리	0	0%	0%
압구정	0	0%	0%	석촌	0	0%	0%
압구정역	0	0%	0%	신금호	0	0%	0%
양재	0	0%	0%	신천	0	0%	0%
영등포역	0	0%	0%	신촌	0	0%	0%
오목교	0	0%	0%	압구정	0	0%	0%
왕십리	0	0%	0%	압구정역	0	0%	0%
우장산	0	0%	0%	양재	0	0%	0%
천호역	0	0%	0%	영등포역	0	0%	0%
한양대	0	0%	0%	왕십리	0	0%	0%
합정	0	0%	0%	한양대	0	0%	0%
화곡	0	0%	0%	합정	0	0%	0%
합계	27	0%	100%	합계	46	0%	100%

고시원			
상권명	점포수	구성비1	구성비2
강남역	15	2%	13%
대학로	12	2%	10%
상왕십리	10	3%	8%
신천	9	1%	8%
왕십리	9	3%	8%
신금호	6	1%	5%
신촌	6	1%	5%
대림	5	3%	4%
영등포역	5	1%	4%
오목교	5	1%	4%
방이동	4	1%	3%
교대	3	2%	3%
압구정역	3	0%	3%
우장산	3	2%	3%
합정	3	2%	3%
강서구청	2	1%	2%
문정역	2	1%	2%
반포본동	2	1%	2%
신정4거리	2	1%	2%
압구정	2	0%	2%
양재	2	1%	2%
천호역	2	0%	2%
한양대	2	2%	2%
당산역	1	1%	1%
마포	1	0%	1%
석촌	1	0%	1%
숙대	1	0%	1%
화곡	1	0%	1%
방배	0	0%	0%
삼성역	0	0%	0%
연신내	0	0%	0%
합계	119	1%	100%

골프연습장			
상권명	점포수	구성비1	구성비2
강남역	5	1%	28%
방배	3	1%	17%
마포	2	0%	11%
오목교	2	1%	11%
당산역	1	1%	6%
대림	1	1%	6%
압구정	1	0%	6%
압구정역	1	0%	6%
양재	1	0%	6%
화곡	1	0%	6%
강서구청	0	0%	0%
교대	0	0%	0%
대학로	0	0%	0%
문정역	0	0%	0%
반포본동	0	0%	0%
방이동	0	0%	0%
삼성역	0	0%	0%
상왕십리	0	0%	0%
석촌	0	0%	0%
숙대	0	0%	0%
신금호	0	0%	0%
신정4거리	0	0%	0%
신천	0	0%	0%
신촌	0	0%	0%
연신내	0	0%	0%
영등포역	0	0%	0%
왕십리	0	0%	0%
우장산	0	0%	0%
천호역	0	0%	0%
한양대	0	0%	0%
합정	0	0%	0%
합계	18	0%	100%

기원				기타 서비스업			
상권명	점포수	구성비1	구성비2	상권명	점포수	구성비1	구성비2
강남역	4	0%	11%	양재	13	6%	26%
강서구청	4	1%	11%	연신내	12	2%	24%
신천	4	1%	11%	삼성역	10	3%	20%
왕십리	4	1%	11%	천호역	8	2%	16%
천호역	3	1%	8%	강남역	2	0%	4%
대학로	2	0%	5%	마포	1	0%	2%
방배	2	1%	5%	반포본동	1	0%	2%
신금호	2	0%	5%	압구정	1	0%	2%
신촌	2	0%	5%	합정	1	1%	2%
영등포역	2	1%	5%	화곡	1	0%	2%
화곡	2	1%	5%	강서구청	0	0%	0%
교대	1	1%	3%	교대	0	0%	0%
마포	1	0%	3%	당산역	0	0%	0%
방이동	1	0%	3%	대림	0	0%	0%
숙대	1	0%	3%	대학로	0	0%	0%
신정4거리	1	0%	3%	문정역	0	0%	0%
압구정	1	0%	3%	방배	0	0%	0%
오목교	1	0%	3%	방이동	0	0%	0%
당산역	0	0%	0%	상왕십리	0	0%	0%
대림	0	0%	0%	석촌	0	0%	0%
문정역	0	0%	0%	숙대	0	0%	0%
반포본동	0	0%	0%	신금호	0	0%	0%
삼성역	0	0%	0%	신정4거리	0	0%	0%
상왕십리	0	0%	0%	신천	0	0%	0%
석촌	0	0%	0%	신촌	0	0%	0%
압구정역	0	0%	0%	압구정역	0	0%	0%
양재	0	0%	0%	영등포역	0	0%	0%
연신내	0	0%	0%	오목교	0	0%	0%
우장산	0	0%	0%	왕십리	0	0%	0%
한양대	0	0%	0%	우장산	0	0%	0%
합정	0	0%	0%	한양대	0	0%	0%
합계	38	0%	100%	합계	50	0%	100%

꽃 전문점				노래방			
상권명	점포수	구성비1	구성비2	상권명	점포수	구성비1	구성비2
대학로	11	1%	10%	대학로	42	5%	10%
압구정역	8	1%	7%	신촌	42	6%	10%
대림	6	3%	6%	강남역	38	4%	9%
마포	6	1%	6%	신천	26	4%	6%
숙대	6	1%	6%	연신내	26	4%	6%
신금호	6	1%	6%	방이동	21	4%	5%
연신내	6	1%	6%	왕십리	21	6%	5%
오목교	6	2%	6%	강서구청	19	6%	4%
강남역	5	1%	5%	신정4거리	19	7%	4%
강서구청	5	2%	5%	상왕십리	18	5%	4%
신촌	5	1%	5%	숙대	17	4%	4%
신정4거리	4	1%	4%	신금호	17	3%	4%
반포본동	3	1%	3%	압구정	16	2%	4%
방이동	3	1%	3%	석촌	14	5%	3%
삼성역	3	1%	3%	영등포역	14	4%	3%
신천	3	0%	3%	마포	12	3%	3%
압구정	3	0%	3%	오목교	11	3%	3%
천호역	3	1%	3%	합정	9	5%	2%
교대	2	1%	2%	화곡	9	3%	2%
당산역	2	1%	2%	압구정역	8	1%	2%
방배	2	1%	2%	교대	7	4%	2%
우장산	2	1%	2%	방배	6	3%	1%
화곡	2	1%	2%	문정역	5	2%	1%
문정역	1	0%	1%	우장산	4	3%	1%
석촌	1	0%	1%	당산역	3	2%	1%
양재	1	0%	1%	대림	2	1%	0%
영등포역	1	0%	1%	반포본동	1	0%	0%
왕십리	1	0%	1%	양재	1	0%	0%
합정	1	1%	1%	천호역	1	0%	0%
상왕십리	0	0%	0%	한양대	1	1%	0%
한양대	0	0%	0%	삼성역	0	0%	0%
합계	108	1%	100%	합계	430	3%	100%

당구장			
상권명	점포수	구성비1	구성비2
강남역	16	2%	11%
신금호	15	2%	10%
신천	13	2%	9%
신촌	12	2%	8%
압구정역	8	1%	5%
강서구청	7	2%	5%
방이동	7	1%	5%
숙대	7	2%	5%
양재	6	3%	4%
왕십리	6	2%	4%
문정역	5	2%	3%
신정4거리	5	2%	3%
압구정	5	1%	3%
방배	4	2%	3%
석촌	4	1%	3%
천호역	4	1%	3%
화곡	4	1%	3%
교대	3	2%	2%
연신내	3	0%	2%
영등포역	3	1%	2%
오목교	3	1%	2%
우장산	3	2%	2%
당산역	2	1%	1%
한양대	2	2%	1%
대림	1	1%	1%
마포	1	0%	1%
합정	1	1%	1%
대학로	0	0%	0%
반포본동	0	0%	0%
삼성역	0	0%	0%
상왕십리	0	0%	0%
합계	150	1%	100%

도서 대여점			
상권명	점포수	구성비1	구성비2
양재	9	4%	11%
천호역	8	2%	10%
석촌	7	3%	8%
강남역	6	1%	7%
숙대	6	1%	7%
신천	5	1%	6%
압구정역	5	1%	6%
오목교	5	1%	6%
방이동	4	1%	5%
압구정	4	1%	5%
마포	3	1%	4%
화곡	3	1%	4%
강서구청	2	1%	2%
대림	2	1%	2%
대학로	2	0%	2%
문정역	2	1%	2%
신정4거리	2	1%	2%
영등포역	2	1%	2%
우장산	2	1%	2%
당산역	1	1%	1%
방배	1	0%	1%
연신내	1	0%	1%
합정	1	1%	1%
교대	0	0%	0%
반포본동	0	0%	0%
삼성역	0	0%	0%
상왕십리	0	0%	0%
신금호	0	0%	0%
신촌	0	0%	0%
왕십리	0	0%	0%
한양대	0	0%	0%
합계	83	1%	100%

도장 전문점				사우나 시설			
상권명	점포수	구성비1	구성비2	상권명	점포수	구성비1	구성비2
마포	9	2%	28%	삼성역	6	2%	15%
오목교	5	1%	16%	방이동	4	1%	10%
천호역	5	1%	16%	신금호	4	1%	10%
양재	2	1%	6%	대학로	3	0%	7%
영등포역	2	1%	6%	마포	3	1%	7%
강남역	1	0%	3%	양재	3	1%	7%
당산역	1	1%	3%	문정역	2	1%	5%
문정역	1	0%	3%	신천	2	0%	5%
방배	1	0%	3%	왕십리	2	1%	5%
방이동	1	0%	3%	천호역	2	0%	5%
신정4거리	1	0%	3%	화곡	2	1%	5%
신촌	1	0%	3%	강남역	1	0%	2%
압구정	1	0%	3%	석촌	1	0%	2%
압구정역	1	0%	3%	신정4거리	1	0%	2%
강서구청	0	0%	0%	신촌	1	0%	2%
교대	0	0%	0%	압구정	1	0%	2%
대림	0	0%	0%	압구정역	1	0%	2%
대학로	0	0%	0%	오목교	1	0%	2%
반포본동	0	0%	0%	합정	1	1%	2%
삼성역	0	0%	0%	강서구청	0	0%	0%
상왕십리	0	0%	0%	교대	0	0%	0%
석촌	0	0%	0%	당산역	0	0%	0%
숙대	0	0%	0%	대림	0	0%	0%
신금호	0	0%	0%	반포본동	0	0%	0%
신천	0	0%	0%	방배	0	0%	0%
연신내	0	0%	0%	상왕십리	0	0%	0%
왕십리	0	0%	0%	숙대	0	0%	0%
우장산	0	0%	0%	연신내	0	0%	0%
한양대	0	0%	0%	영등포역	0	0%	0%
합정	0	0%	0%	우장산	0	0%	0%
화곡	0	0%	0%	한양대	0	0%	0%
합계	32	0%	100%	합계	41	0%	100%

미용실			
상권명	점포수	구성비1	구성비2
압구정	40	6%	9%
압구정역	30	5%	7%
천호역	29	6%	7%
오목교	26	7%	6%
마포	25	5%	6%
강남역	24	2%	6%
숙대	22	5%	5%
연신내	21	3%	5%
반포본동	18	6%	4%
신천	17	3%	4%
대학로	16	2%	4%
방이동	16	3%	4%
화곡	15	5%	4%
양재	14	6%	3%
석촌	13	5%	3%
신촌	13	2%	3%
신정4거리	11	4%	3%
영등포역	10	3%	2%
문정역	9	4%	2%
당산역	8	5%	2%
교대	6	3%	1%
강서구청	5	2%	1%
대림	5	3%	1%
상왕십리	5	1%	1%
신금호	5	1%	1%
왕십리	5	1%	1%
우장산	5	3%	1%
합정	5	3%	1%
방배	4	2%	1%
한양대	4	4%	1%
삼성역	1	0%	0%
합계	427	3%	100%

부동산			
상권명	점포수	구성비1	구성비2
마포	35	7%	8%
천호역	33	7%	8%
신금호	28	4%	6%
압구정역	28	4%	6%
오목교	27	7%	6%
강남역	21	2%	5%
방이동	21	4%	5%
신천	21	3%	5%
반포본동	20	7%	5%
압구정	19	3%	4%
석촌	17	6%	4%
대학로	16	2%	4%
신촌	15	2%	3%
양재	14	6%	3%
연신내	14	2%	3%
화곡	13	4%	3%
당산역	12	8%	3%
교대	11	6%	3%
영등포역	11	3%	3%
강서구청	9	3%	2%
대림	8	4%	2%
우장산	8	5%	2%
신정4거리	7	2%	2%
문정역	5	2%	1%
숙대	5	1%	1%
왕십리	5	1%	1%
방배	4	2%	1%
상왕십리	4	1%	1%
한양대	4	4%	1%
합정	3	2%	1%
삼성역	0	0%	0%
합계	438	3%	100%

비디오 대여점			
상권명	점포수	구성비1	구성비2
신촌	28	4%	17%
신천	25	4%	15%
대학로	18	2%	11%
강남역	17	2%	10%
압구정	15	2%	9%
상왕십리	9	2%	6%
신금호	8	1%	5%
왕십리	7	2%	4%
숙대	6	1%	4%
압구정역	6	1%	4%
강서구청	5	2%	3%
영등포역	5	1%	3%
방배	3	1%	2%
방이동	3	1%	2%
신정4거리	3	1%	2%
마포	1	0%	1%
삼성역	1	0%	1%
연신내	1	0%	1%
오목교	1	0%	1%
천호역	1	0%	1%
교대	0	0%	0%
당산역	0	0%	0%
대림	0	0%	0%
문정역	0	0%	0%
반포본동	0	0%	0%
석촌	0	0%	0%
양재	0	0%	0%
우장산	0	0%	0%
한양대	0	0%	0%
합정	0	0%	0%
화곡	0	0%	0%
합계	163	1%	100%

사진점			
상권명	점포수	구성비1	구성비2
압구정	15	2%	9%
압구정역	15	2%	9%
왕십리	13	4%	8%
신금호	10	2%	6%
강남역	8	1%	5%
대학로	8	1%	5%
오목교	8	2%	5%
마포	7	1%	4%
상왕십리	7	2%	4%
신천	7	1%	4%
영등포역	7	2%	4%
삼성역	6	2%	4%
신촌	6	1%	4%
양재	6	3%	4%
숙대	5	1%	3%
대림	4	2%	2%
반포본동	4	1%	2%
방배	4	2%	2%
신정4거리	4	1%	2%
연신내	4	1%	2%
천호역	3	1%	2%
화곡	3	1%	2%
강서구청	2	1%	1%
당산역	2	1%	1%
방이동	2	0%	1%
우장산	2	1%	1%
한양대	2	2%	1%
교대	1	1%	1%
문정역	0	0%	0%
석촌	0	0%	0%
합정	0	0%	0%
합계	165	1%	100%

세탁소			
상권명	점포수	구성비1	구성비2
신금호	14	2%	17%
마포	8	2%	10%
양재	8	3%	10%
방이동	7	1%	8%
화곡	7	2%	8%
석촌	5	2%	6%
오목교	5	1%	6%
왕십리	4	1%	5%
천호역	4	1%	5%
강남역	3	0%	4%
압구정	3	0%	4%
압구정역	3	0%	4%
합정	3	2%	4%
교대	2	1%	2%
대학로	2	0%	2%
신정4거리	2	1%	2%
신천	2	0%	2%
대림	1	1%	1%
상왕십리	1	0%	1%
강서구청	0	0%	0%
당산역	0	0%	0%
문정역	0	0%	0%
반포본동	0	0%	0%
방배	0	0%	0%
삼성역	0	0%	0%
숙대	0	0%	0%
신촌	0	0%	0%
연신내	0	0%	0%
영등포역	0	0%	0%
우장산	0	0%	0%
한양대	0	0%	0%
합계	84	1%	100%

수선점			
상권명	점포수	구성비1	구성비2
압구정	12	2%	26%
마포	10	2%	21%
압구정역	5	1%	11%
반포본동	3	1%	6%
화곡	3	1%	6%
삼성역	2	1%	4%
숙대	2	0%	4%
신금호	2	0%	4%
신촌	2	0%	4%
천호역	2	0%	4%
대림	1	1%	2%
신정4거리	1	0%	2%
우장산	1	1%	2%
한양대	1	1%	2%
강남역	0	0%	0%
강서구청	0	0%	0%
교대	0	0%	0%
당산역	0	0%	0%
대학로	0	0%	0%
문정역	0	0%	0%
방배	0	0%	0%
방이동	0	0%	0%
상왕십리	0	0%	0%
석촌	0	0%	0%
신천	0	0%	0%
양재	0	0%	0%
연신내	0	0%	0%
영등포역	0	0%	0%
오목교	0	0%	0%
왕십리	0	0%	0%
합정	0	0%	0%
합계	47	0%	100%

스포츠센터				예술 관련 서비스업			
상권명	점포수	구성비1	구성비2	상권명	점포수	구성비1	구성비2
연신내	12	2%	15%	압구정역	34	5%	14%
문정역	10	4%	13%	방배	24	12%	10%
삼성역	9	3%	11%	강남역	19	2%	8%
대림	6	3%	8%	대학로	15	2%	6%
숙대	6	1%	8%	양재	15	6%	6%
압구정	6	1%	8%	오목교	14	4%	6%
신천	5	1%	6%	반포본동	13	4%	5%
방배	3	1%	4%	마포	12	3%	5%
신정4거리	3	1%	4%	숙대	12	3%	5%
오목교	3	1%	4%	연신내	12	2%	5%
대학로	2	0%	3%	화곡	9	3%	4%
반포본동	2	1%	3%	문정역	7	3%	3%
신금호	2	0%	3%	천호역	7	1%	3%
신촌	2	0%	3%	방이동	6	1%	2%
영등포역	2	1%	3%	석촌	6	2%	2%
천호역	2	0%	3%	영등포역	6	2%	2%
강남역	1	0%	1%	신천	5	1%	2%
강서구청	1	0%	1%	강서구청	4	1%	2%
방이동	1	0%	1%	대림	4	2%	2%
압구정역	1	0%	1%	압구정	4	1%	2%
합정	1	1%	1%	교대	3	2%	1%
교대	0	0%	0%	당산역	3	2%	1%
당산역	0	0%	0%	신정4거리	3	1%	1%
마포	0	0%	0%	신촌	1	0%	0%
상왕십리	0	0%	0%	왕십리	1	0%	0%
석촌	0	0%	0%	우장산	1	1%	0%
양재	0	0%	0%	합정	1	1%	0%
왕십리	0	0%	0%	삼성역	0	0%	0%
우장산	0	0%	0%	상왕십리	0	0%	0%
한양대	0	0%	0%	신금호	0	0%	0%
화곡	0	0%	0%	한양대	0	0%	0%
합계	80	1%	100%	합계	241	2%	100%

웨딩 용품점				인테리어점			
상권명	점포수	구성비1	구성비2	상권명	점포수	구성비1	구성비2
압구정역	8	1%	42%	반포본동	15	5%	12%
압구정	3	0%	16%	신금호	15	2%	12%
당산역	1	1%	5%	압구정역	15	2%	12%
대림	1	1%	5%	압구정	12	2%	10%
대학로	1	0%	5%	대림	9	5%	7%
방이동	1	0%	5%	천호역	8	2%	7%
신천	1	0%	5%	삼성역	7	2%	6%
연신내	1	0%	5%	마포	6	1%	5%
영등포역	1	0%	5%	숙대	6	1%	5%
천호역	1	0%	5%	방이동	4	1%	3%
강남역	0	0%	0%	상왕십리	3	1%	2%
강서구청	0	0%	0%	석촌	3	1%	2%
교대	0	0%	0%	양재	3	1%	2%
마포	0	0%	0%	강남역	2	0%	2%
문정역	0	0%	0%	문정역	2	1%	2%
반포본동	0	0%	0%	연신내	2	0%	2%
방배	0	0%	0%	오목교	2	1%	2%
삼성역	0	0%	0%	왕십리	2	1%	2%
상왕십리	0	0%	0%	교대	1	1%	1%
석촌	0	0%	0%	당산역	1	1%	1%
숙대	0	0%	0%	방배	1	0%	1%
신금호	0	0%	0%	신천	1	0%	1%
신정4거리	0	0%	0%	우장산	1	1%	1%
신촌	0	0%	0%	합정	1	1%	1%
양재	0	0%	0%	화곡	1	0%	1%
오목교	0	0%	0%	강서구청	0	0%	0%
왕십리	0	0%	0%	대학로	0	0%	0%
우장산	0	0%	0%	신정4거리	0	0%	0%
한양대	0	0%	0%	신촌	0	0%	0%
합정	0	0%	0%	영등포역	0	0%	0%
화곡	0	0%	0%	한양대	0	0%	0%
합계	19	0%	100%	합계	123	1%	100%

전당포			
상권명	점포수	구성비1	구성비2
압구정역	4	1%	25%
신천	2	0%	13%
압구정	2	0%	13%
마포	1	0%	6%
숙대	1	0%	6%
신금호	1	0%	6%
신정4거리	1	0%	6%
오목교	1	0%	6%
왕십리	1	0%	6%
천호역	1	0%	6%
화곡	1	0%	6%
강남역	0	0%	0%
강서구청	0	0%	0%
교대	0	0%	0%
당산역	0	0%	0%
대림	0	0%	0%
대학로	0	0%	0%
문정역	0	0%	0%
반포본동	0	0%	0%
방배	0	0%	0%
방이동	0	0%	0%
삼성역	0	0%	0%
상왕십리	0	0%	0%
석촌	0	0%	0%
신촌	0	0%	0%
양재	0	0%	0%
연신내	0	0%	0%
영등포역	0	0%	0%
우장산	0	0%	0%
한양대	0	0%	0%
합정	0	0%	0%
합계	16	0%	100%

지물포점			
상권명	점포수	구성비1	구성비2
신금호	28	4%	20%
마포	18	4%	13%
천호역	15	3%	11%
양재	7	3%	5%
합정	7	4%	5%
강남역	6	1%	4%
석촌	5	2%	4%
연신내	5	1%	4%
오목교	5	1%	4%
대림	4	2%	3%
방이동	4	1%	3%
화곡	4	1%	3%
반포본동	3	1%	2%
상왕십리	3	1%	2%
한양대	3	3%	2%
강서구청	2	1%	1%
당산역	2	1%	1%
대학로	2	0%	1%
신촌	2	0%	1%
압구정	2	0%	1%
압구정역	2	0%	1%
영등포역	2	1%	1%
교대	1	1%	1%
문정역	1	0%	1%
숙대	1	0%	1%
신정4거리	1	0%	1%
왕십리	1	0%	1%
우장산	1	1%	1%
방배	0	0%	0%
삼성역	0	0%	0%
신천	0	0%	0%
합계	137	1%	100%

커피 전문점			
상권명	점포수	구성비1	구성비2
신촌	121	16%	15%
강남역	79	8%	10%
대학로	77	10%	9%
압구정	65	10%	8%
신천	44	7%	5%
연신내	40	6%	5%
숙대	39	9%	5%
상왕십리	30	8%	4%
압구정역	28	4%	3%
영등포역	28	7%	3%
마포	24	5%	3%
왕십리	22	6%	3%
오목교	21	6%	3%
문정역	17	7%	2%
삼성역	17	6%	2%
화곡	17	6%	2%
신정4거리	16	6%	2%
교대	15	8%	2%
방이동	15	3%	2%
강서구청	14	4%	2%
반포본동	13	4%	2%
신금호	13	2%	2%
방배	10	5%	1%
석촌	9	3%	1%
천호역	9	2%	1%
합정	9	5%	1%
한양대	7	7%	1%
대림	6	3%	1%
우장산	5	3%	1%
당산역	4	3%	0%
양재	3	1%	0%
합계	817	7%	100%

피부관리 전문점			
상권명	점포수	구성비1	구성비2
압구정역	21	3%	17%
압구정	20	3%	16%
강남역	18	2%	15%
마포	7	1%	6%
반포본동	7	2%	6%
천호역	7	1%	6%
방배	5	2%	4%
영등포역	5	1%	4%
연신내	4	1%	3%
교대	3	2%	2%
당산역	3	2%	2%
대림	3	2%	2%
숙대	3	1%	2%
강서구청	2	1%	2%
삼성역	2	1%	2%
신천	2	0%	2%
오목교	2	1%	2%
합정	2	1%	2%
화곡	2	1%	2%
문정역	1	0%	1%
방이동	1	0%	1%
석촌	1	0%	1%
신정4거리	1	0%	1%
신촌	1	0%	1%
한양대	1	1%	1%
대학로	0	0%	0%
상왕십리	0	0%	0%
신금호	0	0%	0%
양재	0	0%	0%
왕십리	0	0%	0%
우장산	0	0%	0%
합계	124	1%	100%

피트니스센터				학원			
상권명	점포수	구성비1	구성비2	상권명	점포수	구성비1	구성비2
방이동	9	2%	10%	신금호	43	7%	15%
강남역	7	1%	8%	강남역	39	4%	14%
압구정	7	1%	8%	반포본동	23	8%	8%
압구정역	6	1%	7%	왕십리	23	6%	8%
연신내	6	1%	7%	오목교	21	6%	7%
천호역	6	1%	7%	천호역	21	4%	7%
신금호	5	1%	6%	영등포역	19	5%	7%
문정역	4	2%	5%	압구정역	15	2%	5%
교대	3	2%	3%	대림	12	6%	4%
대림	3	2%	3%	마포	11	2%	4%
대학로	3	0%	3%	연신내	10	2%	3%
반포본동	3	1%	3%	화곡	10	3%	3%
신천	3	0%	3%	당산역	8	5%	3%
영등포역	3	1%	3%	숙대	6	1%	2%
당산역	2	1%	2%	상왕십리	4	1%	1%
마포	2	0%	2%	우장산	4	3%	1%
삼성역	2	1%	2%	한양대	4	4%	1%
상왕십리	2	1%	2%	신정4거리	3	1%	1%
신촌	2	0%	2%	대학로	2	0%	1%
양재	2	1%	2%	석촌	2	1%	1%
왕십리	2	1%	2%	합정	2	1%	1%
강서구청	1	0%	1%	문정역	1	0%	0%
방배	1	0%	1%	신천	1	0%	0%
숙대	1	0%	1%	신촌	1	0%	0%
신정4거리	1	0%	1%	압구정	1	0%	0%
화곡	1	0%	1%	강서구청	0	0%	0%
석촌	0	0%	0%	교대	0	0%	0%
오목교	0	0%	0%	방배	0	0%	0%
우장산	0	0%	0%	방이동	0	0%	0%
한양대	0	0%	0%	삼성역	0	0%	0%
합정	0	0%	0%	양재	0	0%	0%
합계	87	1%	100%	합계	286	2%	100%

한복점			
상권명	점포수	구성비1	구성비2
반포본동	5	2%	17%
강서구청	3	1%	10%
대림	2	1%	7%
대학로	2	0%	7%
신금호	2	0%	7%
영등포역	2	1%	7%
우장산	2	1%	7%
천호역	2	0%	7%
교대	1	1%	3%
문정역	1	0%	3%
방배	1	0%	3%
상왕십리	1	0%	3%
신정4거리	1	0%	3%
신촌	1	0%	3%
압구정	1	0%	3%
오목교	1	0%	3%
한양대	1	1%	3%
화곡	1	0%	3%
강남역	0	0%	0%
당산역	0	0%	0%
마포	0	0%	0%
방이동	0	0%	0%
삼성역	0	0%	0%
석촌	0	0%	0%
숙대	0	0%	0%
신천	0	0%	0%
압구정역	0	0%	0%
양재	0	0%	0%
연신내	0	0%	0%
왕십리	0	0%	0%
합정	0	0%	0%
합계	30	0%	100%

혼수용품점			
상권명	점포수	구성비1	구성비2
연신내	10	2%	48%
압구정역	5	1%	24%
방이동	2	0%	10%
양재	2	1%	10%
당산역	1	1%	5%
상왕십리	1	0%	5%
강남역	0	0%	0%
강서구청	0	0%	0%
교대	0	0%	0%
대림	0	0%	0%
대학로	0	0%	0%
마포	0	0%	0%
문정역	0	0%	0%
반포본동	0	0%	0%
방배	0	0%	0%
삼성역	0	0%	0%
석촌	0	0%	0%
숙대	0	0%	0%
신금호	0	0%	0%
신정4거리	0	0%	0%
신천	0	0%	0%
신촌	0	0%	0%
압구정	0	0%	0%
영등포역	0	0%	0%
오목교	0	0%	0%
왕십리	0	0%	0%
우장산	0	0%	0%
천호역	0	0%	0%
한양대	0	0%	0%
합정	0	0%	0%
화곡	0	0%	0%
합계	21	0%	100%

《데이터로 보는 부산의 상권정보》, 이정문 외, 국제신문, 2001.

《부산대학교 상권음식업 실태조사보고서》, 부산소상공인지원센터, 2002.

《상권분석》, 정진영, 시대고시기획, 2004.

《성공점포의 개점테크닉》, 김학문, 한수협출판부, 2003.

《성공하는 장사목 실패하는 장사목》, 김광희, 미래와 경영, 2001.

《소상공인 예비창업자를 위한 상권분석》, 전북소상공인지원센터, 2003.

《소상공인을 위한 부산의 상권분석》, 부산소상공인지원센터, 2000.

《실전 상권분석》, 박주관창업컨설팅, 21세기북스, 2000.

《외식산업입지 상권분석 기법》, 신봉규, 백산출판사, 2003.

《이대봉의 성공확신 333전략》, 이대봉, 북하우스, 2003.

《장사목을 잡아라》, 박경환, 현대미디어, 1999.

《장사에도 명당이 있다》, 임경수, 중앙M&B, 1998.

《창업경영론》, 노재건 외, 무역경영사, 2003.

《창업자를 위한 상권분석》, 전북소상공인지원센터, 2001.

《초보자도 알기 쉬운 상권분석》, 양학림, 경향미디어, 2004.

《프랜차이즈 입지 및 상권분석 연구》, 박민구, 한국프랜차이즈협회, 2004.

《한국의 상권현황과 상권력분석》, IDI유통정보연구원, 정보믹스, 1996.

참고문헌

KI신서 730
대박 나는 가게 자리
망하는 가게 자리

지은이 | 이재욱

1판 1쇄 발행 | 2005. 9. 10
1판 2쇄 발행 | 2005. 10. 30

펴낸곳 | (주)북이십일
펴낸이 | 김영곤
책임편집 | 유소영
기획편집 | 박종운, 김성수
교정교열 및 진행 | 김형석
영업마케팅 | 정성진, 안경찬, 이종률, 김진갑, 이희영, 박진모, 유정희
관리 | 이인규, 김용진, 이도형, 고선미, 이연정, 박창숙
제작 | 강근원, 이영민, 김순옥
표지디자인 | 디자인클럽
본문디자인 | 성인기획

등록번호 | 제10-1965호
등록일자 | 2000. 5. 6.

주소 | 경기도 파주시 교하읍 문발리 파주출판문화정보산업단지 500-11 2, 3층(413-756)
전화 | 031-955-2100(대표), 031-955-2133(기획 · 편집)
팩스 | 031-955-2151
e-mail | book21@book21.co.kr
홈페이지 | http://www.book21.co.kr

값 15,000원
ISBN 89-509-0797-6 13320

Copyright ⓒ 이재욱, 2005